LA TREIZIÈME TRIBU

DU MÊME AUTEUR
chez le même éditeur

Romans
LE ZÉRO ET L'INFINI
CROISADE SANS CROIX
LA TOUR D'EZRA
LES HOMMES ONT SOIF
LES CALL-GIRLS

Autobiographies
LA CORDE RAIDE
LA LIE DE LA TERRE
HIÉROGLYPHES

Essais
LE DIEU DES TÉNÈBRES
*en collaboration avec I. Silone, R. Wright,
A. Gide et S. Spender*
L'OMBRE DU DINOSAURE
RÉFLEXIONS SUR LA PEINE CAPITALE
en collaboration avec Albert Camus
LES SOMNAMBULES
LE LOTUS ET LE ROBOT
LE YOGI ET LE COMMISSAIRE
SUICIDE D'UNE NATION ?
LE CRI D'ARCHIMÈDE
ANALYSE D'UN MIRACLE
Naissance d'Israël
LE CHEVAL DANS LA LOCOMOTIVE
Le paradoxe humain
LE DÉMON DE SOCRATE
L'ÉTREINTE DU CRAPAUD
LES RACINES DU HASARD
FACE AU NÉANT

ARTHUR KOESTLER

LA TREIZIÈME TRIBU

L'Empire khazar et son héritage

Traduit de l'anglais par
GEORGES FRADIER

Titre original de l'ouvrage
THE THIRTEENTH TRIBE

**Publié par Last Century Media
ISBN 9781937920258**

A HAROLD HARRIS

« Prince victorieux » ramenant un prisonnier.
Une tête coupée pend au pommeau de sa selle.
Ornement d'un vase d'or
provenant du «trésor de Nagyszentmiklos» (IXe-Xe siècle).
Exemple des arts qui ont pu être pratiqués dans l'Empire khazar.
(voir chapitre premier).
Kunsthistorisches Museum, Vienne.

REMERCIEMENTS

Je tiens à exprimer ici ma reconnaissance à Mme Joan Saint-George Saunders (Writer's and Speaker's Research) *dont l'efficacité et l'imagination m'ont aidé à éclairer maintes obscures références et même à découvrir des documents insoupçonnés.*
  Je dois beaucoup aussi à Mme Shula Romney pour ses traductions du russe et à Mlle Tala Bar-Haim pour ses traductions de l'hébreu.

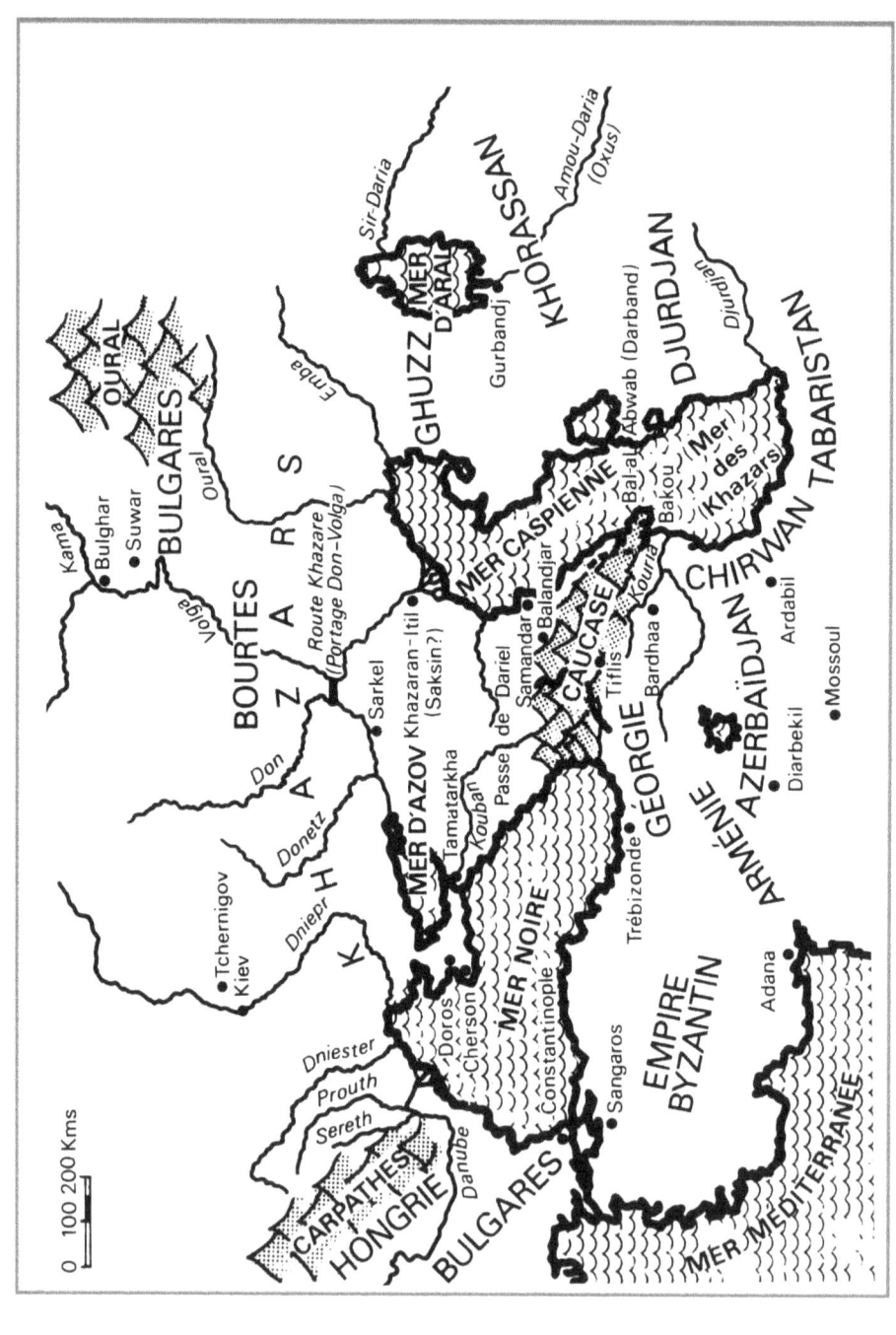

PREMIÈRE PARTIE

GRANDEUR ET DÉCADENCE DES KHAZARS

En Khazarie, moutons, miel et juifs se trouvent à foison.

MUQADASSI,
Description de l'empire des musulmans (Xe siècle).

CHAPITRE PREMIER

L'essor

1

A L'ÉPOQUE où Charlemagne se fit couronner empereur d'Occident, l'extrémité orientale de l'Europe entre le Caucase et la Volga était dominée par un État juif, connu sous le nom d'empire khazar. A son apogée, du VIIe au Xe siècle, cet État joua un rôle assez important pour contribuer à façonner la destinée de l'Europe médiévale — et moderne par conséquent. C'est ce que comprenait fort bien, sans doute, l'empereur-historien de Byzance, Constantin VII Porphyrogénète (901-959), qui notait dans son *Livre des Cérémonies*[1] que les lettres adressées au pape de Rome, ainsi qu'à l'empereur d'Occident, portaient un sceau de deux sous d'or, mais que pour les messages destinés au roi des Khazars le sceau devait valoir trois sous d'or. Flatterie? Non. Réalisme, plutôt — *Realpolitik*. Au IXe siècle « il est probable que pour la politique étrangère de Constantinople le khan des Khazars n'avait guère moins d'importance que Charlemagne et ses successeurs[2] ».

1. *Les Belles Lettres*, Paris, 1935.
2. J. B. BURY, *A History of the Eastern Roman Empire*, Londres, 1912, p. 402.

Le pays des Khazars, peuple d'ethnie turque, occupait une position stratégique entre la Caspienne et la mer Noire sur les grandes voies de passage où se confrontaient les puissances orientales de l'époque. Il servait d'État-tampon pour Byzance qu'il protégeait contre les invasions des rudes tribus barbares des steppes septentrionales : Bulgares, Magyars, Petchénègues, etc., suivies plus tard des Vikings et des Russes. Mais ce qui fut tout aussi important, sinon davantage au point de vue de la diplomatie byzantine et de l'histoire européenne, c'est que les armées khazares purent contenir l'avalanche arabe à ses premiers stades, les plus dévastateurs, et empêcher ainsi la conquête musulmane de l'Europe de l'Est. Un spécialiste de l'histoire des Khazars, le professeur Dunlop, de l'université Columbia, résume en quelques lignes cet épisode décisif et généralement très peu connu :

« Le territoire khazar... s'étendait au travers de la voie normale de l'avance arabe. Quelques années après la mort de Mohammed (632 ap. J.-C.) les armées du califat avaient poussé au nord en balayant les décombres de deux empires et, volant de victoire en victoire, atteignaient la grande barrière montagneuse du Caucase. Cette barrière franchie, la route des plaines de l'Europe orientale était libre. Il se trouva que sur la ligne du Caucase les Arabes rencontrèrent les forces d'une puissance militaire organisée qui, en fait, leur interdirent d'étendre leurs conquêtes dans cette direction. Les guerres des Arabes et des Khazars, qui durèrent plus de cent ans, si méconnues qu'elles soient, ont ainsi une importance historique considérable. Dans la campagne de Tours les Francs de Charles Martel mirent un terme à l'invasion arabe. Vers la même époque les menaces qui pesaient sur l'Europe de l'Est n'étaient guère moins graves... Les musulmans victorieux furent arrêtés et contenus par les armées du royaume khazar... Il est peu douteux que s'il n'y avait eu les Khazars dans la région nord du Caucase, Byzance, rempart de la civilisation européenne à l'Orient, se serait trouvée débordée par les Arabes : il est probable que l'histoire de la chrétienté et de l'Islam auraient été ensuite bien différentes de ce que nous en savons [1]. »

Dès lors il n'est pas surprenant, peut-être, étant donné les circonstances, qu'après une victoire retentissante des Khazars sur les Arabes, le futur empereur Constantin V ait épousé une princesse khazare. De ce mariage naquit un fils qui devait devenir l'empereur Léon IV, surnommé le Khazar.

Quelques années plus tard, sans doute vers l'an 740, le roi, sa cour et la classe militaire dirigeante se convertirent au judaïsme, qui devint la religion officielle des Khazars. Il est certain que leurs contemporains furent aussi étonnés de cette décision que l'ont été les érudits modernes en en découvrant le témoignage dans les sources arabes, grecques, russes et hébraïques. Un des commentaires les plus récents à ce propos se trouve chez un historien marxiste, Antal Bartha, auteur d'un livre sur la société hongroise aux VIIIe et IXe siècles [2]. Plusieurs chapitres de cet ouvrage concernent les Khazars qui, durant la majeure partie de cette époque, furent les suzerains des Hongrois; mais leur conversion au judaïsme fait l'objet d'un unique paragraphe où se devine un embarras assez évident. Voici ce qu'on lit :

> Les problèmes relatifs à l'histoire des idées sont en dehors de notre sujet, nous devons néanmoins attirer l'attention sur la question de la religion d'État du royaume khazar. C'est le judaïsme qui devint la religion officielle des couches dirigeantes de la société. Il va sans dire que l'acceptation du judaïsme comme religion d'État d'un peuple ethniquement non juif pourrait faire l'objet d'intéressantes spéculations. Nous nous bornerons cepen-

[1]. D. M. DUNLOP, *The History of the Jewish Khazars*, Princeton, 1954, p. IX-X.
[2]. BARTHA, ANTAL, *A IX-X Szàzadi Magyar Tàrsadalom*, Akademiai Kiado, Budapest, 1968.

dant à remarquer que cette conversion officielle — défi au prosélytisme chrétien de Byzance et à l'influence musulmane venue de l'est, et cela en dépit des pressions politiques des deux puissances — à une religion qui n'avait l'appui d'aucune puissance politique et qui au contraire était persécutée presque partout — a été une surprise pour tous les historiens qui se sont intéressés aux Khazars; cette conversion ne peut être une contingence : il faut la considérer comme un signe de la politique indépendante menée par ce royaume. »

Cela ne fait que nous rendre un peu plus perplexes. En tout cas, si les sources diffèrent sur quelques points de détail, les grands faits sont indiscutables.

Ce qu'on peut discuter, en revanche, c'est le sort des Khazars juifs après la destruction de leur royaume, au XIIe ou au XIIIe siècle. A ce sujet les sources sont très maigres. Elles mentionnent cependant plusieurs établissements khazars à la fin du Moyen Age en Crimée, en Ukraine, en Hongrie, en Pologne et en Lituanie. De renseignements fragmentaires ressort un tableau d'ensemble : celui d'une migration de tribus et de groupes khazars dans les contrées d'Europe orientale — Russie et Pologne surtout — où précisément on allait trouver à l'aube des temps modernes les plus fortes concentrations de juifs. D'où l'hypothèse formulée par plusieurs historiens, selon laquelle une bonne partie sinon la majorité des juifs d'Europe orientale — et par conséquent des juifs du monde entier — seraient d'origine khazare, et non pas sémitique.

Les conséquences d'une telle hypothèse iraient très loin, et ceci explique peut-être les précautions que prennent les historiens en abordant le sujet — quand ils ne l'évitent pas carrément. C'est ainsi que dans l'édition de 1973 de l'*Encyclopaedia Judaïca* l'article « Khazars » est signé par Dunlop, mais qu'une section distincte, traitant des « juifs Khazars après la chute du royaume », et signée

GRANDEUR ET DÉCADENCE DES KHAZARS

par les éditeurs, est rédigée dans l'intention évidente d'épargner des émotions aux lecteurs qui croient au dogme du peuple élu :

> « Les Karaïtes [secte traditionaliste juive] de langue turque en Crimée, en Pologne et ailleurs, ont affirmé qu'ils étaient apparentés aux Khazars, ce que confirment peut-être les témoignages tirés du folklore et de l'anthropologie autant que de la langue. Il semble exister une quantité considérable d'indices pour attester la présence continue en Europe de descendants des Khazars. »

Quelle est l'importance, en termes quantitatifs, de cette « présence » des enfants caucasiens de Japhet dans les tentes de Sem? L'un des avocats les plus radicaux de l'origine khazare des juifs, A.N. Poliak, professeur d'histoire juive du Moyen Age à l'université de Tel Aviv, demande dans l'introduction de son livre intitulé *Khazaria*[1], publié en hébreu en 1944, puis en 1951 :

> « Que l'on aborde dans un esprit nouveau aussi bien le problème des relations entre la juiverie khazare et les autres communautés juives que la question de savoir dans quelle mesure on peut regarder cette juiverie [khazare] comme le noyau des grands établissements juifs en Europe orientale... Les descendants de ces établissements, ceux qui sont restés sur place, ceux qui ont émigré aux États-Unis et dans d'autres pays, et ceux qui sont allés en Israël, constituent aujourd'hui la grande majorité des juifs du monde entier. »

Ces lignes ont été écrites à une époque où l'on ne connaissait pas encore toute l'étendue de l'holocauste nazi, mais cela ne change rien au fait que la grande majorité des juifs survivants vient de l'Europe orientale et qu'en conséquence elle est peut-être principalement d'origine

---

1. Édition revue et corrigée sous le titre *Khazaria. Histoire d'un royaume juif en Europe,* Mossad Bialik, Tel Aviv, 1951.

khazare. Cela voudrait dire que les ancêtres de ces juifs ne venaient pas des bords du Jourdain, mais des plaines de la Volga, non pas de Canaan, mais du Caucase, où l'on a vu le berceau de la race aryenne; génétiquement ils seraient apparentés aux Huns, aux Ouïgours, aux Magyars, plutôt qu'à la semence d'Abraham, d'Isaac et de Jacob. S'il en était bien ainsi, le mot « antisémitisme » n'aurait aucun sens : il témoignerait d'un malentendu également partagé par les bourreaux et par les victimes. A mesure qu'elle émerge lentement du passé, l'aventure de l'empire khazar commence à ressembler à une farce, la plus cruelle que l'Histoire ait perpétrée.

2

« Attila n'était après tout que le roi d'un peuple nomade. Son royaume disparut — tandis que la cité de Constantinople qu'il avait dédaignée conserva sa puissance. Les tentes s'évanouirent les villes demeurèrent. L'empire des Huns fut un tourbillon[1]... »

Tel était le jugement d'un orientaliste du XIXᵉ siècle, Paulus Cassel, sous-entendant que les Khazars eurent, pour les mêmes raisons, le même sort que les Huns. Mais les hordes d'Attila ne figurèrent sur la scène européenne que quatre-vingts ans[2], alors que le royaume des Khazars se maintint pendant près de quatre siècles. Certes les Khazars vivaient sous la tente, mais ils avaient aussi

---

1. CASSEL, PAULUS, *Der Chasarische Königsbrief aus dem 10. Jahrhundert*, Berlin, 1876.
2. De 372 environ, début de leur migration vers l'ouest à partir des steppes au nord de la Caspienne, à 453, mort d'Attila.

de grandes agglomérations : en pleine évolution, c'était une tribu de nomades guerriers en train de devenir une nation d'agriculteurs, d'éleveurs, de pêcheurs, de vignerons, de marchands et d'artisans. Les archéologues soviétiques ont exhumé les traces d'une civilisation relativement avancée, toute différente du « tourbillon » des Huns. Ils ont trouvé les vestiges de villages couvrant des kilomètres[1], et dont les maisons étaient reliées par des galeries à d'immenses étables, à des bergeries, à des écuries (dont certaines mesuraient 3 à 3,5 mètres × 10 ou 14 mètres, avec des toitures sur piliers[2]). Des restes de charrues témoignent d'un artisanat remarquable, de même que divers objets conservés : boucles de ceinturon, fibules, plaques de selles, etc.

Particulièrement intéressantes, les fondations souterraines de maisons circulaires se retrouvent, selon les archéologues soviétiques, sur tous les territoires anciennement habités par les Khazars[3]; elles sont antérieures aux édifices rectangulaires « normaux ». Les cases rondes marquent évidemment la transition de la tente circulaire démontable aux demeures permanentes, de la vie nomade à la vie sédentaire ou du moins semi-sédentaire. Les écrivains arabes de l'époque nous disent en effet que les Khazars ne restaient en ville — y compris à Itil, leur capitale — que durant l'hiver; dès le printemps, ils reprenaient la tente, abandonnaient leurs maisons et repartaient pour la steppe avec leurs troupeaux, à moins qu'ils n'allassent camper au milieu de leurs champs ou de leurs vignes.

Les fouilles ont prouvé également qu'à partir du VIIIe et du IXe siècle le royaume était entouré d'une chaîne complexe de fortifications qui protégeaient ses

1. BARTHA, p. 24.
2. ID., p. 24 et notes.
3. ID., p. 24, n. 147-149.

frontières septentrionales, face aux grandes steppes. Les forteresses s'alignaient en formant une sorte d'arc appuyé sur la Crimée (que les Khazars dominèrent un certain temps) et qui traversait les bassins inférieurs du Donetz et du Don jusqu'à la Volga; au sud le Caucase offrait une défense naturelle, de même que la mer Noire à l'ouest et la « mer des Khazars », la Caspienne, à l'Orient [1]. Cependant, au nord, la ligne de fortifications ne constituait qu'un rempart intérieur, destiné à protéger le centre permanent du pays; en réalité les frontières marquaient des rapports de domination avec les tribus septentrionales, elles étaient aussi mouvantes que les fortunes de la guerre. Au sommet de leur puissance les Khazars avaient pour tributaires une trentaine de peuples épars sur les vastes territoires qui s'étendent entre le Caucase, la mer d'Aral, les montagnes de l'Oural, Kiev et les steppes ukrainiennes. Parmi ces peuples on comptait les Bulgares, les Bourtes, les Ghuzz, les Magyars ou Hongrois, ainsi que les colonies gothes et grecques de Crimée, et dans les forêts du nord-est, les tribus slaves. Au-delà de ces territoires les armées khazares firent maintes razzias en Géorgie et en Arménie et pénétrèrent dans les domaines du califat jusqu'à Mossoul. Selon l'archéologue soviétique M.I. Artamonov [2] :

> « Jusqu'au IXe siècle la suprématie khazare fut sans rivale dans les régions au nord de la mer Noire, dans la steppe avoisinante et dans les zones forestières du Dniepr. Les Khazars furent les souverains de la moitié sud de l'Europe orientale pendant un siècle et demi, et constituèrent un rempart redoutable

---

1. « Souvenir de la terreur que les raids khazars inspiraient aux Arabes, les musulmans appellent encore la Caspienne, mer aussi changeante que les nomades, qui baigne les steppes de leur domaine, Bahr-ul-Khazar, la mer des Khazars », W. E. O. ALLEN, *A History of the Georgian People*, Londres, 1952.
2. *Istoria Khazar*, 1962.

sur la trouée ouralo-caspienne, lieu de passage de l'Asie vers l'Europe. Durant toute cette période ils arrêtèrent l'assaut des tribus nomades de l'Orient. »

Une vue cavalière de l'histoire des grands empires nomades montrerait que le royaume khazare occupe, pour la durée, l'étendue et le degré de civilisation, une position intermédiaire entre les empires hun et avare qui l'ont précédé, et l'empire mongol qui l'a suivi.

3

Mais quel était ce peuple aussi remarquable par sa puissance et ses exploits que par sa conversion à une religion de parias? Les descriptions que nous en avons proviennent de sources généralement hostiles, on ne saurait les prendre pour argent comptant. « Quant aux Khazars, écrit un chroniqueur arabe[1], ils sont au nord des terres habitées près du septième climat, ayant au-dessus d'eux la constellation de la Charrue. Leur territoire est froid et humide. En conséquence ils ont le teint blanc, les yeux bleus, de longs cheveux flottants et généralement roux, une haute stature et un tempérament froid. En gros ils sont d'aspect sauvage. »

Au bout de cent ans de guerres, évidemment, cet écrivain arabe n'avait guère de sympathie pour les Khazars. Pas plus que les scribes arméniens et géorgiens, dont les pays de vieille civilisation avaient été maintes fois dévastés par ces terribles cavaliers. Une chronique géorgienne, s'inspirant d'une ancienne tradition, les assimile aux

1. Ibn Said al Maghribi, cité par DUNLOP, p. 11.

hordes de Gog et Magog : « Sauvages hideux aux façons de bêtes brutes, buveurs de sang [1]. » Un écrivain arménien parle de « la multitude horrible des Khazars avec leurs larges faces insolentes, sans cils, et leurs cheveux longs qui retombent comme ceux des femmes [2] ». Et enfin le géographe Istakhri, l'une de nos principales sources arabes, semble apporter des précisions [3] :

> « Les Khazars ne ressemblent pas aux Turcs. Ils ont les cheveux noirs et sont de deux sortes : les noirs (Kara-Khazars) qui ont le teint basané ou très sombre comme certains Indiens, et les blancs (Ak-Khazars) qui sont d'une beauté frappante. »

En réalité cette description plus flatteuse nous enfonce dans la confusion. Car chez les peuplades turques la coutume était de se diviser en deux clans, le clan d'en haut, appelé « blanc », le clan d'en bas, appelé « noir ». Il n'y a donc aucune raison de penser que les « Bulgares blancs » étaient plus blancs que les « Bulgares noirs », ni que les « Huns blancs », ou Ephtalites, qui envahirent l'Inde et la Perse aux VIe et VIIe siècles avaient la peau plus claire que les Huns qui envahirent l'Europe. La couleur des Khazars d'Istakhri — comme nombre de renseignements rapportés dans ses écrits et dans ceux de ses confrères — ne vient que des légendes et des on-dit; et nous n'en savons pas plus sur l'aspect physique des Khazars, ni sur leur origine ethnique.

Du moins à cette question de l'origine ne peut-on donner que des réponses générales et vagues. Mais il est tout aussi décevant de s'interroger sur l'origine des Huns,

---

1. SCHULTZE, 1905, p. 23.
2. MARQUART, p. 44, n. 4.
3. Cité par DUNLOP, p. 96.

des Alains, des Avares, des Bulgares, des Magyars, des Bachkires, des Bourtes, des Sabirs, des Ouïgours, des Saragours, des Onongours, des Outigours, des Koutirgours, des Tarniaks, des Kotragars, des Khabars, des Zaneders, des Petchénègues, des Ghuzz, des Kumans, des Kipchaks et autres peuplades qui, à un moment ou à un autre, au temps du royaume khazar, franchirent les portillons de ce terrain de jeux migratoires. Même l'origine des Huns, sur lesquels nous sommes beaucoup mieux renseignés, se perd dans les brumes. Leur nom paraît dérivé du chinois *Hiung-nu,* qui désigne des guerriers nomades en général, et il s'est appliqué chez d'autres peuples, avec la même imprécision, à toute sorte de hordes nomades, y compris les Huns Ephtalites cités plus haut, les Sabirs, les Magyars et les Khazars [1].

Au premier siècle de notre ère les Chinois repoussèrent à l'ouest ces désagréables voisins huniques et, ce faisant, amorcèrent une des avalanches qui pendant des siècles allait périodiquement, du fond de l'Asie, s'abattre sur l'Occident. A partir du Ve siècle un grand nombre de ces peuplades en marche vers l'ouest reçurent le nom collectif de turks. Ce terme serait lui aussi d'origine chinoise (et viendrait d'un mot signifiant une montagne) : il a servi pour désigner tous les peuples qui parlaient des langues et dialectes appartenant à un certain groupe linguistique appelé ouralo-altaïque. Tel que l'emploient les chroniqueurs du Moyen Age — comme d'ailleurs, en général, les ethnologues d'aujourd'hui — le terme se rapporte donc à la langue et non à la race. En ce sens les Huns et les Khazars

---

1. Il est amusant de noter que pendant la Première Guerre mondiale les Britanniques employaient le nom des Huns comme un terme péjoratif, tandis que dans ma Hongrie natale on apprenait aux écoliers à s'enorgueillir patriotiquement de « leurs glorieux ancêtres, les Huns ». A Budapest, un club de rameurs très distingué s'intitulait « Hunnia », et Attila est toujours un prénom à la mode.

étaient des peuples « turks [1] ». On suppose que les Khazars parlaient un dialecte qui survit de nos jours dans la république soviétique autonome de Tchouvachie, entre la Volga et la Soura. En fait les Tchouvaches passent pour être les descendants des Bulgares, qui parlaient un dialecte proche de celui des Khazars. Mais ces parentés sont toutes assez floues : elles se fondent sur les déductions plus ou moins hypothétiques de la philologie. Tout ce qu'on peut dire avec certitude c'est que les Khazars étaient une peuplade de langue « turque », qui jaillit des steppes asiatiques probablement au Ve siècle de notre ère.

Quant à l'origine du nom des Khazars, et de certains mots qui en sont dérivés, on a émis d'ingénieuses hypothèses. La plus vraisemblable désigne la racine turque *gaz,* « errer » : le mot voudrait donc dire tout simplement « nomade ». Les profanes s'intéresseront peut-être davantage à d'autres noms qui auraient été tirés de là par la suite : entre autres le russe *kosak* (cosaque) et le hongrois *huszar* (hussard) qui désignent tous deux des cavaliers belliqueux ou militaires [2] et aussi l'allemand *Ketzer,* qui signifie « hérétique » ou « juif ». Si ces étymologies sont correctes, elles paraissent indiquer que les Khazars ont frappé les imaginations en plus d'une contrée au Moyen Age.

4

Dans certaines chroniques persanes et arabes on trouve un plaisant mélange de légendes mythologiques et de

---

1. A la différence des Magyars dont la langue appartient au groupe finno-ougrien.

2. Le mot *huszar,* ou hussard, vient probablement du grec par l'intermédiaire du serbo-croate.

journalisme à sensation, le récit pouvant fort bien commencer à la Création pour finir par de minuscules faits divers. Ainsi Yaqubi, historien arabe du IXe siècle fait-il remonter les Khazars à Japhet, fils de Noé. Le thème de Japhet revient d'ailleurs fréquemment dans la littérature, bien que d'autres légendes relient plutôt les Khazars à Abraham ou à Alexandre le Grand.

L'une des plus anciennes allusions aux Khazars se rencontre au fil de la chronique syriaque dite de « Zacharie le Rhéteur », qui date du milieu du VIe siècle [1] : leur nom est cité dans une liste de peuples habitant la région du Caucase. D'autres sources indiquent qu'un siècle plus tôt ils étaient déjà bien connus, et en étroites relations avec les Huns. En 448 l'empereur de Byzance, Théodose II envoya à Attila une ambassade dans laquelle figurait un rhéteur fameux, nommé Priscus. Ce dernier tint un journal détaillé non seulement des négociations diplomatiques, mais encore des intrigues de cour et du spectacle des somptueux banquets d'Attila : c'est vraiment l'œuvre d'un parfait chroniqueur mondain, qui du reste demeure l'une de nos principales sources d'information sur les mœurs et coutumes des Huns. Mais Priscus a aussi quelques anecdotes à propos d'un peuple vassal des Huns, qu'il nomme les Akatzirs, et qui sont fort probablement des Ak-Khazars, c'est-à-dire des Khazars « blancs », par opposition aux « noirs », ou Kara-Khazars [2]. Il raconte que l'empereur de Byzance essaya vainement de sou-

---

1. Due en fait à un compilateur anonyme, et désignée d'après le nom de l'auteur de l'ouvrage original résumé.
2. Les « Akatzirs » sont cités aussi comme peuple guerrier, un siècle plus tard, par l'historien goth Jordanes; et l'anonyme « Géographe de Ravenne » les assimile expressément aux Khazars. Cela est admis par la plupart des auteurs modernes. (Marquart fait exception; son opinion est réfutée par DUNLOP, *op. cit.* p. 7 et sq.). Cassel, par exemple, montre que la prononciation et l'orthographe de Priscus suivent l'arménien et le géorgien : *Khazir*.

doyer ces guerriers âpres au gain : leur chef, appelé Karidach, jugea le pot-de-vin insuffisant, et préféra rester dans le parti des Huns. Il avait chez lui des rivaux; Attila les écrasa, fit de lui l'unique seigneur des Akatzirs et l'invita à sa cour. Karidach se répandit en remerciements, mais ajouta : « Il serait trop dur à un mortel de contempler un dieu face-à-face. Car de même que l'on ne peut regarder le soleil en face, de même on ne saurait sans dommage lever les yeux vers le visage du plus grand des dieux. » Ces propos durent plaire à Attila : Karidach se maintint au pouvoir.

La chronique de Priscus confirme donc que les Khazars firent leur apparition en Europe vers le milieu du Ve siècle, parmi les peuplades soumises à la souveraineté hunique : on peut les regarder, avec les Magyars et plusieurs autres tribus, comme un rejeton des grandes hordes d'Attila.

5

L'effondrement de l'empire des Huns, après la mort d'Attila, laissa l'Europe orientale ouverte, une fois de plus, aux invasions successives des nomades orientaux, les plus marquants étant alors les Ouïgours et les Avares. Pendant la plus grande partie de cette période il semble que les Khazars s'occupaient joyeusement à faire des razzias dans les riches contrées de Transcaucasie, Géorgie et Arménie, et à entasser de précieux butins. Durant la deuxième moitié du VIe siècle ils acquirent une véritable hégémonie parmi les tribus situées au nord du Caucase. Plusieurs de ces tribus (Sabirs, Saragours, Samandares, Balandjares, etc.) disparaissent des chroniques à cette époque : elles avaient été soumises ou absorbées par les Khazars. Ce sont les Bulgares, apparemment, qui oppo-

GRANDEUR ET DÉCADENCE DES KHAZARS

sèrent la plus farouche résistance. Mais ils subirent eux aussi une défaite écrasante, vers 641, après quoi leur nation se scinda : une partie émigra à l'ouest vers le Danube pour s'infiltrer dans la Bulgarie actuelle, une autre remonta au nord-est vers la moyenne Volga et demeura dans la mouvance des Khazars. Nous aurons l'occasion de rencontrer assez souvent, au cours de ce récit, les Bulgares du Danube comme ceux de la Volga.

Mais avant d'accéder à la souveraineté les Khazars durent encore faire leur apprentissage sous une autre puissance éphémère, appelée quelquefois l'empire des Turcs occidentaux, ou royaume turkut. C'était une confédération rassemblée par un monarque nommé le Kagan ou Khagan [1], titre que devaient adopter plus tard les chefs khazars. Ce premier État turc, si l'on peut dire, dura environ un siècle (550-650), puis s'écroula sans laisser de trace. En tout cas c'est seulement après l'établissement de ce royaume que le nom de « turc » fut employé pour désigner une nation bien spécifiée, distincte des autres peuples de langue turque tels que les Khazars et les Bulgares [2].

Les Khazars avaient donc été sous la tutelle des Huns, puis des « Turks ». Après l'éclipse de ces derniers, au milieu du VIIe siècle, ce fut leur tour de gouverner les « royaumes du nord », pour employer l'expression qui allait devenir courante chez les Perses et chez les Byzantins. Selon une tradition persane [3] le grand roi Khusraw

---

1. Ou kaqan, khaqan, chagan, etc. Les orientalistes ont de fortes idiosynchrasies quant aux graphies (voir annexe I). Je m'en tiens à kagan, moins offensant pour des lecteurs occidentaux. Cependant le *h* de Khazar est d'usage courant.

2. Cela n'a pas empêché le mot *turk* ou *turc* de s'appliquer indifféremment à n'importe quels nomades des steppes, comme un euphémisme pour barbare, ou un synonyme de Hun. De là de nombreuses confusions dans l'interprétation des sources anciennes.

3. Ibn al BALKHRI, *Fars Namah*.

(Chosroès) Anushirwan (le Bienheureux) avait dans son palais trois trônes d'or qu'il gardait à l'intention des empereurs de Constantinople, de Chine et des Khazars. Ces potentats ne firent jamais de visite officielle, et les trônes d'or, s'ils ont existé, durent servir simplement de symboles. Mais vérité ou légende, cette histoire s'accorde bien avec ce qu'écrivait l'empereur Constantin du triple sceau d'or réservé au souverain des Khazars par la chancellerie impériale.

6

Ainsi pendant les premières décennies du VIIe siècle, juste avant que la tempête musulmane ne se déchaîne en Arabie, le Moyen-Orient était dominé par un triangle de grandes puissances : Byzance, la Perse et l'empire des Turcs occidentaux. Les deux premières, qui se battaient par intermittence depuis cent ans, semblaient l'une et l'autre prêtes à s'effondrer; par la suite Byzance se releva, mais le royaume de Perse allait connaître sa perte, et il se trouve que les Khazars prirent part à l'hallali.

Ils étaient encore nominalement sous la suzeraineté du royaume des Turcs occidentaux, dont ils étaient l'élément le plus vigoureux et auquel ils allaient bientôt succéder. C'est pourquoi, en 627, l'empereur Héraclius conclut avec eux une alliance militaire — la première d'une série d'accords — en préparant sa campagne décisive contre la Perse. Il existe plusieurs versions du rôle joué par les Khazars dans cette campagne, qui d'ailleurs ne paraît pas avoir été très glorieuse, mais les faits principaux sont bien établis. Les Khazars apportèrent à Héraclius 40 000 cavaliers sous le commandement d'un certain Ziebel, qui participa à l'invasion de la Perse puis, probablement las de la prudente stratégie des Grecs, s'en retourna pour aller mettre le siège devant Tiflis ; sans succès d'abord, l'entreprise réussit l'année suivante, ces cavaliers s'étant de nouveau joints à l'armée d'Héraclius pour enlever la capitale de Géorgie et rentrer chez eux avec un butin considérable. Gibbon a donné (d'après Théophane) une description haute en couleurs de la première entrevue de l'empereur romain et du chef khazar [1].

« ... A la ligue hostile que Chosroès avait formée avec les Avares, l'empereur romain opposa l'alliance utile et honorable des Turcs [2]. Sur sa généreuse invitation la horde des Chozars transporta ses tentes des plaines de la Volga aux montagnes de Géorgie ; Héraclius la reçut dans le voisinage de Tiflis et, s'il faut en croire les Grecs, le khan et ses nobles sautèrent à bas de leurs chevaux et se prosternèrent pour adorer la pourpre du César. Cet hommage volontaire, et une aide aussi importante, méritaient les plus chaleureux remerciements ; et l'empereur, ôtant son diadème, le plaça sur la tête du prince turc en l'embrassant tendrement et en l'appelant son fils. Après un somptueux banquet il offrit à Ziebel la vaisselle et les ornements, l'or, les pierres précieuses et la soie qui avaient servi à la table impériale et, de ses propres mains, distribua de riches joyaux et boucles d'oreille à ses nouveaux alliés. Au cours d'un entretien secret il fit voir le portrait de sa fille Eudoxie, condescendit à flatter le barbare de la promesse d'une belle et noble épouse et obtint un secours immédiat de quarante mille chevaux... »

Eudoxie (ou Épiphanie) était la seule fille qu'Héraclius ait eue de sa première femme. Cette promesse de la donner au « Turc » montre une fois de plus le prix que la cour de Byzance attachait à l'alliance des Khazars. Le mariage ne fut d'ailleurs jamais célébré, Ziebel étant mort avant qu'Eudoxie et sa suite n'aient pu le rejoindre.

1. Edward GIBBON, *Histoire du Déclin et de la Chute de l'Empire romain*, trad. franç. Delagrave, 1880.
2. Comme le montre la suite, « Turcs » signifie ici « Khazars ».

Mais on trouve d'autre part chez Théophane une information équivoque d'après laquelle Ziebel offrit à l'empereur « son fils, un garçon imberbe »... Un prêté pour un rendu?

Une chronique arménienne contient un autre passage pittoresque qui cite une sorte d'ordre de mobilisation générale lancé par le souverain khazar avant la seconde campagne contre la Perse; cet appel était adressé à « toutes les tribus et à tous les peuples (dans la mouvance des Khazars) habitants des monts et des plaines, vivant sous des toits ou en plein air, ayant tête rasée ou portant cheveux longs [1] ». C'est là un premier indice de la mosaïque des ethnies qui allait composer l'empire hétérogène des Khazars. Les « vrais Khazars » qui le gouvernaient furent toujours probablement une minorité, comme plus tard les Autrichiens dans l'empire d'Autriche-Hongrie.

7

L'État perse ne se releva jamais de la défaite cuisante que lui infligea l'empereur Héraclius en 627. Il y eut révolution, assassinat du roi, tué par son fils, puis mort du parricide quelques mois plus tard; un enfant fut placé sur le trône, et après une dizaine d'années d'anarchie et de chaos, les premières armées arabes à faire irruption sur la scène donnèrent le coup de grâce au vieil empire sassanide. Vers le même temps la confédération des Turcs occidentaux se démembra, chaque tribu recouvrant son indépendance. Un nouveau triangle de grandes puissances émergea : le califat islamique, l'empire chrétien de Byzance, et, nouveau venu, le royaume khazar au nord.

---

1. Moïse de Kalantatuk, cité par DUNLOP, p. 29.

C'est à celui-ci qu'il incomba de soutenir les premiers assauts arabes, et de protéger de l'invasion les plaines de l'Europe orientale.

Vingt ans après l'Hégire (622 : fuite de Mohamed à Médine — début de l'ère musulmane) les Arabes avaient déjà conquis la Perse, la Syrie, la Mésopotamie, l'Égypte, et formaient autour du cœur de l'empire byzantin (la Turquie actuelle) un redoutable demi-cercle qui s'étendait de la Méditerranée au Caucase et aux rives méridionales de la Caspienne. Formidable frontière naturelle, le Caucase n'était pas plus rebutant que n'allaient l'être, aux musulmans, les Pyrénées : on pouvait le franchir par la passe de Dariel[1] ou le doubler par le défilé de Darband, le long de la Caspienne.

Ce défilé fortifié, que les Arabes appelaient la Porte des Portes, Bab-el-Abwad, fut une sorte de guichet historique auquel de tout temps une foule de pillards, dont les Khazars ne furent pas les derniers, se pressèrent pour attaquer les pays du sud et faire retraite aussitôt. C'était maintenant le tour des Arabes. A plusieurs reprises entre 642 et 652 ils s'engouffrèrent dans le défilé de Darband, pénétrèrent fort avant en territoire khazar où ils tentèrent d'enlever la ville la plus proche, Balandjar et de s'assurer ainsi une tête de pont sur les flancs européens du Caucase. Au cours de ce premier stade des guerres arabo-khazares ils furent chaque fois repoussés, en particulier lors de la dernière grande bataille de 652 pendant laquelle on fit usage des deux côtés de catapultes et de balistes. Quatre mille Arabes y furent tués avec leur général, Abd-al-Rahman ibn Rabiah; le reste s'enfuit en désordre dans les montagnes.

Pendant une quarantaine d'années les Arabes n'es-

---

1. Aujourd'hui passe de Kasbek.

sayèrent plus de s'introduire dans les places fortes du pays khazar : c'est contre Byzance que se dirigeaient alors leurs principaux assauts. Plusieurs fois ils assiégèrent Constantinople par terre et par mer[1]; s'ils avaient pu tourner la capitale en passant par le Caucase et la mer Noire, c'en eût été fait, sans doute, de l'empire byzantin. Dans le même temps, les Khazars qui avaient subjugué les Bulgares et les Magyars, poursuivaient leur expansion vers l'ouest en Ukraine et en Crimée. Ils n'en étaient plus aux razzias désordonnées lancées simplement pour ramener butin et captifs; ils menaient de véritables expéditions, s'installaient, incorporaient les peuples conquis dans un empire pourvu d'une administration stable, gouverné par le puissant kagan qui nommait des gouverneurs de provinces pour faire régner l'ordre et lever les impôts. Au début du VIIIe siècle, leur État était assez structuré pour qu'ils puissent passer à l'offensive contre les Arabes.

Avec plus de mille ans de recul on voit la période de guerres intermittentes qui s'ensuivit (dite « seconde guerre arabe », 722-737) comme une série d'épisodes localisés et monotones, tous sur le même modèle : la cavalerie khazare bardée de fer défile dans la passe de Dariel ou la Porte de Darband pour envahir les domaines du calife au sud, puis en sens inverse, poursuivie par les Arabes, redéfile en direction de la Volga, et recommence. En regardant ainsi par le gros bout du télescope, on pense à la vieille chanson du noble duc d'York qui avait dix mille soldats « pour leur faire grimper la côte, et puis pour les faire redescendre ». En fait les historiens arabes (qui, à la vérité, exagèrent souvent) parlent d'armées de cent mille et même de trois cent mille hommes de chaque côté, donc plus nombreuses probablement que celles qui décidèrent du

---

1. En 669, 673-678, 717-718.

sort du monde occidental à la bataille de Tours vers la même époque.

Le fanatisme de ces guerres allait jusqu'au mépris de la mort; quelques anecdotes en témoignent, telles que le suicide de toute une ville khazare préférant périr dans les flammes plutôt que de se rendre, l'empoisonnement des puits de Bab-el-Abwad par un général arabe, ou l'exhortation traditionnelle qui arrêtait les déroutes et prolongeait les batailles jusqu'au dernier combattant : « Au paradis, ô Musulmans, et non au feu! », les joies du ciel étant assurées à tout soldat tombé à la Guerre sainte.

Une fois, au cours de ces quinze ans de luttes les Khazars traversèrent la Géorgie et l'Arménie pour infliger en 730 une lourde défaite aux Arabes près d'Ardabil, en Iran, et avancer jusqu'à Mossoul et jusqu'à Diarbékir : ils se trouvaient alors à mi-chemin de Damas, capitale du califat. Mais les musulmans levèrent des troupes fraîches qui endiguèrent ce flot, et les Khazars durent rebrousser chemin. L'année suivante, Maslamah ibn al-Malik, général fameux qui avait commandé le siège de Constantinople, s'empara de Balandjar et avança jusqu'à Samandar, autre grande ville khazare plus au nord. Peines perdues : une fois de plus les envahisseurs furent contraints de repasser le Caucase. Le soupir de soulagement que l'on éprouva à Byzance eut pour résultat l'alliance dynastique dont nous avons parlé au début, l'héritier du trône épousant une princesse barbare dont le fils devait gouverner l'empire sous le nom de Léon le Khazar.

C'est le futur calife Marwan II qui mena la dernière campagne arabe, laquelle aboutit à une victoire à la Pyrrhus. Il fit une offre d'alliance au kagan des Khazars, puis attaqua par surprise en pénétrant par les deux passes du Caucase. Incapable de se remettre du premier choc, l'armée khazare recula jusqu'à la Volga, et le kagan dut demander l'armistice. Conformément à la coutume observée en d'autres territoires conquis, Marwan exigea que le vaincu se convertît à la vraie foi. Le kagan acquiesça, mais sa conversion fut probablement de pure forme, car on n'en trouve aucune mention plus tard dans les sources arabes ou byzantines, ce qui fait contraste avec les effets durables de l'adoption du judaïsme comme religion d'État, qui eut lieu quelques années plus tard [1]. Satisfait des résultats obtenus, Marwan dit adieu aux Khazars et remmena son armée au-delà du Caucase, sans rien laisser derrière lui, ni gouverneur, ni garnison, ni administration. Bien au contraire, peu de temps après il négocia avec les Khazars une nouvelle alliance contre les tribus rebelles du sud.

Les Khazars l'avaient échappé belle. Les motifs de l'apparente magnanimité de Marwan relèvent de la conjecture, comme tant d'autres mystères de ce chapitre de l'Histoire. Peut-être les Arabes comprirent-ils qu'à la différence de peuples relativement civilisés, Perses, Arméniens ou Géorgiens, on ne pourrait tenir ces farouches Barbares du nord à l'aide d'une petite garnison et d'un prince fantoche converti à l'Islam. D'ailleurs Marwan avait besoin de toute son armée pour écraser de graves révoltes en Syrie et en d'autres contrées du califat oméyade, qui était sur le point de s'effondrer. Il fut même le principal chef militaire au cours des guerres civiles qui s'ensuivirent et, en 744, devint le dernier calife oméyade (avant d'être assassiné six ans plus tard lorsque le califat passa à la dynastie abbasside). Dans un tel contexte Marwan n'était évidemment pas en mesure d'épuiser ses forces dans de longues expéditions chez les Khazars. Il dut se contenter de leur donner une leçon pour

---

1. La date probable de la conversion est l'année 740 (voir ci-dessous).

les décourager de tenter de nouvelles incursions au-delà du Caucase.

Ainsi le gigantesque mouvement de tenailles que les musulmans avaient amorcé au-delà des Pyrénées à l'ouest, à l'est au-delà du Caucase, se trouva-t-il bloqué presque en même temps aux deux extrémités. Comme les Francs de Charles Martel sauvèrent la Gaule et l'Europe occidentale, les Khazars préservèrent les marches orientales de la Volga, du Danube et de l'empire byzantin lui-même. Sur ce point au moins l'archéologue-historien soviétique Artamonov et l'historien américain Dunlop sont entièrement d'accord. De ce dernier j'ai déjà cité une phrase sur « Byzance, rempart de la civilisation européenne à l'Orient [qui] se serait trouvée débordée par les Arabes » et sur l'histoire qui sans doute aurait suivi alors un autre cours.

Artamonov est du même avis :

« La Khazarie fut le premier État féodal d'Europe orientale à pouvoir se comparer à l'empire byzantin et au califat arabe... C'est grâce aux puissantes attaques khazares, détournant le flot des armées arabes vers le Caucase, que Byzance put se maintenir [1] »...

Enfin Dimitri Obolensky, professeur d'histoire russe à l'université d'Oxford, ajoute : « La principale contribution des Khazars à l'histoire mondiale fut d'avoir réussi à tenir le front du Caucase contre l'assaut septentrional des Arabes [2]. »

Marwan ne fut pas seulement le dernier général arabe à attaquer les Khazars, il fut aussi le dernier calife à poursuivre une politique d'expansion animée, du moins en théorie, par l'idée de faire triompher l'islam dans tout

1. *Op. cit.*
2. OBOLENSKY, 1971, p. 172.

l'univers. A l'avènement des Abbassides les guerres de conquête prirent fin, le renouveau de l'antique culture perse adoucit le climat et en quelques années put donner naissance aux splendeurs de la Bagdad d'Haroun al-Rachid.

8

Au cours de la longue trêve qui sépara la première guerre arabe de la seconde, les Khazars furent mêlés à l'un des épisodes les plus sinistres de l'histoire byzantine — épisode caractéristique de l'époque comme du rôle que les Khazars jouèrent dans cette histoire.

En 685 Justinien II devint empereur romain à l'âge de seize ans. Gibbon[1] a peint le portrait de ce jeune homme dans son style inimitable :

> « Ses passions étaient violentes; son intelligence était faible; il était enivré d'un orgueil insensé... Ses ministres favoris étaient les deux êtres les moins susceptibles d'humaine sympathie : un eunuque et un moine; le premier corrigeait la reine mère à coups de fouet, l'autre suspendait les tributaires insolvables, la tête en bas, au-dessus de braises fumantes... »

Après dix ans d'un règne intolérable, il y eut une révolution, et le nouvel empereur, Léonce, condamna Justinien à la mutilation et au bannissement[2].

> « L'amputation du nez, peut-être de la langue, fut imparfaitement exécutée; l'heureuse souplesse de la langue grecque sut

1. GIBBON, p. 79.
2. ID., p. 180.

GRANDEUR ET DÉCADENCE DES KHAZARS

imposer le nom de Rhinotmète (Nez-Coupé) et le tyran mutilé fut banni à Cherson en Crimée, colonie isolée où l'on importait le blé, le vin et l'huile comme des marchandises de luxe [1]... »

Pendant son exil Justinien ne cessa de comploter pour recouvrer son trône. Au bout de trois ans il vit la chance lui sourire : Léonce détrôné avait aussi le nez coupé. Justinien s'évada de Cherson et alla se réfugier, toujours en Crimée, dans la ville khazare de Doros où il eut une entrevue avec le kagan, le roi Busir (ou Bazir). Ce dernier pensa sans doute profiter de l'occasion pour mettre la main au savoureux gâteau de la politique dynastique de Byzance, car il conclut une alliance avec Justinien et lui donna sa sœur en mariage. Cette princesse, baptisée Théodora et plus tard couronnée dans les règles, fut apparemment le seul personnage décent de ces drames sordides, et il semble qu'elle ait aimé avec sincérité son sans-nez de mari, lequel n'avait guère qu'une trentaine d'années. Le couple et leur bande de partisans furent transportés à Phanagoria (aujourd'hui Taman) sur la rive orientale du détroit de Kertsch, qui avait un gouverneur khazar. On s'y préparait à envahir les États de Byzance avec l'aide des armées khazares que le roi Busir avait, semble-t-il, promises, quand des envoyés du nouvel empereur Tibérias III persuadèrent ce roi de changer de camp en l'assurant d'une riche provision d'or s'il livrait Justinien mort ou vif. En conséquence Busir ordonna à deux de ses hommes, nommés Papatzès et Balgitrès, d'aller égorger son beau-frère. Mais la fidèle Théodora eut vent du complot : elle avertit

---

1. Le traitement infligé à Justinien fut regardé comme un acte de clémence; la tendance générale était d'humaniser le droit criminel en substituant la mutilation à la peine capitale : amputation d'une main pour les voleurs, du nez pour les fornicateurs, etc. Les empereurs byzantins s'adonnaient aussi à la pratique de faire crever les yeux des rivaux et prétendants dangereux, et d'épargner magnanimement leur vie.

son époux. Justinien invita donc séparément Papatzès et Balgitrès en ses appartements, et les étrangla l'un après l'autre. Puis il prit la mer, vogua jusqu'aux bouches du Danube, et fit alliance cette fois avec une puissante tribu bulgare. Le roi de cette tribu, Terbolis, se montra momentanément plus digne de confiance que le kagan des Khazars puisque en 704 il procura à Justinien 15 000 cavaliers pour aller attaquer Constantinople. Les Byzantins, au bout de dix ans, avaient-ils oublié les noirceurs du règne de Justinien ? Trouvaient-ils son successeur pire encore ? Quoi qu'il en fût, ils se soulevèrent bientôt contre Tibérias et réinstallèrent leur ancien maître sur le trône. En récompense le Bulgare reçut « un tas de pièces d'or qu'il mesura avec son fouet scythe », puis il entra chez lui — et attendit quelques années avant d'être mêlé à une nouvelle guerre contre Byzance.

Le second règne de Justinien (704-711) fut plus affreux que le premier ; « il considéra la hache, la corde et le gibet comme les seuls instruments de la monarchie[1] ». Déséquilibré, fou de haine contre les habitants de Cherson où il avait passé les plus dures années d'exil, il envoya une expédition contre cette ville. Plusieurs notables y furent brûlés vifs, d'autres furent noyés, on ramena une foule de prisonniers, mais cela ne suffit pas à calmer la soif de vengeance de l'empereur, qui lança une nouvelle expédition à seule fin de raser complètement la cité. Mais cette fois ses troupes rencontrèrent une puissante armée khazare ; sur quoi le représentant de Justinien en Crimée, un certain Bardanès, changea de camp et passa aux Khazars. Démoralisées, les forces byzantines répudièrent Justinien à leur tour et, pour le remplacer élurent ce Bardanès qui prit le nom de Philippique. Comme il était aux

---

1. GIBBON, p. 182.

mains des Khazars, les insurgés durent payer une lourde rançon au Kagan pour qu'il leur rende leur nouvel empereur. Après quoi ils rentrèrent à Constantinople, Justinien et son fils furent massacrés et Philippique, accueilli en libérateur, monta sur le trône d'où on le renversa, les yeux crevés, deux ans plus tard.

L'intérêt de ces lugubres histoires est de montrer l'influence que les Khazars exerçaient à cette époque sur les destinées de l'empire romain d'Orient, indépendamment de leur rôle de défenseurs des marches caucasiennes contre les musulmans. Bardanès-Philippique fut empereur par la grâce des Khazars, et le terrible Justinien tomba sur l'intervention du kagan son beau-frère. « Il ne paraît pas exagéré, écrit Dunlop, de dire qu'en l'occurrence le Kagan était pratiquement en mesure de donner un nouveau maître à l'empire grec [1]. »

9

Pour suivre la chronologie, l'événement à exposer maintenant devrait être la conversion des Khazars au judaïsme, survenue vers 740. Mais pour replacer pareil fait dans sa juste perspective il conviendrait d'avoir une idée au moins approximative des us et coutumes des Khazars avant leur conversion.

Nous ne possédons malheureusement pas de croquis pris sur le vif par quelque témoin oculaire : rien de comparable à la description de la cour d'Attila par Priscus. Nous avons surtout des récits de seconde main et des

---

1. *Op. cit.*, p. 176.

compilations de chroniqueurs arabes et byzantins, le tout généralement schématique et fragmentaire. Deux exceptions : une lettre qui émanerait d'un roi khazar, et dont nous parlerons au chapitre II; un récit de voyage dû à un bon observateur arabe, Ibn Fadlan qui, comme Priscus, était un diplomate envoyé en mission chez les Barbares du nord par une cour civilisée.

Cette cour était celle du calife al-Muktadir, et la mission diplomatique partie de Bagdad traversa la Perse et l'État de Boukhara pour se rendre chez les Bulgares de la Volga. Le prétexte officiel de cette longue randonnée était une lettre d'invitation adressée par le roi de ces Bulgares qui priait le calife *a)* de lui envoyer des prédicateurs pour convertir son peuple, *b)* de lui bâtir une forteresse afin de pouvoir défier son suzerain, le roi des Khazars. Une telle invitation – préparée sans doute par des contacts diplomatiques antérieurs – donnait aussi l'occasion de faire de la propagande chez les peuplades turques dont la mission traversait le territoire, en prêchant le message du Coran et en répandant des largesses sonnantes et trébuchantes.

Le récit de notre voyageur commence en ces termes [1] :

> « Ceci est le livre d'Ahmad ibn Fadlan ibn al-Abbas ibn Rasid ibn Hammad, commis au service de Mohammed ibn Sulayman, ambassadeur d'al-Muktadir auprès du roi des Bulgares, dans lequel il relate ce qu'il a vu dans les terres des Turcs, des Khazars, des Russes, des Bulgares, des Bachkirs et autres, leurs diverses sortes de religion, l'histoire de leurs rois, et leur conduite en de nombreuses circonstances.
>
> « La lettre du roi des Bulgares atteignit le Commandeur des Croyants al-Muktadir; le roi lui demandait de lui envoyer quelqu'un pour l'instruire dans la religion et lui faire connaître les

---

1. Les citations suivantes sont données d'après les traductions allemande de Zeki Validi Togan et anglaise de Blake et Frye.

lois de l'islam, et lui bâtir chaire et mosquée afin qu'il pût remplir son devoir de convertir le peuple dans tout son pays; il priait aussi le calife de lui édifier une forteresse pour se défendre contre des rois ennemis [1]. Tout ce que le roi demandait, le calife l'accorda. Je fus choisi pour lire le message du calife au roi, pour remettre les présents que le calife lui envoyait, et pour surveiller le zèle des maîtres et interprètes de la Loi... [Viennent ensuite des détails sur le financement de la mission et la nomination de ses membres.] Et ainsi nous quittâmes la Cité de la Paix [Bagdad] le jeudi 11 safar de l'an 309 [21 juin 931]. »

Comme on le voit l'expédition eut lieu bien après les événements racontés au sous-chapitre précédent. Mais pour ce qui est des coutumes et des institutions des païens voisins des Khazars, ces deux siècles de différence ne changèrent probablement pas grand-chose; et l'aperçu qui nous est donné de la vie de ces peuples nomades nous procure au moins une idée de ce que put être l'existence chez les Khazars avant leur conversion, quand ils adhéraient à une forme de chamanisme semblable à celle que pratiquaient encore leurs voisins au temps d'ibn Fadlan.

La mission progressa lentement et apparemment sans aventure jusqu'à la province du Khorezm, frontière du califat au sud de la mer d'Aral. Le gouverneur de cette province tenta de l'arrêter en exposant qu'il y avait entre son pays et le royaume des Bulgares « mille tribus d'infidèles » qui ne manqueraient pas de massacrer les voyageurs. Cet avertissement n'était peut-être qu'un prétexte pour désobéir au calife : en réalité le gouverneur devinait que la mission était indirectement dirigée contre les Khazars, avec lesquels il entretenait d'excellentes relations commerciales. Mais finalement il dut s'incliner et laissa les envoyés poursuivre leur chemin vers Gurganiya, à l'embouchure de l'Amou Daria. Là ils hivernèrent pendant

---

1. Plus loin, un passage indique qu'il s'agit du roi des Khazars.

trois mois, à cause du froid intense — ce froid qui tient une grande place dans tant de récits de voyageurs arabes.

> « Le fleuve fut gelé pendant trois mois et en observant les alentours nous pensâmes que les portes de l'enfer glacé s'étaient ouvertes devant nous. En vérité je vis que les rues et la place du marché étaient entièrement vides à cause du froid... Un jour en sortant du bain, rentrant à la maison, je m'aperçus que ma barbe s'était changée en un bloc de glace, que je dus faire fondre devant le feu. Je demeurai quelques jours dans une maison à l'intérieur d'une autre [à l'intérieur d'une concession?] et dans laquelle il y avait une tente turque en feutre, je restais dans cette tente enveloppé de vêtements et de fourrures, et néanmoins j'eus souvent les joues gelées sur le coussin... »

Vint enfin le dégel vers la mi-février. La mission décida de se joindre à une grande caravane de 5 000 hommes et 3 000 animaux de bât, non sans se procurer les provisions indispensables : chameaux et barques en cuir de chameau pour passer les rivières, assez de blé, de millet, de viande épicée pour trois mois. Les indigènes leur annoncèrent un climat encore plus terrible dans le nord, et leur donnèrent des conseils d'équipement :

> « Ainsi chacun de nous enfila une camisole, puis un caftan de laine, puis une veste doublée de fourrure, et un manteau de fourrure par-dessus; se coiffa d'un bonnet de fourrure qui ne laissait voir que les yeux; mit un caleçon simple, suivi d'un caleçon double, le pantalon par-dessus; des pantoufles de chagrin dans une paire de bottes; et quand on montait à chameau on ne pouvait plus bouger à cause de tous ces vêtements. »

Arabe délicat, Ibn Fadlan n'aime pas mieux les habitants de la région que le climat :

> « Pour le langage et la constitution ce sont les gens les plus repoussants. Leur langue ressemble au pépiement des étourneaux. A une journée de marche il y a un village appelé Ardkwa dont les

habitants se nomment Kardal; leur langue fait absolument le même bruit que le coassement des grenouilles. »

La caravane se mit en marche le 3 mars et fit halte pour la nuit dans un caravansérail à Zamgan, à l'entrée du territoire des Turcs Ghuzz. Au-delà, la mission se trouvait en pays étranger « remettant son sort au Très-Haut et Tout-Puissant ». Un jour, au cours d'une des nombreuses tempêtes de neige qu'il fallut essuyer, Ibn Fadlan allait sur son chameau aux côtés d'un Turc qui ne cessait de se plaindre : « Que nous veut le Maître du Monde? Il nous fait crever de froid. » « Tout ce qu'il veut, déclara Ibn Fadlan, c'est que vous disiez, vous autres, il n'y a de dieu que Dieu. » Alors le Turc, en riant : « Si nous en étions sûrs nous le dirions. »

Il y a plusieurs incidents de ce genre que l'auteur rapporte sans bien apprécier l'esprit d'indépendance qu'ils reflètent. L'envoyé de la cour de Bagdad n'admirait guère non plus chez ces nomades le mépris radical de l'autorité. L'épisode suivant se passe également dans la contrée des redoutables Ghuzz, qui payaient tribut aux Khazars auxquels, d'après certaines sources, ils étaient même étroitement apparentés [1].

« Le lendemain matin l'un des Turcs vint à notre rencontre. Il était affreusement charpenté, sale d'apparence, brutal de manières, immonde de nature. Nous avancions péniblement sous la pluie. Il cria, Halte. Et toute la caravane fit halte. Il dit alors : Plus personne n'a le droit d'avancer. Nous nous arrêtâmes tous pour obéir à ses ordres [2]. Puis nous lui dîmes : Nous sommes les amis du *kudarkin* (vice-roi) Il se mit à rire : Le kudarkin? Je lui chie sur la barbe. Puis il dit : Du pain! Je lui remis plusieurs miches

---

1. Zeki VALIDI, *Exkurs* 36 a.
2. Les chefs de la caravane tenaient évidemment à éviter à tout prix un conflit avec les Ghuzz.

de pain. Il les prit et dit : Passez votre chemin, j'ai pitié de vous. »

Les méthodes démocratiques que suivaient les Ghuzz lorsqu'il fallait prendre une décision laissaient encore plus perplexe notre digne représentant du pouvoir théocratique :

> « Ils sont nomades, vivent sous des tentes de feutre. Ils restent à un endroit quelque temps puis s'en vont. On voit leurs tentes dispersées çà et là dans toute la plaine à la manière nomade. Bien qu'ils mènent une dure existence, ils se conduisent comme des ânes égarés. Ils n'ont aucune religion qui les unisse à Dieu, et ils ne sont pas guidés par la raison; ils ne vénèrent rien. Au contraire ils nomment leurs chefs " seigneur "; quand l'un d'entre eux consulte son chef il demande : O Seigneur, que dois-je faire en telle ou telle affaire? Ils décident de leur conduite en prenant conseil entre eux; mais quand ils ont décidé d'une mesure à prendre et qu'ils sont prêts à la mener à bien, le plus humble, le plus petit d'entre eux peut venir renverser la décision... »

Les mœurs sexuelles des Ghuzz et des tribus apparentées offraient un mélange remarquable de sauvagerie et de libéralisme :

> « Leurs femmes ne portent pas de voile en présence des hommes, pas même des étrangers. D'ailleurs elles ne cachent pas leurs corps en présence des gens. Un jour nous demeurions chez un Ghuzz, nous étions assis; sa femme se trouvait là. Pendant que nous conversions la femme découvrit ses parties honteuses pour se gratter, au vu de tout le monde. Là-dessus nous nous cachâmes le visage en disant : " Que Dieu nous pardonne! " Le mari se mit à rire et dit à l'interprète : " Explique-leur que nous montrons cela en votre présence pour que vous puissiez voir et vous dominer; mais c'est intouchable. Cela vaut mieux que de le couvrir en permettant d'y toucher. " L'adultère leur est inconnu; mais s'ils découvrent qu'un homme s'en rend coupable ils le coupent en deux. Ils font cela en rapprochant les branches de deux arbres, ils attachent l'homme aux branches puis les lâchent, de sorte qu'il est déchiré en deux. »

L'auteur ne nous dit pas si la femme adultère subissait le même châtiment. Plus loin, en parlant des Bulgares de la Volga, il décrit un supplice non moins sauvage administré, pour cette faute, aux femmes comme aux hommes. Cependant, note-t-il avec étonnement, les Bulgares des deux sexes nagent ensemble tout nus; ils n'ont pas plus de pudeur que les Ghuzz. Quant à la pédérastie, généralement admise dans les pays arabes, Ibn Fadlan remarque que « les Turcs la considèrent comme un terrible péché ». Mais au terme du seul épisode qu'il relate à l'appui de cette déclaration, le séducteur d'un « garçon imberbe » s'en tire avec une amende de quatre cents moutons.

Habitué aux magnifiques bains publics de Bagdad, notre voyageur reste stupéfait devant la crasse des Turcs. « Les Ghuzz ne se lavent jamais après avoir uriné ou déféqué, ni après les pollutions séminales ou autres occasions semblables. Ils refusent tout contact avec l'eau, surtout en hiver... » Lorsque le général en chef ôta son manteau de brocart pour revêtir le nouvel habit que la mission lui avait apporté, on vit que ses sous-vêtements « tombaient en loques sous la crasse, car c'est leur coutume de ne jamais enlever la chemise qu'ils portent sur la peau, ils attendent qu'elle se désintègre ». Une autre peuplade turque, les Bachkirs, « se rasent la barbe et mangent leurs poux. Ils fouillent dans les plis de leurs vêtements, en retirent les poux et les croquent » : Comme Ibn Fadlan observait un Bachkir absorbé dans cette occupation, l'homme lui déclara : « C'est délicieux. »

En somme le tableau n'est guère engageant. D'ailleurs le profond mépris que ces barbares inspiraient à notre voyageur dégoûté tenait à leur saleté et à leurs manières qu'il jugeait impudiques; la cruauté de leurs supplices et sacrifices le laisse fort indifférent. Ainsi décrit-il avec détachement, en s'abstenant de ses fréquentes expressions d'indignation, le châtiment que les Bulgares infligent à un homicide : « Ils fabriquent une malle en bouleau, l'y enferment, clouent le couvercle après avoir déposé près de l'homme trois pains et une cruche d'eau, et suspendent la malle entre deux poteaux élevés en disant : nous l'avons placé entre le ciel et la terre, qu'il soit exposé au soleil et à la pluie et que la divinité peut-être lui pardonne! Et ainsi il demeure suspendu jusqu'à ce que le temps le pourrisse et que les vents dispersent ses restes... »

Ibn Fadlan décrit aussi, avec le même calme, un sacrifice funèbre dans lequel on égorge des centaines de chevaux et des troupeaux entiers d'autres animaux avant de procéder rituellement, sur le cercueil du maître défunt à l'horrible immolation d'une jeune esclave rhus [1].

Il a peu de chose à dire sur les religions païennes. Toutefois le culte phallique des Bachkirs éveille son intérêt; avec l'aide d'un interprète il interroge un indigène sur les raisons qui le poussent à vénérer un pénis en bois, et il note la réponse : « C'est que je suis sorti d'une chose semblable et que je ne sais rien d'autre qui m'ait créé. » Il ajoute que certains Bachkirs « croient en douze divinités : un dieu pour l'hiver, un autre pour l'été, un pour la pluie, un pour le vent, un pour les arbres, un pour les hommes, un pour les chevaux, un pour l'eau, un pour la nuit, un pour le jour, un dieu de la mort, un dieu de la terre; et que le dieu qui réside dans le ciel est le plus grand, mais prend l'avis des autres et ainsi tous sont satisfaits de ce que fait chacun d'eux... Nous avons vu chez ces gens un groupe qui honore les serpents, un autre les poissons, un autre les grues... »

Chez les Bulgares de la Volga Ibn Fadlan découvrit

---

1. Rhus : fondateurs vikings des premiers établissements russes. V. plus loin, chap. III.

une étrange coutume, qui a donné lieu à des commentaires encore plus étranges :

> « Quand ils observent un homme qui excelle par le savoir et la vivacité d'esprit, ils disent : Pour celui-ci, il est mieux approprié de servir le Seigneur. Ils le saisissent, lui passent la corde au cou et le pendent à un arbre où on le laisse moisir... »

L'orientaliste turc Zeki Validi Togan, autorité inconstestée pour ce qui est d'Ibn Fadlan et de son temps, écrit à propos de ce passage[1] : « Il n'y a rien de mystérieux dans le cruel traitement infligé par les Bulgares aux gens trop manifestement intelligents. Il se fondait sur le raisonnement simple et réfléchi de citoyens moyens qui ne cherchaient qu'à mener une vie qu'ils jugeaient normale, en évitant les risques et les aventures dans lesquels le « génie » pourrait les entraîner. » Il cite ensuite un proverbe tartare : « Si tu en sais trop on te pendra, si tu es trop modeste on te marchera dessus. » Il conclut qu'« il ne convient pas de regarder tout bonnement la victime comme un savant, mais plutôt comme un génie déréglé, quelqu'un de trop malin. Dès lors on est porté à croire que la coutume serait à considérer comme une mesure de protection sociale contre le changement : la punition des non-conformistes, des novateurs en puissance[2] ». Mais plus loin, l'orientaliste propose une autre interprétation :

> « Ibn Fadlan ne décrit pas une simple mise mise à mort d'hommes trop intelligents, mais plutôt une coutume païenne : le sacrifice humain dans lequel les êtres les meilleurs étaient offerts en sacrifice à Dieu. La cérémonie était probablement accomplie,

---

1. *Ibn Fadlans Reisebericht.*
2. A l'appui de son argument l'auteur aligne des citations turques et arabes sans les traduire, vilaine habitude, trop répandue chez les spécialistes.

non par des Bulgares du commun, mais par leurs *tabib;* ou sorciers, ou chamans, dont les homologues chez les Bulgares et les Rhus avaient également pouvoir de vie et de mort sur les gens au nom de leur culte. Selon Ibn Rusta le sorcier des Rhus avait le droit d'attraper n'importe qui, de lui mettre la corde au cou et de le pendre pour invoquer la miséricorde divine. Cela fait, ils disaient : C'est une offrande à Dieu. »

Peut-être les deux types de motivation se combinaient-ils : « Puisqu'il faut faire des sacrifices, sacrifions les trublions... »

Nous verrons que les Khazars aussi pratiquaient les sacrifices humains, et en particulier le meurtre rituel des rois à la fin de leur règne. On peut imaginer qu'il y avait beaucoup d'autres ressemblances entre leurs coutumes et celles des tribus que décrit Ibn Fadlan. Ce dernier, malheureusement, fut empêché de visiter la capitale khazare et dut se contenter des renseignements recueillis dans les territoires vassaux, singulièrement à la cour bulgare.

10

Il fallut près d'un an (du 21 juin 921 au 12 mai 922) à la mission arabe pour atteindre sa destination, le pays des Bulgares de la Volga. La route directe, à partir de Bagdad, passe par le Caucase et la Khazarie : c'est pour éviter celle-ci qu'il fallut faire un immense détour par la rive orientale de la Caspienne, la « mer des Khazars ». Encore la proximité de ce peuple, et ses menaces, se faisaient-elles sentir constamment.

Un épisode caractéristique eut lieu durant le séjour chez le chef ghuzz (le personnage aux regrettables sous-vêtements). Les envoyés furent d'abord bien reçus, on leur offrit même un banquet. Mais ensuite les dirigeants ghuzz se mirent à réfléchir, en tenant compte de leurs relations avec les Khazars. Pour décider de la conduite à tenir le chef assembla les notables :

> « Le plus distingué, le plus influent était le tarkhan; il était boiteux, aveugle, estropié d'une main. Le chef leur dit : Ces gens sont les messagers du roi des Arabes, je ne me crois pas autorisé à les laisser passer sans vous consulter. Le tarkhan prit la parole : Voilà une affaire telle que je n'ai jamais vue ni entendue; jamais un ambassadeur du sultan n'a voyagé dans notre pays depuis que nous y sommes, nous et nos ancêtres. Sans aucun doute le sultan veut nous tromper : ces gens, il les envoie réellement aux Khazars afin de les dresser contre nous. Le mieux à faire est de couper en deux chacun de ces messagers et de confisquer tous leurs biens. Un autre reprit : Non, prenons leurs biens, et qu'ils retournent tout nus d'où ils viennent. Et un autre encore : Non, le roi des Khazars tient en otages plusieurs des nôtres, envoyons-lui ces gens en guise de rançon. »

Les délibérations durèrent sept jours, les membres de la mission craignaient le pire. Finalement les Ghuzz les laissèrent passer, Ibn Fadlan ne dit pas pourquoi. Ils arrivèrent probablement à se convaincre que la mission était dirigée en fait contre les Khazars. Ils avaient auparavant combattu à leurs côtés contre un autre peuple turk, les Petchénègues, mais s'étaient montrés hostiles depuis lors : d'où les otages que détenaient les Khazars.

Tout au long du voyage la menace khazare planait à l'horizon. Au nord de la Caspienne la mission fit encore un grand détour avant d'atteindre les campements bulgares près du confluent de la Volga et de la Kama. Le roi et ses guerriers l'attendaient en trépignant d'impatience : dès la fin des festivités et cérémonies d'accueil, le roi fit venir Ibn Fadlan pour parler affaires. Il rappela avec force

« sa voix résonnait comme s'il parlait au fond d'un tonneau » le but principal de l'ambassade, à savoir l'argent qu'on devait lui verser « de sorte, dit-il, que je puisse bâtir une forteresse pour me protéger des juifs qui m'ont mis sous leur domination [1] ». Hélas pour des complications bureaucratiques les 4 000 dinars promis n'avaient pas été confiés à la mission; on devait les envoyer plus tard... En apprenant cela, le roi (personne d'allure impressionnante, large et corpulent) parut sombrer dans le désespoir. Il soupçonna l'ambassadeur et la mission entière :

> « Que penserais-tu d'un groupe d'hommes auxquels on remet une somme d'argent destinée à un peuple faible, assiégé, opprimé et qui détournent cet argent?
> Je répondis : Cela est interdit, ces hommes seraient maudits.
> Il demanda : Est-ce affaire d'opinion ou est-ce le consentement général?
> Je répondis : C'est le consentement général. »

Peu à peu Ibn Fadlan sut faire admettre que le versement n'était que différé [2], sans pour autant calmer l'anxiété du roi, qui ne cessait de répéter que tout le sens de son invitation était la construction d'une forteresse « parce qu'il avait peur du roi des Khazars [3] ». Cette crainte était très justifiée apparemment, comme l'explique Ibn Fadlan :

> « Le fils du roi bulgare était tenu en otage par le roi des Khazars. On rapporta à ce dernier que le roi bulgare avait une fille très belle. Il envoya un messager pour la demander en mariage, mais le père trouva des prétextes pour refuser. Alors le Khazar envoya un second messager pour emmener la fille de force, bien qu'il fût juif et elle musulmane; mais elle mourut à sa cour. Le Khazar envoya encore un messager, pour demander la deuxième fille.

1. P. 47.
2. Il semble qu'il arriva finalement : on n'en parle plus ensuite.
3. P. 81.

GRANDEUR ET DÉCADENCE DES KHAZARS

Mais à l'heure même où ce messager arrivait le roi bulgare se hâta de la donner pour épouse au prince des Askil, qui était son vassal, de peur que le Khazar ne la prît aussi de force comme il avait fait de la première. A elle seule cette affaire explique pourquoi le roi bulgare entra en correspondance avec le calife et lui demanda de faire bâtir une forteresse en raison de la crainte que lui inspirait le roi des Khazars. »

C'est un vrai refrain. D'autre part le voyageur fournit des précisions sur le tribut que les Bulgares devaient payer chaque année au redoutable suzerain : une fourrure de zibeline par famille. La zibeline bulgare étant partout hautement appréciée à l'époque, et le nombre des familles, ou des « tentes », étant estimé à cinquante mille environ, le tribut était assez lourd [1].

11

Pour ce qui concerne les Khazars les propos d'Ibn Fadlan se fondent, nous l'avons dit, sur des renseignements recueillis en cours de route et principalement chez les Bulgares. Contrairement au reste du récit, nourri d'observations saisies sur le vif, il s'agit alors d'informations de deuxième ou de troisième main, souvent de peu d'intérêt. En outre les informateurs ne manquaient pas de préjugés, étant donné l'inimitié bien compréhensible du roi des Bulgares pour son suzerain, et il faut tenir compte des ressentiments du califat à l'égard d'un royaume qui avait embrassé une religion rivale.

Ici le récit passe brusquement d'une description de la cour des Rhus ou Varègues à celle des Khazars :

1. P. 190.

« En ce qui concerne le roi des Khazars, dont le titre est Kagan, il ne paraît en public qu'une fois tous les quatre mois. On le nomme le Grand Kagan. Son adjoint se nomme Kagan Bek; c'est lui qui commande et entretient les armées, règle les affaires de l'État, paraît en public et mène les guerres. Les rois voisins obéissent à ses ordres. Il se présente chaque jour au Grand Kagan, avec respect et modestie, nu-pieds, et tenant un bout de bois à la main. Il fait obéissance, met le feu au rameau, et quand celui-ci est consumé, s'assied sur le trône à la droite du roi. Après lui dans l'ordre de préséance vient un homme appelé le K-nd-r Kagan, et ensuite le Jawshyghr Kagan.

« C'est la coutume du Grand Kagan de n'avoir aucune relation avec les sujets, de ne point leur parler et de n'admettre personne en sa présence, sauf ceux que nous avons mentionnés. Le pouvoir de lier et de délier, d'ordonner les châtiments et de gouverner le pays appartient à son vicaire, le Kagan Bek.

Une autre coutume du Grand Kagan est que lorsqu'il meurt on lui élève un vaste édifice contenant vingt chambres, et dans chaque chambre on lui creuse une tombe. Des pierres sont écrasées et réduites en une poudre que l'on répand sur le sol et que l'on recouvre de poix. Sous l'édifice coule une rivière qui est fort large et rapide. Ils font passer l'eau de la rivière par-dessus le tombeau, et ils disent que cela se fait pour que ni homme, ni démon, ni ver, ni créature rampante ne puisse parvenir jusqu'à lui. Après qu'il a été enterré, ceux qui l'ont mis en terre sont décapités, afin que personne ne puisse savoir dans quelle chambre est son tombeau. Le tombeau est appelé « paradis », et ils ont coutume de dire : Il est entré au paradis. Toutes les chambres sont tendues de brocarts de soie tissés de fils d'or.

C'est la coutume du roi des Khazars d'avoir vingt-cinq épouses; chacune d'elles est la fille d'un roi qui lui doit allégeance. Il s'en empare de gré ou de force. Il a aussi soixante concubines, toutes d'une beauté exquise... »

Ibn Fadlan se lance alors dans une description assez fantaisiste du harem, où chacune des quatre-vingt-cinq dames a « son palais » et un serviteur ou un eunuque qui, au commandement du roi, l'amène « en un clin d'œil » à l'alcôve princière.

GRANDEUR ET DÉCADENCE DES KHAZARS

Après quelques autres remarques douteuses sur les « coutumes » du Kagan (et nous y reviendrons plus loin), Ibn Fadlan donne enfin quelques renseignements factuels sur le pays :

« Le roi possède une grande cité qui s'étend sur les deux rives de l'Itil (la Volga). Sur une rive habitent les musulmans, sur l'autre le roi et sa cour. Les musulmans sont gouvernés par l'un des officiers du roi qui est lui-même musulman. C'est cet officier qui s'occupe des procès des musulmans qui résident dans la capitale des Khazars ainsi que des marchands qui viennent de l'étranger. Personne d'autre ne se mêle de leurs affaires ni ne siège pour les juger. »

Le récit d'Ibn Fadlan, tel qu'on l'a conservé, s'achève sur ces mots :

« Les Khazars et leur roi sont tous juifs [1]. Les Bulgares et tous leurs voisins lui sont soumis. Ils le traitent avec obéissance et vénération. Certains pensent que les Khazars sont le peuple de Gog et Magog. »

12

J'ai cité assez longuement l'odyssée d'Ibn Fadlan, non pas tant à cause des maigres informations qu'elle procure sur les Khazars eux-mêmes, qu'en raison de la lumière qu'elle jette sur le monde qui les environnait, et sur la barbarie des peuplades au milieu desquelles ils vivaient, barbarie qui reflétait leur passé, avant la conversion. Car au temps de la visite d'Ibn Fadlan chez les Bulgares, la Khazarie était un pays étonnamment moderne par comparaison avec ses voisins.

---

1. Cela paraît exagéré puisqu'il existait une communauté musulmane dans la capitale. Zeki Validi supprime donc le mot « tous ». Il faut penser que Khazars désigne ici la tribu dominante dans la mosaïque ethnique de Khazarie, et que les musulmans, tout en jouissant de l'autonomie juridique et religieuse, n'étaient pas considérés comme de « vrais Khazars ».

Le contraste apparaît dans les récits d'autres historiens arabes[1], il se manifeste à tous les niveaux, de l'habitat à l'administration de la justice. Les Bulgares vivaient encore uniquement sous la tente, leur roi n'avait pas d'autre abri, même si la tente royale était « très vaste, contenant un millier de personnes ou davantage[2] ». En revanche le Kagan des Khazars habite un château aux murs de briques cuites, ses femmes logent, nous dit-on, dans des « palais à toitures de tek[3] » et les musulmans possèdent plusieurs mosquées, dont « l'une a un minaret qui s'élève dans les environs du château royal[4] ».

Dans les régions fertiles leurs terres cultivées s'étendaient sur plus de cent kilomètres d'un seul tenant. On y trouvait de grands vignobles. « En Khazarie, nous dit Ibn Hawkal, il est une ville nommée Asmid [Samandar] qui possède des jardins et des vergers si nombreux que de Darband à Serir le pays est entièrement couvert des cultures et des plantations qui appartiennent à cette ville. On dit qu'il y en a environ quarante mille. Nombre de ces champs produisent du raisin[5]. » La région au nord du Caucase a toujours été très fertile. En 968 Ibn Hawkal rencontra un voyageur qui l'avait visitée après une razzia slave : « Il dit qu'il ne reste aucun aliment pour les pauvres dans les vignes et les jardins, il n'y a plus une feuille sur les arbres. Mais en raison de l'excellence de la terre et de l'abondance de ses produits il ne faudra pas trois ans pour qu'elle redevienne ce qu'elle était. » Le Caucase donne toujours des vins délicieux que l'on consomme généreusement en Union soviétique.

1. On se fonde, dans les pages suivantes, sur les ouvrages d'Istakhri, de Masudi, d'Ibn Rusta et d'Ibn Hawkal.
2. Ibn FADLAN p. 61.
3. AL-ISTAKHRI.
4. AL-MASUDI.
5. Ibn HAWKAL; de même Istakhri (qui ne compte que 4 000 jardins).

Cependant pour le trésor royal la principale source de revenu était le commerce extérieur. En termes purement quantitatifs Ibn Fadlan nous a déjà indiqué l'importance des caravanes qui cheminaient entre l'Asie centrale et le cours de la Volga proche de l'Oural : on se rappelle que la caravane à laquelle sa mission se joignit à Gurganj comptait « cinq mille hommes et trois mille bêtes de somme... ». Même en admettant quelque exagération l'ensemble devait être impressionnant, et nous ne savons pas combien de caravanes semblables pouvaient se déplacer en même temps, ni d'ailleurs quelles marchandises elles transportaient, encore que les textiles, les fruits secs, le miel, la cire et les épices paraissent avoir joué un grand rôle. Une autre route commerciale traversait le Caucase pour pénétrer en Arménie, en Géorgie, en Perse, à Byzance. Une troisième véhiculait le trafic croissant des barques varègues descendant la Volga jusqu'aux rives orientales de la mer khazare, pour livrer surtout les précieuses fourrures très en faveur dans l'aristocratie musulmane, ainsi que les esclaves nordiques que l'on vendait au marché d'Itil. Sur toutes ces marchandises, esclaves compris, le souverain khazar prélevait une taxe de dix pour cent. Si l'on y ajoute les tributs que payaient les Bulgares, les Magyars, les Bourtes et autres peuplades, on comprend que la Khazarie ait pu être un État prospère, et que cette prospérité dépendait dans une grande mesure de sa puissance militaire et du prestige que cette puissance conférait aux percepteurs et aux douaniers.

Au-delà des fertiles régions méridionales couvertes de vignes et d'arbres fruitiers, le pays n'avait guère de ressources naturelles. Un historien arabe, al-Istakhri, écrit que le seul produit indigène exporté était la colle de poisson. Encore une exagération, certainement, mais il reste qu'apparemment la principale activité commerciale consistait a réexporter des biens venus de l'étranger. Parmi ces biens les produits de la ruche excitèrent l'imagination des chroniqueurs arabes. Ainsi pour Muqadassi, « en Khazarie moutons, miel et juifs se trouvent à foison[1] ». Il est vrai qu'une source persane, le *Darband Namah,* mentionne des mines d'or et d'argent en territoire khazar, mais on n'a jamais pu localiser ces mines. D'autre part plusieurs auteurs parlent de marchandises khazares à Bagdad, et de marchands khazars à Constantinople, à Alexandrie, et même à Samara et à Fergana.

La Khazarie n'était donc en aucune façon isolée du monde civilisé. Par comparaison avec les tribus voisines du nord, c'était un pays cosmopolite, ouvert à toutes sorte d'influences culturelles et religieuses, et en même temps très jaloux de son indépendance à l'égard des deux grandes puissances ecclésiastiques. C'est cette attitude, nous le verrons, qui peut expliquer le coup de théâtre (ou le coup d'État), qui devait faire du judaïsme une religion officielle.

Les arts et métiers étaient florissants, semble-t-il, y compris la haute couture[2]. Quand le futur empereur Constantin V épousa la fille du Kagan (voir ci-dessus, section 1), celle-ci apporta avec les bijoux de sa dot une robe magnifique qui impressionna tellement la cour byzantine que les dignitaires l'adoptèrent, pour eux, comme vêtement de cérémonie; ils l'appelaient *tzitzakion,* mot dérivé du nom turc de la princesse, Chichak, « la petite fleur » (ce fut du moins son nom avant d'être baptisée Irène). « Nous avons là un fragment lumineux d'histoire culturelle », note Toynbee[3]. Une autre princesse khazare épousa le gouverneur musulman d'Arménie; pour les

---

1. MUQADASSI, Description de l'Empire (*Descriptio Imperii,* éd. de Goeje, p. 355) cité par Baron, III, p. 197.
2. En français dans le texte.
3. TOYNBEE, *Constantine Porphyrogenitus,* p. 549.

noces son cortège, outre les suivantes et les esclaves, comportait dix tentes montées sur roues et « faites de la soie la plus fine, avec des portes plaquées d'or et d'argent, et des planchers couverts de zibelines. Vingt autres chars portaient la vaisselle d'argent et d'or avec le reste des trésors qui composaient sa dot [1] ». Quant au Kagan il voyageait dans une tente mobile plus luxueuse encore, surmontée d'une grenade d'or.

13

L'art des Khazars, comme celui des Bulgares et des Hongrois, fut surtout un art d'imitation, proche des modèles perses, sassanides. L'archéologue soviétique Bader [2] a souligné qu'ils ont contribué à répandre dans les pays nordiques l'argenterie de style perse : ce qu'on en retrouve peut en effet avoir été réexporté par les Khazars, fidèles à leur rôle d'intermédiaires; d'autres pièces sont des copies exécutées dans leurs ateliers, tels que ceux dont on a exhumé les traces près de la vieille forteresse de Sarkel [3]. La bijouterie découverte à l'intérieur de la forteresse était de fabrication locale [4]. L'archéologue suédois T. J. Arne cite des pièces ornementales trouvées dans son pays, vaisselle, fibules, boucles de ceinturon, d'inspiration sassanide ou byzantine, mais travaillées en Khazarie ou dans des territoires sous son influence [5].

---

1. Zeki VALIDI, p. 120.
2. Cité par BARTHA, p. 184.
3. Malheureusement Sarkel, le plus important site archéologique khazar, a été recouvert par la retenue d'un barrage hydro-électrique.
4. BARTHA, p. 139.
5. Cité par DUNLOP, p. 231.

Les Khazars furent ainsi les principaux artisans de l'expansion de l'art perse et byzantin chez les peuplades à demi barbares de l'Europe de l'Est. Au terme d'un examen exhaustif des sources archéologiques et littéraires (tirées principalement d'ouvrages soviétiques) Bartha conclut :

> « Le sac de Tiflis par les Khazars, sans doute au printemps 629, intéresse particulièrement notre sujet. [Durant la période d'occupation] le Kagan envoya des inspecteurs superviser les manufactures d'objets en or, en argent, en fer et en cuivre. De même les bazars, le commerce en général, même les pêcheries étaient sous leur contrôle... Ainsi au cours de leurs incessantes campagnes caucasiennes, au VIIe siècle, les Khazars entrèrent en contact avec une culture qui s'était développée à partir de la tradition sassanide... En conséquence les produits de cette culture se répandirent chez les peuples de la steppe, non seulement grâce au commerce mais aussi par le pillage et les impôts... Toutes les pistes que nous avons minutieusement suivies dans l'espoir de remonter aux origines de l'art magyar du Xe siècle nous ont conduit en territoire khazar [1]. »

La dernière phrase du savant hongrois fait allusion à la célèbre trouvaille archéologique connue sous le nom de « trésor de Nagyszentmiklos » (illustration en frontispice). Cet ensemble de vingt-trois vases d'or datant du Xe siècle fut découvert en 1791 au voisinage du village en question [2]. Bartha signale que le personnage du « prince victorieux » qui tire un captif par les cheveux, et la scène mythologique gravée au dos de la jarre en or, de même que le dessin des autres objets ornementaux, manifestent de frappantes ressemblances avec les pièces trouvées à Novi Pazar en Bulgarie — et à Sarkel en pays khazar. Les Magyars comme les Bulgares ayant été vassaux des Khazars pendant de longues périodes, cela n'est pas

---

1. P. 143-145.
2. Aujourd'hui Sinnicolaul Mare, en Roumanie.

très étonnant et le guerrier vainqueur au milieu de ce trésor nous donne au moins une idée des arts que l'on pratiquait dans l'empire khazar — et il n'est pas surprenant non plus que les influences perses et byzantines y soient prédominantes [1].

Certains archéologues hongrois [2] soutiennent que les orfèvres qui travaillaient en Hongrie au Xe siècle étaient en fait des Khazars. Comme nous le verrons plus loin (chap. III) lorsque les Magyars pénétrèrent en 896 dans les plaines où ils devaient s'installer, ils étaient conduits par une tribu khazare dissidente, les Kabars, qui se fixèrent avec eux dans leur nouvelle patrie. Les Khazars-Kabars avaient une réputation d'excellents orfèvres, ils pratiquaient des arts auxquels les Magyars ne s'initièrent qu'une fois installés. La théorie de l'origine khazare d'une partie au moins des objets découverts en Hongrie n'est donc pas invraisemblable, comme on le verra mieux encore quand nous parlerons plus loin des connexions de ces peuples.

14

Le guerrier de l'urne d'or, qu'il soit d'origine magyare ou khazare, nous aide à imaginer l'allure d'un cavalier de cette époque, appartenant peut-être à un régiment d'élite. Masudi raconte que dans l'armée khazare « sept mille hommes [3] chevauchent avec le roi, des archers en cui-

---

1. On trouvera une excellente collection de photographies dans *The Art of the Migration Period de Gyula Lâszlô*, dont il convient toutefois de traiter avec précaution les commentaires historiques.
2. LÂSZLÔ, p. 66 et sq.
3. 12 000 selon Istakhri.

rasses, casques et cottes de mailles. Il y a des lanciers armés et équipés comme les musulmans... Aucun roi dans cette partie du monde n'a d'armée régulière, sauf le roi des Khazars... » Et selon Ibn Hawkal, « ce roi a douze mille soldats à son service; quand l'un d'eux meurt, un autre homme est aussitôt choisi pour le remplacer ».

Nous trouvons là une autre explication de l'hégémonie khazare; il y avait une armée de métier, contenant une garde prétorienne qui en temps de paix faisait régner l'ordre dans la mosaïque des ethnies et qui en temps de guerre pouvait structurer les hordes, lesquelles, nous l'avons vu, comptaient quelquefois cent mille hommes et davantage [1].

15

La capitale de cet empire bigarré fut probablement en premier lieu la forteresse de Balandjar dans le piémont

1. D'après Masudi, l' « armée royale était composée de musulmans qui immigrèrent de la région de Kwarizm. Il y a longtemps après la venue de l'Islam il y eut guerre et peste dans leur territoire et ils se rendirent auprès du roi des Khazars... Quand le roi des Khazars est en guerre avec des musulmans, ils ont une place séparée dans son armée et ne combattent pas les gens de leur religion ». Que l'armée fût « composée » de musulmans, c'est évidemment une exagération, que Masudi contredit quelques lignes plus loin en parlant d'une « place séparée ». D'ailleurs Ibn Hawkal dit que « le roi a dans sa suite 4 000 musulmans et qu'il a 12 000 soldats à son service ». Les gens du Kwarizm formaient probablement une sorte de « garde suisse » à l'intérieur de l'armée, et quand leurs compatriotes parlent d'otages c'est peut-être à eux qu'ils se réfèrent (voir ci-dessus). Réciproquement, l'empereur de Byzance avait un corps d'élite composé de gardes khazars stationnés aux portes du palais. C'était un privilège chèrement payé : « Ces gardes étaient si bien rémunérés qu'ils devaient acheter leurs postes pour des sommes considérables sur lesquelles leurs soldes représentaient une annuité variant d'environ 2 à 4 % », CONSTANTIN, *Des Cérémonies*, p. 692.

septentrional du Caucase; après les incursions arabes du VIIIᵉ siècle elle fut transférée à Samandar, sur la rive occidentale de la Caspienne, et plus tard à Itil sur l'estuaire de la Volga.

D'Itil nous avons plusieurs descriptions, qui concordent assez bien. C'était une ville double, construite sur les deux rives du fleuve. Itil était le nom de la moitié occidentale, l'autre étant appelée Khazaran[1]; elles étaient reliées par un pont de bateaux. (Plusieurs auteurs citent l'analogie de Buda-Pest.) La partie occidentale était entourée d'une muraille fortifiée, en briques; elle renfermait les palais du Kagan et du Bek, ainsi que les demeures de leurs serviteurs et celles des « Khazars de race pure[2] ». Le rempart avait quatre portes, dont l'une faisait face au fleuve. Sur l'autre rive, à l'est vivaient « les musulmans et les adorateurs d'idoles[3] ». Ce quartier contenait aussi les mosquées, les bains, les marchés et autres équipements publics. Divers auteurs arabes ont signalé le nombre des oratoires dans le quartier musulman et la hauteur impressionnante du minaret de la grande mosquée. Ils insistent aussi sur l'autonomie dont jouissaient les religieux et les juristes musulmans. C'est ce que fait en particulier al-Masudi, « l'Hérodote des Arabes », dans son célèbre ouvrage des *Prairies d'Or* :

> « La coutume, dans la capitale des Khazars, est d'avoir sept juges. Deux d'entre eux sont pour les musulmans, deux pour les Khazars, et ils jugent selon la Torah, deux pour les chrétiens, et ils jugent selon l'Évangile, et un pour les Saqalibah, les Rhus et autres païens, et celui-ci juge d'après la loi païenne... Dans la cité

---

1. Elle eut d'autres noms à d'autres époques, par exemple al-Bayada, « la cité blanche ».
2. Masudi situe ces bâtiments sur une île proche de la rive occidentale, ou sur une presqu'île.
3. Hudud el-ALAM, n. 50.

du roi des Khazars il y a de nombreux musulmans, marchands et artisans, qui sont venus dans son pays en raison de sa justice et de la sécurité qu'il procure. Ils ont une mosquée principale dont le minaret s'élève au-dessus du château royal, et d'autres mosquées en plus avec des écoles où les enfants apprennent le Coran... »

En lisant ces lignes que le grand historien arabe écrivait dans la première moitié du Xe siècle [1], on est tenté de se faire une idée peut-être trop idyllique de la vie au royaume des Khazars. Ainsi voyons-nous dans la *Jewish Encyclopaedia,* à l'article « Khazars » : « A une époque où le fanatisme, l'ignorance et l'anarchie régnaient en Europe de l'Ouest, le royaume des Khazars pouvait s'enorgueillir de son administration juste et libérale [2] ».

Cela est vrai en partie, nous l'avons vu, mais en partie seulement. Rien n'indique que les Khazars se soient livrés à des persécutions religieuses avant ou après leur conversion au judaïsme [3]. A cet égard on peut dire qu'ils se sont montrés plus tolérants que l'empire romain d'Orient et que l'Islam à ses débuts. En revanche, il semble bien qu'ils conservèrent des rituels barbares hérités de leur passé nomade. On se rappelle ce que dit Ibn Fadlan des massacres qui entouraient les inhumations royales. Le même chroniqueur parle d'une autre coutume archaïque : le régicide. « La période du règne est de quarante ans. Si le roi excède cette durée, même d'un seul jour, ses sujets et serviteurs l'immolent, en disant : Son entendement est diminué, sa pensée est confuse. »

Istakhri donne une autre version :

---

1. Probablement entre 943 et 947.
2. *Jewish Enclyclopaedia,* 1901-1906. Dans l'*Encyclopaedia Judaica* de 1971 l'article sur les Khazars, signé par Dunlop, est d'une objectivité remarquable.
3. Sauf un cas de représailles relativement bénin. V. chap. IV, 1.

GRANDEUR ET DÉCADENCE DES KHAZARS

> « Quand ils veulent introniser ce Kagan, ils lui passent un lacet de soie au cou et serrent jusqu'à ce qu'il commence à étouffer. Alors ils lui demandent : combien de temps comptes-tu régner? S'il ne meurt pas avant l'année indiquée, il est tué lorsqu'il l'atteint. »

Bury [1] hésite à accorder foi à ces légendes de colportage arabe, et de fait on inclinerait à les écarter si le régicide rituel n'avait été si largement répandu chez de nombreux peuples plus ou moins primitifs. Frazer insiste beaucoup sur la relation entre le concept de la divinité royale et l'obligation sacrée d'immoler le souverain quand ses forces vitales faiblissent, afin que la puissance divine puisse passer à une incarnation plus jeune et plus vigoureuse [2].

Il faut ajouter à l'appui du récit d'al-Istakhri que l'étrange cérémonie de la strangulation du futur roi paraît avoir été pratiquée chez des peuples voisins, turcs ou mongols, tels que les Tou-kioue, connus pour leur alphabet runiforme appelé kok-turk. Zeki Validi cite à leur propos Stanilas Julien :

> « Quand le nouveau chef est élu, ses officiers et serviteurs le font monter à cheval. Ils lui serrent un ruban de soie autour du cou, sans l'étrangler tout à fait; puis ils relâchent le ruban et lui demandent avec force insistance : Pendant combien d'années peux-tu être notre khan? Le roi, l'esprit troublé, étant incapable de donner un chiffre, ses sujets décident, d'après la force des mots qui lui ont échappé, si son règne sera de longue ou de courte durée [3]. »

Nous ignorons si le meurtre rituel du roi subista chez les Khazars (à supposer qu'il y ait jamais existé) lorsqu'ils

---

1. *Op. cit.*, p. 405.
2. Le traité de Frazer sur le « Killing of the Khazar Kings » a paru en 1917, *Folklore*, XXVIII.
3. Stanislas JULIEN, *Documents sur les Tou-Kioue*, cité par Zeki VALIDI, p. 269.

adoptèrent le judaïsme, ou s'il disparut à cette époque — auquel cas les écrivains arabes auraient confondu le passé et le présent, comme il leur arrivait souvent en compilant de vieux récits de voyageurs et en les attribuant à des contemporains. Quoi qu'il en soit, on peut retenir comme une quasi certitude, apparemment, le caractère sacré du kagan, dont le rôle comportait ou ne comportait pas le sacrifice suprême. Nous avons déjà appris qu'il était vénéré, mais quasiment reclus, caché au peuple jusqu'aux énormes cérémonies de ses funérailles. Les affaires de l'État et le commandement de l'armée étaient confiés au Bek (ou Kagan Bek) qui en fait exerçait tout le pouvoir. Sur ce point les historiens modernes s'accordent avec les chroniqueurs arabes, et décrivent habituellement le système politique des Khazars comme une monarchie double, le Kagan représentant le pouvoir religieux, et le Bek le pouvoir séculier.

On a comparé (à tort, semble-t-il) cette double monarchie à la dyarchie de Sparte et avec une chefferie collégiale, superficiellement analogue, dans diverses tribus turques. Mais les deux rois de Sparte, héritiers de deux familles éminentes, avaient le même pouvoir tous les deux; et quant à la double chefferie de certains nomades, rien n'atteste une division fonctionnelle fondamentale comme chez les Khazars[1]. On a proposé une comparaison plus valable avec le système politique du Japon où, depuis le Moyen Age jusqu'en 1867, le shogun disposait entièrement du pouvoir, tandis que l'empereur exerçait un rôle effacé et vénérable de personnage divin.

Cassel a suggéré une analogie attrayante entre le gouvernement khazar et le jeu d'échecs[2]. La double royauté est

---

1. Alföldi pense que les deux chefs étaient les commandants des deux ailes de la horde, v. DUNLOP, p. 159, note 123.
2. CASSEL, p. 52.

représentée sur l'échiquier par le roi (le Kagan) et la reine (le Bek). Le roi est maintenu en réclusion, protégé par les cavaliers, a peu de pouvoir et n'avance que pas à pas. La reine au contraire est le personnage le plus important de l'échiquier, elle le domine. Pourtant le jeu peut continuer même si la reine est prise, alors que la chute du roi est un désastre absolu, qui met fin instantanément à la partie.

Ainsi la double royauté semble indiquer, dans la mentalité des Khazars, une distinction catégorique entre le sacré et le profane. Les attributs divins du Kagan sont bien mis en évidence dans le passage suivant d'Ibn Hawkal [1] :

« Le Kagan doit toujours être de la race impériale [al Istakhri : « ... d'une famille de notables »]. Nul n'est autorisé à l'approcher, sinon pour affaire de grande importance : alors on se prosterne devant lui, on se frotte le visage sur le sol jusqu'à ce qu'il donne l'ordre d'avancer et de parler. Quand le Kagan meurt, celui qui passe près de son tombeau doit aller à pied et rendre hommage au sépulcre; et lorsqu'il s'en va il n'a pas le droit de monter à cheval aussi longtemps qu'il peut voir le tombeau.

L'autorité de ce souverain est si absolue, ses ordres sont obéis si aveuglément que, s'il lui semblait souhaitable qu'un de ses nobles dût périr, il lui dirait : Va te tuer, et l'homme rentrerait aussitôt chez lui et se tuerait docilement. La succession à la royauté étant ainsi établie dans la même famille [Istakhri : « dans une famille de notables ne possédant ni pouvoir ni richesse »], quand le tour d'héritage passe à un membre quelconque de cette famille, il est confirmé dans la dignité de kagan, même s'il ne possède pas un dirham. Et j'ai entendu dire à des personnes dignes de foi, qu'un jeune homme se tenait dans une échoppe du marché et vendait de menus objets [Istakhri : « vendait du pain »] et que les gens disaient : Quand le Kagan s'en ira c'est cet homme qui lui succédera sur le trône. [Istakhri : « Personne n'est plus digne

---

1. Ibn HAWKAL, géographe, historien et grand voyageur, écrivit sa *Géographie de l'Orient* en 977. Le passage cité est presque une copie du texte d'Istakhri, écrit quarante ans plus tôt, mais contient moins d'obscurités.

d'être le Kagan »]. Mais le jeune homme était musulman, et ils ne donnent la royauté qu'à des juifs.

Le Kagan a un trône et un pavillon d'or : ce qui n'est accordé à personne d'autre. Le palais du Kagan est plus élevé que les autres édifices [1]. »

Le passage concernant le vertueux jeune homme qui vend du pain ou de la camelote au bazar évoque plutôt un conte des *Mille et Une Nuits*. Pourquoi l'héritier d'un trône réservé à un juif aurait-il été élevé en musulman pauvre? S'il y a un enseignement à tirer de cette histoire, il faut penser que le kagan était choisi sur la noblesse du caractère, parmi les descendants d'une « race impériale » ou « famille de notables ». C'est bien l'avis d'Artamonov et de Zeki Validi. Le premier écrit que les Khazars, de même que d'autres peuplades turques, étaient gouvernés par des descendants de la dynastie Turkut, qui avait régné jadis sur le premier empire « turk » (voir ci-dessus, section 3). Zeki Validi pense que la « race impériale » ou la « famille de notables » à laquelle doit appartenir le kagan, désigne l'ancienne dynastie des Asena, citée dans les sources chinoises, sorte d'aristocratie du désert dont les souverains turcs et mongols, traditionnellement, prétendaient descendre. La chose paraît plausible et elle aiderait à concilier les valeurs contradictoires que suppose le récit arabe rapporté ci-dessus : le noble jeune homme sans un dirham en poche — et les pompeuses cérémonies entourant le trône d'or. On observe ici la rencontre de deux traditions, une sorte d'interférence optique, comme celle de deux cycles d'ondes sur un écran : l'ascétisme d'une tribu de rudes nomades du désert, et le clinquant d'une cour enrichie par le commerce et l'artisanat et qui essaie de surpasser l'éclat de ses grandes rivales, Bagdad et Cons-

---

1. Ibn HAWKAL, p. 189-190.

tantinople. Après tout, les croyances affichées par ces deux somptueuses monarchies remontaient aussi à d'ascétiques prophètes du désert.

Cependant cela n'explique pas l'étonnante division des pouvoirs sacré et séculier, dont on ne trouve apparemment aucun équivalent dans la région à cette époque. Selon Bury [1], « nous n'avons aucune information sur le moment où l'autorité active du kagan fut remplacée par sa divine nullité, ni sur la raison pour laquelle il fut haussé à une situation analogue à celle de l'empereur du Japon, telle que son existence, et non son pouvoir, était considérée comme essentielle à la prospérité de l'État ».

Une conjecture d'Artamonov pourrait apporter une réponse. L'avènement du judaïsme comme religion officielle aurait été l'aboutissement d'un coup d'État, qui en même temps aurait réduit à un rôle purement figuratif le Kagan, descendant d'une dynastie païenne, dont la fidélité à la loi de Moïse était sujette à caution. C'est une hypothèse comme une autre, aussi peu fondée qu'une autre sur des documents historiques. Cependant il paraît pobable qu'il y eut un lien entre les deux événements : l'adoption du judaïsme d'une part, l'établissement de la double monarchie d'autre part [2].

1. *Op. cit.*, p. 405.
2. Il faut dire en outre qu'avant la conversion le kagan passait encore pour jouer un rôle actif, comme par exemple dans les négociations avec Justinien. Pour compliquer les choses les manuscrits arabes ont quelquefois « kagan » quand il s'agit clairement du « bek », kagan est un terme générique pour le chef dans de nombreuses tribus; ils donnent aussi des noms différents au bek, comme le montre la liste suivante d'après Minorski, *Hudud al Alam*, p. 451 :

Constantin	Khaqan	Bek
Ibn Rusta	Khazar Khaqan	Aysha
Masudi	Khagan	Malik
Istakhri	Malik Khazar	Khaqan Khazar *(inversion)*
Ibn Hawkal	Khaqan Khazar	Malik Khazar ou Bek
Gardizi	Khazar Khaqan	Abshad

CHAPITRE II

La conversion

1

« LA religion des Hébreux avait exercé une influence profonde sur les croyances de l'Islam, écrit Bury, et elle avait été un fondement du christianisme; elle avait gagné des prosélytes çà et là; mais la conversion des Khazars à la pure religion de Jéhovah est un fait unique dans l'Histoire. »

Quels furent les mobiles de ce singulier événement? Il n'est pas facile de se mettre dans la peau d'un prince khazar, ou simplement sous sa cotte de mailles. Mais si nous raisonnons en termes de politique — la politique à toutes les époques obéissant essentiellement aux mêmes règles — nous rencontrons une analogie assez plausible.

Au commencement du VIIIe siècle le monde était polarisé par les deux superpuissances qui représentaient le christianisme et l'Islam. Les idéologies se confondaient avec des visées politiques servies par les méthodes classiques de la propagande, de la subversion et de la conquête militaire. L'empire khazar représentait une troisième force, qui s'était montrée égale à chacune des deux autres, soit comme adversaire, soit comme alliée. Mais cet empire ne pouvait pas maintenir son indépendance en adoptant le christianisme ou l'Islam, car un tel choix l'aurait immédiatement soumis à l'autorité soit de l'empereur byzantin, soit du calife de Bagdad.

Les tentatives de conversion n'avaient pas manqué de part et d'autre, mais elles n'avaient abouti qu'à des échanges de courtoisies diplomatiques, à des alliances matrimoniales et à des alternances de traités militaires fondés sur des intérêts mutuels. Assuré de sa puissance et de ses réserves de tribus vassales, le royaume khazar était décidé à sauvegarder sa position de troisième force, à la tête des nations non engagées qui peuplaient les steppes.

En même temps les contacts qu'ils avaient avec Byzance et avec le califat avaient appris aux Khazars que leur chamanisme primitif était non seulement barbare et démodé en comparaison avec les grandes religions monothéistes, mais en outre impuissant à conférer aux chefs l'autorité juridique et spirituelle dont jouissaient les souverains des empires théocratiques. Or la conversion à l'une ou l'autre de ces deux religions aurait entraîné la soumission, la fin de l'indépendance, ce qui était tout le contraire du but recherché. Dès lors quoi de plus logique, apparemment, que d'embrasser une troisième religion, qui ne dépendait d'aucune des deux autres, et représentait leur commune et vénérable origine?

L'apparente rationalité de la décision est évidemment due à la clarté trompeuse des jugements qu'on porte après coup sur l'Histoire. En réalité pour cette conversion au judaïsme il fallait un coup de génie. Toutefois les sources hébraïques et arabes, malgré la diversité des détails, reprennent toutes le raisonnement esquissé ci-dessus. Citons Bury une fois de plus :

> « On ne saurait douter que le souverain ait été poussé par des motifs politiques lorsqu'il adopta le judaïsme. Embrasser la foi de Mohamed c'eût été dépendre spirituellement des califes, qui

GRANDEUR ET DÉCADENCE DES KHAZARS 71

tentaient d'imposer leur religion aux Khazars, et le christianisme risquait de faire de lui un vassal ecclésiastique de l'empire romain. Le judaïsme était une religion honorable, possédant des livres sacrés que respectaient chrétiens et mahométans; il l'élevait au-dessus des païens barbares, et l'assurait contre les interventions du calife ou de l'empereur. Mais il n'adopta pas, en même temps que la circoncision, l'intolérance du culte juif. Il permit à la masse de son peuple de conserver son paganisme et d'adorer ses idoles [1]. »

Cependant si la conversion eut certainement des mobiles politiques, il serait absurde d'imaginer que les Khazars se jetèrent aveuglément du jour au lendemain dans une religion dont ils eussent ignoré le contenu. En fait, depuis un siècle au moins ils connaissaient les juifs et leurs observances grâce au flot continu des réfugiés qui fuyaient les persécutions religieuses de Byzance, ou qui, moins nombreux, venaient de pays d'Asie mineure conquis par les Arabes. On sait que la Khazarie, relativement civilisée au milieu des Barbares du nord, n'était liée à aucune des religions militantes : elle devint donc tout naturellement une terre d'accueil pour les exodes périodiques des juifs soumis à Byzance et que menaçaient les conversions forcées et les pressions de toute sorte. Sous diverses formes la persécution avait commencé sous Justinien Ier (527-565); elle devint particulièrement cruelle sous Héraclius au VIIe siècle, sous Léon III au VIIIe, sous Basile et Léon IV au IXe, sous Romain au Xe. C'est ainsi que Léon III, qui régna durant les deux décennies qui précédèrent immédiatement la conversion des Khazars, « tenta de mettre fin à l'anomalie [du statut de tolérance des juifs] d'un seul coup, en ordonnant à tous ses sujets juifs de se faire baptiser [2] ». Il ne semble pas

---

1. BURY, p. 406.
2. SHARF, p. 61.

que ses ordres aient été exécutés bien efficacement, mais ils poussèrent un nombre considérable de juifs à prendre la fuite. Masudi rapporte les faits :

> « Dans cette ville [Itil] il y a des musulmans, des chrétiens, des juifs et des païens. Les juifs sont le roi, ses serviteurs et les Khazars de sa race[1]. Le roi des Khazars était devenu juif sous le califat d'Haroun al-Rachid[2] et il fut rejoint par des juifs de toutes les terres d'Islam et du pays des Grecs. Le roi des Grecs à l'époque actuelle, année de l'Hégire 332 [944] avait converti de force au christianisme les juifs de son royaume... Ainsi beaucoup de juifs s'enfuirent du pays des Grecs pour se rendre en Khazarie... »

Les deux dernières phrases se rapportent à des faits survenus deux cents ans après la conversion des Khazars; elles montrent avec quelle constance les vagues de persécution se suivirent de siècle en siècle. Mais pour la constance les juifs n'avaient personne à envier. Nombreux furent ceux qui endurèrent les tortures, et ceux qui n'avaient pas la force d'y résister retournaient ensuite à leur foi « comme des chiens à leur vomi », selon la charmante expression des chroniqueurs chrétiens[3]. Non moins pittoresque, la description que donne un écrivain hébreu d'une méthode de conversion forcée utilisée sous l'empereur Basile contre la communauté juive d'Oria, dans l'Italie du Sud :

> « Comment les forcèrent-ils? Tout homme qui refusait d'accepter leurs fausses croyances était mis dans un pressoir à huile, et écrasé comme on écrase les olives[4]. »

Une autre source hébraïque[5] signale en ces termes la

1. Sans doute la tribu dominante des « Khazars blancs », v. chap. premier, 3.
2. Entre 786 et 809. Mais on pense généralement que Masudi s'est servi d'une date conventionnelle et que la conversion eut lieu en 740.
3. SHARF, p. 84.
4. SHARF, p. 88.
5. *La Vision de Daniel,* chronique déguisée en prophétie, cité par SHARF, p. 201.

persécution de l'empereur Romain (« le roi grec » dont parle Masudi) : « Et après se lèvera un roi qui les persécutera non par la destruction, mais miséricordieusement en les chassant du pays. »

Si l'Histoire fut miséricordieuse à ceux qui prirent la fuite de gré ou de force, ce fut uniquement grâce à l'existence de la Khazarie, avant comme après la conversion. Avant, c'était une terre de refuge; après ce fut une sorte de « foyer national ». Les réfugiés, issus d'une culture supérieure, contribuèrent puissamment, sans aucun doute, à créer le climat cosmopolite et tolérant qui devait impressionner les chroniqueurs arabes cités plus haut. Leur influence, et probablement leur prosélytisme, dut se faire sentir en premier lieu à la cour et parmi les dirigeants[1]. Il se peut que, dans leurs efforts missionnaires, ils aient combiné les arguments théologiques et les prophéties messianiques avec une analyse astucieuse des avantages politiques que l'adoption d'une religion « neutre » pouvaient procurer aux Khazars.

Les exilés apportaient aussi avec eux les arts et métiers de Byzance, de bonnes méthodes d'agriculture et de commerce, et finalement l'alphabet hébreu. On ne sait quelle forme d'écriture les Khazars utilisaient auparavant, mais le *Fihrist* d'Ibn an-Nadim[2] composé en 987 nous informe qu'à cette époque ils se servaient de l'alphabet hébreu, qui avait un double usage, d'une part pour écrire l'hébreu des disputes scolastiques (langue savante analogue au latin médiéval), d'autre part pour écrire les divers

---

1. L'époque se souciait beaucoup de la conversion des incroyants, par la force ou par la persuasion. Les juifs s'y livraient aussi comme le montre la loi byzantine qui, depuis Justinien, menaçait de châtiments sévères les tentatives faites pour convertir des chrétiens au judaïsme; mais les juifs qui « maltraitaient » des convertis au christianisme étaient condamnés au bûcher, Sharf, p. 25.
2. Cité par POLIAK 4/3; DUNLOP, p. 119.

idiomes parlés en Khazarie (de même que l'alphabet latin employé pour les divers idiomes d'Europe occidentale). Hors de Khazarie, l'écriture hébraïque semble s'être répandue dans les pays voisins. Ainsi, selon Chwolson, « on a trouvé des inscriptions dans une langue non sémitique (ou peut-être dans deux langues non sémitiques différentes) mais en caractères hébreux, sur deux stèles provenant de Phanagoria et de Parthenit en Crimée; elles n'ont pas encore été déchiffrées [1] ». (La Crimée, nous l'avons vu, fut par intermittence sous domination khazare; mais elle hébergeait depuis longtemps une communauté juive bien établie, et les inscriptions peuvent être antérieures à la conversion.) L'alphabet cyrillique a incorporé deux lettres hébraïques (le *shin* et le *tsadei*) et de plus on a trouvé en Pologne des monnaies d'argent du XIIe et XIIIe siècles gravées d'inscriptions polonaises en caractères hébreux (par exemple : *Leszek krol Polski,* Leszek roi de Pologne) aussi bien que des pièces de même époque gravées en caractères latins. D'après Poliak, « ces pièces prouvent définitivement que l'écriture hébraïque s'est répandue à partir de la Khazarie dans les pays slavons avoisinants. L'usage de ces monnaies n'avait aucun rapport avec la religion. On les frappait parce que de nombreux Polonais connaissaient mieux cet alphabet que le latin, sans le considérer comme spécialement juif [2] ».

Ainsi, bien que la conversion fût probablement inspirée par des mobiles opportunistes et conçue comme une habile manœuvre politique, elle entraîna des progrès culturels que n'auraient guère pu prévoir ceux qui la pro-

---

1. POLIAK, 4/3, citant Chwolson, *Dix-huit inscriptions tombales hébraïques de Crimée* (en russe), Saint-Pétersbourg, 1866. Ces inscriptions n'ont rien de commun avec les faux de Firkovitch bien connus des historiens.
2. POLIAK, 4/3; BARON III, p. 210 et n. 47.
3. POLIAK, *loc. cit.*

voquèrent. L'alphabet hébreu fut un commencement; trois siècles plus tard le déclin de l'État khazar s'accompagne de plusieurs éruptions de sionisme messianique : des pseudo-messies du genre de David El Roi, héros d'un roman de Disraeli, mènent des croisades don quichottesques pour reconquérir Jérusalem [1].

Après la défaite que lui infligèrent les Arabes en 737, le Kagan avait adopté l'islam sous la contrainte, pour peu de temps; la formalité avait été abandonnée presque instantanément, sans laisser la moindre impression dans le peuple, semble-t-il. La conversion volontaire au judaïsme allait au contraire produire des effets profonds et durables.

2

Les circonstances de la conversion sont obscurcies par la légende, mais les principaux comptes-rendus hébreux et arabes que nous en avons offrent quelques constantes fondamentales.

Les propos de Masudi, cités ci-dessus, sur la domination juive en Khazarie s'achèvent sur une référence à un ouvrage antérieur du même auteur et contenant la description de ces circonstances. Cet ouvrage est perdu, mais deux autres récits, qui subsistent, en avaient été tirés. Le premier, composé par Dimaski en 1327, répète qu'au temps de Haroun al-Rachid, l'empereur de Byzance obligea les juifs à émigrer; ces émigrants arrivèrent au pays des Khazars et y trouvèrent « un peuple intelligent mais sans instruction auquel ils offrirent leur religion. Ces

---

1. Voir ci-dessous, chap. IV, 11.

indigènes la jugèrent meilleure que la leur et l'adoptèrent [1] ».

Le second récit, plus détaillé, se trouve dans le *Livre des Royaumes et des Routes,* d'al-Bekri, qui date du XIe siècle :

> « La raison de la conversion au judaïsme du roi des Khazars, qui auparavant était païen, est la suivante. Il avait adopté le christianisme [2]. Ensuite il en reconnut la fausseté et examina cette question, qui le troublait fort avec un de ses grands officiers. Ce dernier lui dit : O roi, ceux qui possèdent les saintes écritures se divisent en trois groupes. Fais-les venir et ordonne-leur de défendre leur cause, et puis, tu suivras celui qui a la vérité. »
>
> Alors il envoya chercher un évêque chez les chrétiens. Or il y avait auprès du roi un juif habile en arguties qui entraîna l'évêque dans une dispute en lui demandant : Que dis-tu de Moïse, fils d'Amran, et de la Torah qui lui fut révélée? L'évêque répondit : Moïse est un prophète et la Torah dit vrai. Alors le juif dit au roi : Il a déjà admis la vérité de ma religion. Maintenant demande-lui ce qu'il croit lui-même. Le roi fit la question et l'évêque répondit : Je dis que Jésus le Messie est le fils de Marie, il est le Verbe, et il a révélé les mystères au nom de Dieu. Alors le juif dit au roi des Khazars : Il prêche une doctrine que je ne connais pas, alors qu'il accepte mes propositions. Et l'évêque ne sut point apporter de preuves. Alors le roi envoya chercher un musulman, et on lui envoya un maître savant, habile aux disputes. Mais le juif soudoya un assassin qui l'empoisonna en chemin et il mourut. Ainsi le juif réussit à gagner le roi à sa religion, de sorte que ce roi embrassa le judaïsme. »

Les historiens arabes avaient certainement le don de dorer la pilule. Si le savant musulman avait pu participer au débat il serait tombé dans le même piège que l'évêque, puisqu'ils auraient accepté l'un et l'autre la vérité de

---

1. Cit. par MARQUART, *Streifzüge,* p. 6.
2. A ma connaissance aucune autre source ne mentionne ce fait. C'est peut-être une substitution de bon ton à la brève et lointaine conversion du kagan à l'islam.

l'Ancien Testament, tandis que comme apôtres du Nouveau Testament ou du Coran, ils perdaient forcément à une voix contre deux. C'est le raisonnement que suit le roi, et la chose est symbolique : il n'est prêt à accepter que les doctrines admises par les trois religions, leur dénominateur commun, et refuse de s'engager aux dogmes rivaux qui vont plus loin. On retrouve le principe du non-engagement appliqué cette fois à la théologie.

En outre, comme Bury l'a signalé [1], l'histoire laisse entendre que l'influence juive à la cour des Khazars devait être déjà assez forte avant la conversion officielle : il fallait « envoyer chercher » l'évêque et l'imam, alors que le juif était là, auprès du roi.

3

Passons à présent de la principale source arabe concernant la conversion, Masudi et ses successeurs, à la principale source juive, connue sous le nom de « correspondance khazare ». Il s'agit d'un échange de lettres, écrites en hébreu, entre Hasdai Ibn Shaprut, ministre juif du calife de Cordoue, et Joseph, roi des Khazars, ou plutôt entre leurs scribes respectifs. L'authenticité de cette correspondance a été contestée; elle est généralement admise cependant, réserve faite pour les erreurs de copistes récents [2].

Les lettres furent échangées apparemment après 954 et avant 961, c'est-à-dire à peu près à l'époque où écrivait Masudi. Pour en faire apprécier la signification il faut

1. P. 408.
2. On trouvera un bref résumé de la controverse à l'annexe III.

dire un mot de Hasdai Ibn Shaprut, l'une des plus brillantes personnalités de l' « âge d'or » des juifs d'Espagne (900-1200).

En 929, Abd er-Rahman III, de la dynastie des Omeyyades, parvint à unifier les possessions maures dans le sud et le centre de la péninsule ibérique et fonda le califat d'Occident. Cordoue, sa capitale, devint la gloire de l'Espagne musulmane, un véritable foyer de la culture européenne, où l'on trouvait une bibliothèque de 400 000 volumes catalogués. Hasdai, né à Cordoue en 910 d'une éminente famille juive, attira l'attention du calife comme médecin : il avait à son actif quelques cures remarquables. Abd er-Rahman le nomma médecin de la cour, puis se fia si bien à son jugement qu'il lui demanda d'abord de mettre en ordre les finances de l'État, avant d'en faire une sorte de ministre des Affaires étrangères et d'agitateur diplomatique dans les relations complexes que le nouveau califat entretenait avec Byzance, l'empereur romain germanique Othon, la Castille, la Navarre, l'Aragon et autres royaumes chrétiens du nord de l'Espagne. Véritable *uomo universale* plusieurs siècles avant la Renaissance, Hasdai, en dehors des affaires de l'État, trouvait le temps de traduire en arabe des traités de médecine, de correspondre avec les savants rabbins de Bagdad et de servir de mécène pour les poètes et les grammairiens hébreux.

C'était évidemment un juif éclairé et pourtant dévot, qui se servait de ses contacts diplomatiques pour se renseigner sur les communautés juives dispersées en diverses parties du monde, et pour intervenir en leur faveur chaque fois qu'il le pouvait. Il s'inquiéta particulièrement de la persécution des juifs de l'empire byzantin sous Romain (voir ci-dessus, section 1). Il disposait heureusement d'une influence considérable à la cour de Byzance qui trouvait un intérêt vital à gagner la bienveillante neutralité de Cordoue durant les campagnes byzantines contre les musulmans d'Orient. Hasdai, qui menait les négociations, usa de l'occasion pour intervenir en faveur de la juiverie byzantine, avec succès apparemment [1].

D'après son propre récit, c'est de la bouche de marchands venus du Khorassan, en Perse, que Hasdai entendit parler pour la première fois d'un royaume juif indépendant; mais leur histoire le laissa sceptique. Plus tard il interrogea les membres d'une mission diplomatique byzantine, qui confirmèrent les propos des marchands, en ajoutant de nombreux détails sur le royaume des Khazars, y compris le nom du souverain de l'époque, Joseph. Là-dessus, Hasdai décida d'envoyer à ce roi Joseph des messagers porteurs d'une lettre.

Cette missive, que nous analyserons mieux ci-dessous, contient toute une liste de questions sur l'État khazar, sa population, son gouvernement, et ainsi de suite, sans oublier une demande de précision sur la tribu à laquelle — parmi les douze — appartenait Joseph. Cela paraît indiquer que Hasdai imaginait que les juifs khazars étaient venus de Palestine, comme les juifs d'Espagne, et peut-être même qu'ils représentaient l'une des tribus perdues. Joseph qui n'était pas d'origine juive n'appartenait évidemment à aucune de ces tribus; dans sa réponse, il fournit comme nous verrons une généalogie d'un tout autre genre, mais son grand souci est de donner à Hasdai un récit détaillé, bien que légendaire, de la conversion qui avait eu lieu deux siècles plus tôt, et des circonstances qui y avaient conduit.

Le récit de Joseph commence par l'éloge de son ancêtre, le roi Bulan, grand sage et grand conquérant qui « chassa

---

1. SHARF, p. 100.

de ses terres les sorciers et les idolâtres ». Après cet exploit un ange lui apparut en songe pour l'exhorter à honorer le seul vrai Dieu et lui promettre qu'en échange Dieu « bénirait et multiplierait la postérité de Bulan, et lui livrerait ses ennemis et ferait durer son règne jusqu'à la fin du monde ». Cette promesse est évidemment imitée du récit de l'Alliance, dans la Genèse; elle laisse supposer que les Khazars revendiquaient eux aussi un statut de Peuple élu, même s'ils n'appartenaient pas à la race d'Abraham. Mais ici, brusquement, l'histoire de Joseph change de cap. Le roi Bulan, qui veut bien servir le Tout-Puissant, soulève une objection.

> « Tu connais, Seigneur, les pensées secrètes de mon cœur et tu as sondé mes reins pour t'assurer que j'ai mis ma confiance en Toi; mais le peuple sur lequel je règne a l'esprit païen et je ne sais s'il me croira. Si j'ai trouvé grâce et miséricorde à Tes yeux, alors je te supplie d'apparaître aussi à son Grand Prince, pour faire qu'il me soutienne. » ... « L'Éternel entendit la prière de Bulan, il apparut à ce prince en son sommeil, et quand il se leva le matin il vint trouver le roi et le lui fit savoir... »

Aucun passage de la Bible évidemment, et aucun passage des récits arabes concernant la conversion ne parlent d'un grand prince dont il faut obtenir le consentement. Sans conteste, il s'agit d'une allusion à la double royauté khazare. Le grand prince est apparemment le bek; mais il n'est pas impossible que ce soit le kagan. De plus, d'après les sources arabes et arméniennes, le chef de l'armée khazare qui envahit la Transcaucasie en 731 (quelques années avant la date présumée de la conversion) se nommait Bulkhan [1].

La lettre de Joseph continue en racontant que l'ange, peu satisfait de son premier succès, apparut encore au

---

1. BURY, p. 406 n.

roi dans ses rêves et lui commanda de bâtir un sanctuaire où le Seigneur pût demeurer, car le Seigneur a dit : « Le ciel et les cieux au-dessus du ciel ne sont pas assez grands pour me contenir. » Tout honteux, le roi Bulan réplique qu'il n'a pas assez d'or et d'argent pour une telle entreprise, « bien que ce soit son devoir et son désir de la mener à bien ». L'ange le rassure : il suffira que Bulan conduise ses armées à Dariela et Ardabil en Arménie, où l'attendent un trésor d'argent et des monceaux d'or. On trouve là des correspondances avec l'expédition de Bulan ou de Bulkhan avant la conversion, et aussi avec des récits arabes selon lesquels, à une certaine époque, les Khazars se rendirent maîtres des mines d'or et d'argent du Caucase [1]. Bulan suit les conseils de l'ange, rentre victorieux avec son butin et édifie un « saint tabernacle, écrit Joseph, meublé d'un coffre sacré [l'Arche d'Alliance], d'un candélabre, d'un autel et de saints ustensiles qui ont été conservés jusqu'à aujourd'hui et qui sont encore en ma possession ».

Cette lettre, écrite dans la seconde moitié du Xe siècle, plus de deux cents ans après les événements qu'elle prétend rapporter, est évidemment un mélange de légende et de réalité. La description du modeste mobilier du sanctuaire et des maigres reliques préservées, fait contraste avec le compte rendu, présenté d'autre part, de la prospérité du pays au moment de la rédaction. Le temps de l'ancêtre semble appartenir à une lointaine antiquité : le roi pauvre mais vertueux n'avait même pas assez d'argent pour édifier un saint tabernacle qui n'était jamais qu'une tente, après tout.

Cependant jusqu'ici la lettre de Joseph présente seulement le prélude du vrai drame de la conversion qu'elle se

---

1. DUNLOP, p. 227.

propose ensuite de relater. Apparemment Bulan en renonçant à l'idolâtrie en faveur du « seul vrai Dieu », n'avait accompli qu'un premier pas, qui laissait encore le choix entre les trois religions monothéistes. C'est du moins ce que la suite de la lettre semble faire entendre :

> « Après ces faits d'armes [l'invasion de l'Arménie] la renommée du roi Bulan se répandit dans tous les pays. Le roi d'Adom [Byzance] et le roi des Ismaelim [les musulmans] apprirent la nouvelle et lui envoyèrent des ambassadeurs avec de riches présents, accompagnés de savants hommes pour le convertir à leurs croyances; mais le roi était sage et il envoya chercher un juif doué de grand savoir et de beaucoup d'esprit et les mit tous trois ensemble à disputer de leurs doctrines... »

Nous voilà en présence d'un *brain-trust* ou d'une table-ronde, comme chez Masmudi, avec cette différence que le musulman n'a pas été empoisonné avant la séance d'ouverture. Mais l'ordre du jour est à peu près le même. Après de longues et futiles discussions, le roi suspend la session pendant trois jours au cours desquels les participants reprennent haleine chacun dans sa tente; puis il recourt à un stratagème. Il les convoque séparément, demande au chrétien laquelle des deux autres religions est la plus proche du Vrai, pose ensuite la même question au musulman, et tous deux l'un après l'autre répondent que c'est la religion des juifs. Une fois de plus c'est le neutralisme qui l'emporte.

4

Voilà donc l'histoire de la conversion. Quels renseignements peut-on encore tirer de la fameuse « correspondance khazare »?

Prenons d'abord la lettre de Hasdai. Elle commence par un poème d'un genre prisé à l'époque par les écrivains hébreux, le *piyut*, sorte de rhapsodie contenant des allusions voilées, des énigmes, et comportant souvent des acrostiches. Ce poème exalte les glorieuses victoires du destinataire, mais en même temps l'acrostiche donne en entier le nom de Hasdai bar Isaac bar Ezra bar Shaprut, suivi de celui de Menahem ibn Sharuk. Ce Menahem, poète, lexicographe et grammairien connu, était le secrétaire et le protégé de Hasdai. Il avait été chargé évidemment de rédiger dans son style le plus orné la lettre à Joseph, et en avait profité pour s'immortaliser en ajoutant son patronyme à celui de son maître. Plusieurs œuvres de Menahem ibn Sharuk subsistent et il n'y a aucun doute que la lettre de Hasdai soit de sa main.

Après le poème, les compliments et les fioritures diplomatiques, vient un éloquent exposé de la prospérité de l'Espagne musulmane et de l'heureuse condition des juifs sous le calife Abd er-Rahman, « tel que l'on n'a jamais connu son pareil... Et ainsi les brebis abandonnées ont été rassemblées au bercail, et les bras des persécuteurs furent paralysés, et le joug fut écarté. Le pays où nous vivons se nomme en hébreu Sepharad, mais les Ismaélites qui l'habitent le nomment al-Andalus ».

Hasdai explique ensuite comment il a appris l'existence

du royaume juif, d'abord auprès de marchands du Khorassan, puis, avec de nouveaux détails, auprès des députés de Byzance, dont il cite le rapport :

> « Je les ai interrogés et ils ont répondu que cela était vrai et que le nom du royaume est al-Khazar. Entre Constantinople et cette contrée le voyage est de quinze journées par mer [1] mais, dirent-ils, par terre il y a beaucoup d'autres peuples entre eux et nous. Le nom du roi régnant est Joseph. De chez eux viennent des vaisseaux qui apportent du poisson, des fourrures et toute sorte de marchandises. Ils ont fait alliance avec nous et sont honorés par nous. Nous échangeons des ambassades et des présents. Ils sont puissants et ont une forteresse pour protéger leurs avant-postes et leurs troupes qui sortent en expédition de temps à autre [2]. »

Ces éléments d'information sur le pays d'un roi auquel Hasdai s'adresse sont évidemment présentés afin de provoquer une réponse détaillée. Bon psychologue apparemment, Hasdai devait savoir que l'on donne plus de renseignements en critiquant un exposé erroné qu'en essayant de faire une composition originale.

Hasdai raconte ensuite ses premiers efforts pour entrer en contact avec Joseph. Il avait d'abord envoyé un messager, un certain Isaac bar Nathan, chargé de se présenter à la cour des Khazars. Mais Isaac n'avait pu aller qu'à Constantinople, où on l'avait reçu avec courtoisie en l'empêchant de poursuivre son voyage (Cela se comprend : étant donné son attitude ambiguë à l'égard du royaume juif, il n'était certainement pas dans l'intérêt de l'empire

---

1. C'est probablement la « route khazare », par la mer Noire et le Don, puis par portage du Don à la Volga, et de là à Itil. Une autre route, plus courte, allait de Constantinople à la côte orientale de la mer Noire.

2. Évidemment, Sarkel, « Honorés par nous » rappelle le passage de Constantin Porphyrogénète à propos du sceau d'or à utiliser pour les lettres au kagan. Constantin était sur le trône au temps de l'ambassade.

byzantin de favoriser une alliance entre la Khazarie et le califat de Cordoue par l'intermédiaire de son ministre juif.) Le messager de Hasdaï était donc rentré en Espagne sans avoir rempli sa mission. Mais bientôt se présenta une autre occasion : dans une ambassade d'Europe orientale arrivée à Cordoue se trouvaient deux juifs, Mar Saul et Mar Joseph qui s'offrirent à transmettre une lettre au roi des Khazars (en fait, d'après la réponse de Joseph la lettre fut remise par une tierce personne du nom d'Isaac ben Eliezer).

Ainsi, ayant bien noté les motifs de sa lettre et ses efforts pour la faire parvenir, Hasdaï se lance dans une série de questions qui témoignent de sa curiosité pour tout ce qui concerne le pays des Khazars, depuis sa géographie jusqu'à sa manière d'observer les rites du sabbat. La conclusion est d'un tout autre ton que le début de la lettre :

> « J'éprouve le besoin de savoir la vérité et s'il y a réellement un lieu sur cette terre où Israël persécuté peut se gouverner, où il n'est soumis à personne. Si je savais qu'il en est bien ainsi, je n'hésiterais pas à abandonner tous les honneurs, à renoncer à ma haute position, à laisser ma famille et à voyager par monts et par vaux, sur la terre et sur les eaux, jusqu'à parvenir au lieu où règne mon Seigneur, le roi [juif]... Et je forme encore un dernier vœu : apprendre si vous avez connaissance de [la date possible] du Dernier Miracle [la venue du messie], que nous attendons dans notre errance. Déshonorés et humiliés dans la dispersion, nous devons écouter en silence ceux qui disent : Toute nation a sa terre, vous seuls ne possédez même pas l'ombre d'un pays. »

Le commencement de la lettre chante l'heureux sort des juifs d'Espagne; la fin gémit sur l'amertume de l'exil, ferveur sioniste et messianisme s'y exhalent. Mais ces attitudes contraires ont toujours coexisté dans l'âme divisée des juifs tout au long de leur histoire. Et c'est une contradiction qui ajoute à la lettre de Hasdai une nouvelle saveur d'authenticité. Quant à savoir s'il faut prendre au sérieux l'offre de se mettre au service du roi des Khazars, c'est une autre question; nous ne pouvons y répondre. Hasdai n'aurait peut-être pas pu non plus.

5

La réponse du roi Joseph est moins ornée, moins émouvante aussi. Rien d'étonnant, comme le rappelle Cassel : « Le savoir et la culture ne régnaient pas chez les juifs de la Volga, mais aux bords des fleuves d'Espagne. » L'essentiel est l'histoire de la conversion, que nous avons déjà citée. Sans nul doute Joseph employa aussi un scribe pour rédiger sa missive, probablement un savant réfugié de Byzance. Néanmoins la réponse paraît sortir de la Bible; sa rudesse est bien éloignée des phrases élégantes de notre moderne politicien du xe siècle.

Elle débute par une fanfare de salutations, puis recopie le contenu principal de la lettre de Hasdai, en soulignant fièrement que le royaume khazar fait mentir ceux qui disent que « le spectre de Judah a pour toujours échappé aux mains des juifs » et « qu'il n'y a pas de place sur terre pour un royaume qui leur appartienne ». Vient ensuite une remarque assez obscure : « Déjà nos pères ont échangé d'amicales épîtres qui sont conservées dans nos archives et connues de nos anciens [1]. »

---

[1]. Ceci peut se rapporter à un voyageur juif du IXe siècle, Eldad ha-Dani, dont les contes fantastiques très lus au Moyen Age parlent de la Khazarie habitée par trois des tribus perdues d'Israël, et qui perçoit les tributs de vingt-trois royaumes voisins. Eldad visita l'Espagne vers 880 et on ignore s'il alla au pays des Khazars. Hasdai le cite brièvement dans sa lettre à Joseph, comme pour demander des renseignements à son sujet.

GRANDEUR ET DÉCADENCE DES KHAZARS

Puis Joseph se met en devoir de fournir la généalogie de son peuple. Farouche nationaliste juif, fier de brandir le « sceptre de Judah », il ne peut cependant revendiquer une origine sémite, il n'y songe même pas. Ce n'est pas à Sem qu'il fait remonter sa famille, mais à Japhet, troisième fils de Noé, et plus précisément au petit-fils de Japhet, Togarma, ancêtre de toutes les tribus turques... « Nous avons trouvé dans les livres de nos pères, déclare hardiment Joseph, que Togarma eut dix fils, et les noms de leur postérité furent les suivants : Ouïgour, Doursou, Avars, Huns, Basili, Tarniakh, Khazar, Zagora, Bulgares, Sabir. Nous sommes les fils de Khazar, le septième... »

L'identité de ces tribus affublées de noms transcrits en caractère hébreu est assez douteuse, mais cela n'importe guère. Ce qui caractérise cet exercice généalogique est l'amalgame de la Genèse et de la tradition tribale turque [1].

Après sa liste, Joseph cite brièvement quelques conquêtes qui conduisirent ses ancêtres jusqu'au Danube; il s'étend ensuite sur l'histoire de la conversion de Bulan. « Et à partir de ce jour, poursuit-il, le Seigneur le fortifia et lui vint en aide; il se fit circoncire ainsi que ses serviteurs et fit chercher des sages parmi les juifs, qui lui enseignèrent la Loi et lui expliquèrent les commandements. » Viennent alors de nouvelles vanteries, victoires et conquêtes, puis un passage significatif :

> « Après ces événements, un des petits-fils de Bulan devint roi; son nom était Obadiah, ce fut un homme brave et vénéré qui réforma la Règle, renforça la Loi selon la tradition et l'usage, bâtit des synagogues et des écoles, assembla une multitude de sages d'Israël, leur distribua de magnifiques présents d'or et

---

[1]. Il éclaire aussi un peu la description que l'on fit des Khazars comme peuple de Magog. Selon la Genèse, X, 2-3, Magog est l'oncle, fort calomnié, de Togarma.

d'argent, et leur fit interpréter les vingt-quatre livres, la Michna et le Talmud, et l'ordre dans lequel les prières liturgiques doivent être dites... »

Un tel récit indique que deux générations après Bulan, se produisit une reprise ou une réforme religieuse (accompagnée peut-être d'un coup d'État plus ou moins conforme à l'hypothèse d'Artamonov). Il semble en effet que la judaïsation des Khazars s'effectua en plusieurs étapes. On se rappelle que le roi Bulan chassa « les sorciers et les idolâtres » avant l'apparition de l'ange, et qu'il fit alliance avec le « vrai Dieu » avant de décider si ce Dieu serait juif, chrétien ou musulman. Il paraît fort probable que la conversion du roi et de son entourage fut encore une étape intermédiaire, qu'ils embrassèrent une forme de judaïsme primitive ou rudimentaire, fondée seulement sur la Bible, à l'exclusion du Talmud, de la littérature rabinique et des observances qui en furent tirées. A cet égard ils auraient été proches des Karaïtes, secte fondamentaliste qui apparut au VIIIe siècle en Perse et se répandit dans toutes les communautés juives, particulièrement en « Petite Khazarie », autrement dit en Crimée. Dunlop et d'autres auteurs ont estimé qu'entre Bulan et Obadiah (en gros entre 740 et 800) le pays suivit généralement une forme de Karaïsme, et que le judaïsme « rabbinique » orthodoxe ne fut introduit qu'au cours de la réforme religieuse d'Obadiah. Le détail n'est pas sans importance car apparemment le Karaïsme a survécu jusqu'au bout en Khazarie : on voyait encore aux temps modernes des villages de juifs karaïtes, de langue turque, et sans doute d'origine khazare (voir ci-dessous chap. v, 4).

La judaïsation des Khazars fut donc un processus graduel, déclenché par une manœuvre politique, qui pénétra lentement dans les couches profondes des esprits et pour finir provoqua le messianisme de la période de déclin.

L'engagement religieux survécut à l'État, et persista dans les établissements khazars israélites de Russie et de Pologne.

6

Après la relation des réformes religieuses, Joseph donne la liste des successeurs d'Obadiah :

> « Hiskia son fils, et son fils Manasseh, et Chanukah, frère d'Obadiah, et Isaac son fils, Manasseh son fils, Nissi son fils, Menahem son fils, Benjamin son fils, Aaron son fils, et moi Joseph, fils d'Aaron le Béni, et nous fûmes tous fils de rois, et à nul étranger il ne fut permis d'occuper le trône de nos pères. »

Joseph essaie ensuite de répondre aux questions de Hasdai sur les dimensions et la topographie de son pays. Malheureusement il ne dispose pas à sa cour d'un savant aussi compétent que les géographes arabes, et ses obscures références à d'autres contrées, à d'autres nations, n'ajoutent guère à ce que nous apprennent Ibn Hawkal, Masudi et autres écrivains arabes ou persans. Il prétend recevoir les tributs de trente-sept nations, ce qui paraît un peu grandiose; mais Dunlop signale que neuf d'entre elles sont probablement des tribus vivant en pays khazar, et les vingt-huit autres rappellent assez bien ce que dit Ibn Fadlan des vingt-cinq épouses, dont chacune est la fille d'un roi vassal (et ce que rapportent aussi les contes douteux d'Eldad ha Dani). D'ailleurs il faut tenir compte de la foule des tribus slaves qui, sur le haut Dniepr et jusqu'à Moscou, comme nous le verrons, payaient tribut aux Khazars.

Quoi qu'il en soit, la lettre de Joseph ne dit rien d'un harem royal, elle parle seulement d'une reine, « de ses filles et de ses eunuques ». Ces personnes vivent, nous apprend-on, dans l'un des trois quartiers d'Itil, la capitale; « dans le deuxième habitent les israélites, les ismaélites, les chrétiens et les autres nations qui parlent d'autres langues; le troisième qui est une île est celui où je réside, avec les princes, les vassaux et tous les serviteurs qui m'appartiennent [1]... Nous vivons en ville pendant tout l'hiver, mais au mois de Nisan (mars-avril) nous sortons et chacun va travailler dans son champ et son jardin; chaque clan a son domaine héréditaire, auquel il se rend dans la jubilation et l'allégresse; là on ne peut entendre la voix d'un intrus, on ne voit point d'ennemi... Le pays n'a pas beaucoup de pluie, mais il y a de nombreuses rivières avec une foule de gros poissons, et de nombreuses sources, et il est généralement fertile et riche de champs et vignobles, de jardins et de vergers qui sont irrigués par les rivières et portent force fruits... et avec l'aide de Dieu je vis en paix... »

Le passage suivant est consacré à la date de la venue du messie.

> « Nous avons le regard fixé sur les sages de Jérusalem et de Babylone, et bien que nous vivions loin de Sion nous avons appris néanmoins que les calculs sont erronés à cause de la profusion des péchés, et nous ne savons rien, seul l'Éternel sait tenir le compte des jours... Nous n'avons rien sur quoi nous appuyer, sinon les prophéties de Daniel, et puisse l'Éternel hâter notre délivrance... »

Le dernier paragraphe répond aux propos de Hasdai qui semblait offrir de se mettre au service du roi des Khazars :

---

1. Cette division d'Itil en trois parties est mentionnée aussi, on l'a vu, par certains auteurs arabes.

« Tu as indiqué dans ta lettre le désir de voir ma face. Moi aussi je souhaite contempler ta gracieuse face et la splendeur de ta magnificence, de ta sagesse et de ta grandeur; je souhaite que mes vœux se réalisent, que je connaisse le bonheur de t'embrasser et de voir ton cher, amical et agréable visage; tu serais pour moi comme un père, et je serais pour toi comme un fils; tous mes sujets baiseraient tes lèvres; nous agirions tous selon tes désirs et tes sages conseils... »

Un passage de la lettre, d'autre part, traite de l'actualité politique : il est plutôt obscur.

« Avec l'aide du Tout-Puissant je garde l'embouchure du fleuve [la Volga] et ne permets point aux Rhus de venir dans leurs barques envahir la terre des Arabes... Je mène de grandes batailles contre eux, car si je les laissais passer ils dévasteraient les terres d'Ismaël jusqu'à Bagdad... »

Joseph semble se poser ici en défenseur du califat de Bagdad contre les pillards rhus ou varègues (voir ci-dessous chap. III). On pourrait voir là un certain manque de tact étant donné l'hostilité qui s'était déclarée entre le califat omeyyade de Cordoue (qui emploie Hasdai) et les califes abassides de Bagdad. D'un autre côté, les caprices de la politique byzantine à l'égard des Khazars justifiaient que Joseph pût revendiquer un rôle de défenseur de l'Islam en général, quel que soit le schisme des deux califats. Du moins il pouvait espérer que Hasdai, diplomate expérimenté, saisirait l'allusion.

La rencontre de nos correspondants, dont nous ne pouvons dire qu'elle ait été sérieusement envisagée, n'eut jamais lieu. Si d'autres lettres furent échangées, elles n'ont pas été conservées. Le contenu d'information de la « correspondance khazare » est bien maigre, il n'ajoute pas grand-chose à ce que l'on savait déjà d'autre part. Il reste fascinant en raison des aperçus fragmentaires et bizarres qu'il procure, comme un projecteur mal réglé révélant des zones disparates dans le brouillard épais qui recouvre l'époque.

7

Un autre document hébreu est contenu dans le manuscrit de Cambridge (ainsi nommé parce qu'il est aujourd'hui à la bibliothèque de cette université), découvert à la fin du siècle dernier avec d'autres manuscrits très précieux, dans la fameuse « geniza » du Caire, magasin d'une synagogue ancienne, par un professeur de Cambridge, Solomon Schechter. Ce manuscrit, en mauvais état de conservation, contient une lettre, ou une copie de lettre d'une centaine de lignes, dont il manque le commencement et la fin : on ne peut donc savoir qui l'a écrite, ni à qui. On y parle du roi Joseph comme d'un contemporain que l'on désigne comme « mon seigneur », et la Khazarie est nommée « notre pays »; il serait donc légitime de penser que la lettre fut composée par un juif khazar de la cour du roi Joseph, du temps de Joseph, et donc qu'elle est à peu près contemporaine de la « correspondance khazare ». Certains auteurs avancent en outre qu'elle était adressée à Hasdai Ibn Shaprut, remise à Constantinople au premier messager Isaac ben Nathan, qui n'avait pu terminer le voyage, et portée par ce dernier à Cordoue (d'où elle repartit pour le Caire beaucoup plus tard quand les juifs furent expulsés d'Espagne). En tout cas la critique interne montre que le document date au plus tard du XIe siècle, et plus probablement du Xe, époque du roi Joseph.

On y retrouve un récit légendaire de la conversion; mais

son principal intérêt est d'ordre politique. Le scripteur parle d'une attaque lancée contre la Khazarie par les Alains, agissant à l'instigation de Byzance, sous le règne d'Aaron, père de Joseph. Apparemment aucune autre source, ni grecque ni arabe, ne fait mention de cette campagne. Mais un curieux passage de *l'Administration de l'Empire,* de Constantin Porphyrogénète, ouvrage datant de 947-950, rend assez crédible le propos de l'auteur inconnu :

> « 10. Concernant les Khazars, comment la guerre doit leur être faite et par qui. De même que les Ghuzz peuvent livrer bataille aux Khazars, étant proches d'eux, de même le souverain des Alains, parce que les Neuf Climats de Khazarie [région fertile au nord du Caucase] sont proches de ses terres, et l'Alain, s'il le veut, peut fondre sur eux et leur causer de grands dommages et détresse à partir de cette région. »

Le souverain des Alains payait tribut à Joseph, d'après la lettre de ce dernier; payait-il, ne payait-il pas, il est probable en tout cas que ses sentiments à l'égard du Kagan étaient à peu près ceux du roi des Bulgares. Le passage du livre de Constantin, en révélant les efforts poursuivis pour inciter les Alains à faire la guerre aux Khazars, rappelle ironiquement la mission analogue d'Ibn Fadlan. Il est clair que le temps du rapprochement byzantino-khazar était passé, à l'époque de Joseph. Mais c'est déjà une autre histoire, dont nous parlerons au chapitre III.

8

Environ cent ans après la correspondance khazare et la date présumée du manuscrit de Cambridge, Jehuda Halévy écrivit sur les Kuzari, ou Khazars, un livre qui fut célèbre. Halévy (1085-1141) passe pour le plus grand poète hébreu d'Espagne, mais ce livre fut écrit en arabe, et traduit en hébreu plus tard; il a pour sous-titre : *Le livre de la Preuve et Plaidoyer pour la Défense de la Foi dédaignée.*

Halévy, sioniste qui mourut en pèlerinage à Jérusalem, avait composé le *Kuzari* un an avant sa mort; il s'agit d'un petit traité philosophique qui essaie de démontrer que le peuple juif est le seul médiateur entre Dieu et l'humanité. A la fin de l'Histoire, toutes les nations seront converties au judaïsme, et la conversion des Khazars apparaît comme un symbole ou comme un gage de cette fin dernière.

En dépit de son titre l'ouvrage n'a pas grand-chose à dire sur le pays des Khazars, qui sert surtout de décor à un nouveau récit légendaire de la conversion (le roi, l'ange, le savant juif, etc.) et à des dialogues philosophiques et théologiques entre le roi et les protagonistes des trois religions.

Il y a cependant quelques éléments d'information qui indiquent que Halévy avait lu la correspondance entre Hasdai et Joseph, ou bien qu'il connaissait d'autres sources. C'est ainsi qu'on nous apprend qu'après l'apparition de l'ange, le roi des Khazars « révéla le secret de son rêve au général de son armée », et ce général joue plus tard un grand rôle : nous retrouvons ici une référence à la dualité du règne du kagan et du bek. Halévy cite aussi les « histoires » et les « livres des Khazars », ce qui rappelle les « archives » contenant les documents de l'État dont parlait Joseph. Enfin dans deux passages différents Halévy donne la date de la conversion, la première fois comme ayant eu lieu « il y a quatre cents ans », la seconde fois « en l'an 4500 » (du calendrier israélite). Ces indications équivalent à l'an 740 de notre ère, date très vraisemblable. Somme toute, la moisson est bien maigre pour ce qui concerne les faits, dans un livre qui eut une immense popularité chez les juifs au Moyen-Age. Mais la mentalité médiévale s'intéressait moins aux faits qu'aux fables, et les juifs s'occupaient plus de la date de la venue du Messie que des données géographiques. Les chroniqueurs arabes avaient eux aussi une attitude assez cavalière envers les distances, les dates et les frontières entre fiction et réalité.

On peut en dire autant du fameux voyageur juif allemand Reb Petachia de Rastibonne, qui parcourut l'Europe de l'Est et l'Asie mineure entre 1170 et 1185. Son journal, *Sibub Ha'olam,* ou « Voyage autour du Monde », fut écrit apparemment, d'après ses notes ou sous sa dictée, par un élève. Il rapporte comment le brave rabbin fut scandalisé par les observances primitives des juifs khazars du nord de la Crimée, pratiques qu'il attribua à leur adhésion à l'hérésie karaïte :

> « Et Rabbi Petachia leur demanda : Pourquoi ne croyez-vous pas aux paroles des sages [les talmudistes]? Ils répondirent : Parce que nos pères ne nous les ont pas apprises. La veille du sabbat ils coupent tout le pain qu'ils mangeront pendant le sabbat. Ils le mangent dans l'obscurité, et restent à la même place toute la journée. Pour leurs prières ils n'ont que les psaumes [1]. »

1. Cité par BARON, vol. VIII, p. 201. Passer le sabbat dans l'obscurité était une coutume karaïte bien connue.

Le rabbin fut si irrité qu'ensuite, en relatant qu'il traversa le cœur du pays khazar, il ne trouva rien d'autre à dire que le voyage lui prit huit jours durant lesquels « il entendit les gémissements des femmes et les aboiements des chiens [1] ». Il note cependant qu'à Bagdad il rencontra des messagers du royaume khazar en quête de docteurs nécessiteux, originaires de Mésopotamie et même d'Égypte, « qui iraient enseigner à leurs enfants la Torah et le Talmud ».

Les voyageurs juifs furent peu nombreux à entreprendre de périlleuses randonnées aux bords de la Volga, mais il y en eut plusieurs pour noter des rencontres de juifs khazars dans tous les centres principaux du monde civilisé. Reb Petachia en vit à Bagdad; Benjamin de Tudèle, autre voyageur fameux du XIIe siècle, fit visite à des notables khazars à Constantinople et à Alexandrie; Ibrahim ben Daoud, contemporain de Judah Halévy, rapporte qu'il a vu à Tolède « certains de leurs descendants, disciples des sages [2] ». La tradition veut que ces Khazars étaient des princes, et l'on est tenté de songer aux futurs roitelets que les maharajahs envoyaient étudier à Cambridge.

On dénote cependant une curieuse ambiguïté dans l'attitude des juifs orientaux orthodoxes, centrés sur l'académie talmudique de Bagdad, à l'égard des Khazars. Le *gaon* (« excellence », en hébreu) qui présidait l'académie était le chef spirituel des établissements juifs dispersés dans tout le Proche et le Moyen-Orient, l'exilarque, ou « prince de la captivité », représentant le pouvoir séculier dans ces communautés plus ou moins autonomes. Saadiah Gaon (882-942), excellence célèbre entre toutes, qui laissa de volumineux écrits, y fait référence aux Khazars à plusieurs reprises. Il parle d'un juif mésopotamien qui est allé s'ins-

1. DUNLOP, p. 220.
2. Cité par BARON, vol. III, p. 203 et n. 38.

taller chez eux comme si le cas était fréquent. Il fait une allusion obscure à la cour des Khazars. Ailleurs il explique que dans l'expression biblique « Hiram de Tyr », Hiram n'est pas un nom propre mais plutôt un titre « comme calife pour le souverain des Arabes ou kagan pour le roi des Khazars ». Ces derniers figuraient donc nettement dans la représentation de la hiérarchie ecclésiastique des juifs orientaux; mais en même temps on les regardait avec une certaine méfiance, aussi bien pour des motifs raciaux qu'en raison de l'hérésie karaïte dont on les soupçonnait. Un auteur hébreu du XIe siècle, Japhet ibn Ali, karaïte lui-même, explique le mot *mamzer,* « bâtard », en prenant pour exemple les Khazars, devenus juifs sans appartenir à la Race. Son contemporain Jacob ben Reuben exprime l'aspect opposé de l'ambivalence quand il parle des Khazars comme d'une « nation unique qui ne porte pas le joug de l'exil, grands guerriers qui ne paient point tribut aux Gentils ».

En résumant les témoignages hébreux qui sont parvenus jusqu'à nous à propos des Khazars on perçoit des réactions mêlées d'enthousiasme, de scepticisme et surtout d'ébahissement. Pour les rabbins cette nation guerrière de juifs turcs devait être aussi fantastique qu'une licorne en prière. En mille ans de diaspora les juifs avaient oublié comment on pouvait avoir un pays et un roi. Le messie leur paraissait plus réel que le kagan.

En guise de *post-scriptum,* après cet examen des sources arabes et hébraïques concernant la conversion, il y a lieu de noter qu'un témoignage chrétien, le plus ancien apparemment, les avait précédées. A une date imprécise, mais avant 864, Christian Druthmar d'Aquitaine, moine en Westphalie, écrivit une *Expositio in Evangelium Mattei* dans laquelle on lit qu'il existe « sous le ciel, dans des régions où ne se trouvent pas de chrétiens, des peuples dont le nom est Gog et Magog, et qui sont des Huns; parmi eux il y a les Gazari, qui sont circoncis et observent le judaïsme dans son entièreté ». Cette information est donnée à propos d'un verset (Matthieu, 24, 14) qui ne s'y rapporte guère [1], et elle n'a aucune suite.

9

Tandis que Druthmar notait ce qu'il avait entendu dire des juifs khazars, un illustre missionnaire envoyé par l'empereur de Byzance essayait de les convertir au christianisme. Ce n'était autre que le futur saint Cyrille, « l'apôtre des Slaves », qui passe pour l'inventeur de l'alphabet cyrillique. Avec son frère aîné, Méthode, il avait été chargé de diverses missions d'évangélisation par l'empereur Michel III, sur les conseils du patriarche Photius (lequel était peut-être d'origine khazare, puisqu'on raconte qu'un jour l'empereur en colère le traita de « gueule de Khazar »).

Si chez les Slaves les efforts de Cyrille furent couronnés de succès, apparemment ils ne le furent pas chez les Khazars. Il se rendit dans leur pays en passant par la Crimée, où il s'arrêta à Cherson pendant six mois, dit-on, pour apprendre l'hébreu et se préparer à sa mission; il prit alors la « route khazare », par le Don et la Volga, jusqu'à Itil, puis suivit la rive de la Caspienne pour rejoindre le kagan (en quel lieu les récits ne le précisent pas). Il y eut comme d'habitude des débats théologiques, qui n'impressionnèrent pas beaucoup les Khazars. L'ha-

---

1. « Cette Bonne Nouvelle du Royaume sera proclamée dans le monde entier, en témoignage à la face de tous les peuples. Et alors viendra la fin. »

giographie elle-même intitulée *Vita Constantini* (Cyrille s'appelant à l'origine Constantin) dit seulement que le saint baptisa quelques personnes et qu'il plut au kagan qui, pour montrer sa bonne volonté, libéra deux cents prisonniers chrétiens. C'était bien le moins pour reconnaître les mérites d'un envoyé impérial qui s'était donné tant de peine.

La philologie ajoute ici un éclairage curieux à cette histoire. On sait que Cyrille et Méthode sont honorés pour avoir inventé successivement deux alphabets, le cyrillique étant venu après le glagolitique. Celui-ci, qui fut utilisé en Croatie jusqu'au XVIIe siècle, ne contient pas moins de onze lettres empruntées à l'hébreu pour reproduire partiellement des sons slavons[1]. (Les onze lettres sont les suivantes : A, B, V, G, E, K, P, R, S, Sctch et T.) Le fait semble étayer l'hypothèse émise plus haut sur le rôle que l'écriture hébraïque put jouer dans l'alphabétisation des peuples voisins des Khazars.

---

1. BARON, vol. III, p. 209.

CHAPITRE III

Le déclin

1

« C'EST dans la seconde moitié du VIIIe siècle que l'empire khazar atteignit son apogée », écrit Sinor [1] — autrement dit entre la conversion de Bulan et la réforme religieuse entreprise sous Obadiah. Cela ne signifie nullement que les Khazars durent leur fortune à la religion juive. C'est plutôt le contraire : ils purent se permettre d'être juifs à cause de leur puissance économique et militaire.

Signe vivant de cette puissance, l'empereur Léon le Khazar gouverna Byzance de 775 à 780; il tenait son surnom de sa mère, la princesse Petite Fleur qui avait lancé à la cour une nouvelle mode vestimentaire. On se rappelle que son mariage avait eu lieu peu après la grande victoire des Khazars sur les Arabes à la bataille d'Ardabil, qui est mentionnée dans plusieurs textes et en particulier dans la lettre de Joseph. Les deux événements « ne sont pas sans rapport », comme dit Dunlop [2].

Cependant à l'époque, au milieu des intrigues de cape et d'épée, les fiançailles et épousailles dynastiques pouvaient être dangereuses. Elles furent maintes fois causes de déclaration de guerre, ou du moins elles en fournirent le prétexte.

1. Dans son article Khazars, *Enc. Brit.*, éd. 1973.
2. *Op. cit.*, p. 177.

C'était un scénario qui apparemment remontait à Attila, jadis suzerain des Khazars. On raconte qu'en 450 Attila reçut d'Honoria, sœur de l'empereur Valentinien III, un message accompagné d'une bague de fiançailles. L'ambitieuse et romanesque dame priait le chef des Huns de venir la sauver d'un destin pire que la mort : on menaçait de la marier de force à un vieux sénateur. Aussitôt Attila réclama la fille avec la moitié de l'empire comme dot. Et comme Valentinien refusait, il envahit la Gaule.

Dans l'histoire des Khazars on trouve plusieurs variations sur ce thème qui est presque un archétype. On se rappelle la fureur du roi bulgare dont les Khazars avaient enlevé la fille, et qui alléguait cet incident pour se faire construire une forteresse par le calife. Si nous en croyons les chroniqueurs arabes, des événements analogues, mais dans un autre style, furent à l'origine de la dernière flambée de guerre entre Khazars et Arabes à la fin du VIIIe siècle, après une longue période de paix.

Selon Al Tabari, en 798[1] le caliphe, ordonna au gouverneur d'Arménie de renforcer la sécurité de sa frontière khazare en épousant une fille du kagan. Ce gouverneur appartenait à la célèbre famille des Barmécides (bien connue au moins à cause du prince qui, dans *Les Mille et une nuits,* invite un mendiant à un festin composé de plats ornés de couvercles magnifiques, mais vides). Le Barmécide obtempéra, et la princesse khazare lui fut dûment expédiée avec sa suite et sa dot dans une luxueuse cavalcade (voir ci-dessus, I, 10). Malheureusement elle mourut en couches; le nouveau-né périt aussi, et ses serviteurs en rentrant en Khazarie insinuèrent qu'il y avait eu empoisonnement. Aussitôt le kagan envahit l'Arménie

---

1. Date incertaine cependant.

et (selon deux chroniqueurs arabes[1]) enleva cinquante mille captifs. Le calife dut libérer et armer des milliers de malandrins pour arrêter l'assaut des Khazars.

La chronique arabe relate pour le même VIIIe siècle une autre histoire de mariage dynastique manqué, suivi d'une invasion khazare; et pour faire bonne mesure la chronique géorgienne ajoute à la liste une aventure macabre de princesse que l'on n'empoisonne pas, mais qui se tue pour échapper au lit du kagan. Les dates exactes et les détails sont douteux, comme d'habitude[2], de même que les vrais mobiles de ces expéditions. Mais le retour obstiné, dans les chroniques, des fiancées vendues et des reines assassinées montre bien que le thème influa fortement sur l'imagination populaire, et peut-être aussi sur les événements politiques.

2

On n'entend plus parler de combats entre Arabes et Khazars après la fin du VIIIe siècle. Au siècle suivant il semble que les Khazars jouirent de plusieurs dizaines d'années de paix; du moins les chroniques ne les citent presque plus et en Histoire pas de nouvelles, bonnes nouvelles. Les frontières méridionales du pays avaient été pacifiées; les relations avec le califat équivalaient à un pacte tacite de non-agression; avec Byzance elles restaient nettement amicales.

Et pourtant au milieu de cette période relativement

---

1. Bar Hebraeus et al-Manbiji, cité par DUNLOP, p. 181.
2. MARQUART (p. 5, 416), DUNLOP (p. 42 n) et BURY (p. 408) donnent tous trois des dates différentes.

idyllique un épisode inquiétant sembla prédire de nouveaux dangers. Vers 830, en 833 probablement, le kagan et le bek envoyèrent une ambassade à l'empereur Théophile pour lui demander des architectes et des artisans capables de leur construire une forteresse sur le cours inférieur du Don. L'empereur répondit avec empressement. Il expédia une flotte qui, par la mer Noire et la mer d'Azov, remonta l'embouchure du Don jusqu'à l'endroit stratégique où devait être bâtie la forteresse. Ainsi naquit Sarkel, place fort célèbre et site archéologique précieux, le seul pratiquement qui put fournir des documents matériels sur l'histoire khazare jusqu'à sa submersion par le barrage de Tsimlyansk, proche du canal de la Volga au Don. Constantin Porphyrogénète qui relate l'affaire en détail explique que, la région étant dépourvue de pierres, Sarkel fut construite en briques cuites dans des fours spécialement édifiés pour l'occasion. Il ne mentionne pas une curieuse particularité (découverte par les archéologues soviétiques quand le site était accessible) : les bâtisseurs employèrent aussi des colonnes de marbre d'origine byzantine, datant du VIe siècle, tirées probablement d'une ville en ruine; bel exemple d'épargne impériale [1].

Les ennemis virtuels auxquels l'effort gréco-khazar voulut opposer l'impressionnante forteresse n'étaient autres que les redoutables nouveaux venus, que l'Occident nommait les Normands ou les Vikings, et que l'Orient appelait les Rhus ou les Varègues.

Deux siècles plus tôt les conquérants arabes avaient lancé sur le monde civilisé une gigantesque tenaille, à gauche par-delà les Pyrénées, à droite par-delà le Caucase. A l'âge des Vikings l'Histoire parut se répéter dans un miroir. L'explosion initiale qui avait déclenché l'énorme

---

[1]. BARTHA, p. 27, sq.

équipée musulmane s'était produite au point le plus méridional du monde connu, dans le désert d'Arabie. Les raids et les conquêtes des Vikings partirent de Scandinavie dans la région la plus septentrionale. Les Arabes avancèrent vers le nord à cheval, les Normands vers le sud par la mer et les fleuves. Les premiers, en théorie du moins, menaient une guerre sainte, les seconds des guerres impies de pillage et de piraterie; pour les victimes les résultats étaient à peu près les mêmes. Dans les deux cas les historiens sont incapables de donner des explications convaincantes sur les raisons économiques, écologiques ou idéologiques qui presque d'un jour à l'autre transformèrent une Arabie et une Scandinavie apparemment fort calmes en volcans de vitalité exubérante et d'entreprise téméraire. L'une et l'autre de ces éruptions s'apaisèrent en quelque deux cents ans, mais laissèrent à jamais leur empreinte sur le monde. L'un et l'autre de ces peuples pendant ce laps de temps évoluèrent du primitivisme et de la destructivité aux plus admirables réussites culturelles.

A l'époque où les Byzantins et les Khazars coopéraient en matière de construction militaire en prévision d'une attaque des Vikings de l'Est, la branche occidentale des Normands avait déjà pénétré dans tous les grands fleuves d'Europe et conquis la moitié de l'Irlande. En quelques décennies les Vikings colonisèrent ensuite l'Islande, s'installèrent dans la province gauloise appelée depuis Normandie, ravagèrent Paris plusieurs fois, lancèrent des razzias en Allemagne, dans le delta du Rhône et le golfe de Gênes, firent le tour de la péninsule ibérique et attaquèrent Constantinople par la Méditerranée et les Dardanelles, tandis que les Rhus attaquaient par le Dniepr et la mer Noire. Au IXe siècle, écrit Toynbee, « siècle pendant lequel les Rhus empiétaient sur les Khazars et l'empire romain d'Orient, les Scandinaves s'occupaient à piller, conquérir, coloniser, dans un arc immense qui finit par s'étendre vers le sud-ouest jusqu'à l'Amérique du nord et vers le sud-est jusqu'à la mer Caspienne[1]... »

Comment s'étonner qu'en Occident les gens en prière aient inséré dans les litanies : *A furore Normanorum libera nos Domine?* Comment s'étonner que Constantinople ait eu besoin de ses alliés khazars, boucliers contre les dragons sculptés à la proue des barques vikings, comme elle en avait eu besoin deux siècles plus tôt contre les vertes oriflammes du Prophète? Comme la première fois les Khazars devaient essuyer les premiers assauts dans toute leur vigueur, et pour finir voir leur capitale tomber en ruine.

D'ailleurs Byzance n'était pas la seule puissance à devoir quelque gratitude aux Khazars pour leur constance à arrêter les flottes vikings qui descendaient les grands fleuves. On comprend mieux maintenant l'obscur passage de la lettre de Joseph qui, cent ans plus tôt, écrivait à Hasdai : « Avec l'aide du Tout-Puissant je garde l'embouchure du fleuve et ne permets pas aux Rhus qui viennent dans leurs barques d'envahir la terre des Arabes... Je mène de durs combats contre eux. »

3

Les tribus vikings que les Byzantins appelaient Rhus étaient pour les chroniqueurs arabes les Varègues. Selon Toynbee le mot « Rhus » vient probablement du suédois *Rodher,* les « rameurs[2] ». Quant au mot Varègue utilisé

1. *Op. cit.,* p. 547.
2. *Op. cit.,* p. 446 n.

par les Arabes il fut employé aussi par l'ancienne chronique russe pour désigner les Scandinaves; pour eux la Baltique était « la mer des Varègues[1] ». Il s'agissait d'une branche de Vikings originaire de la Suède orientale, distincte des Norvégiens et des Danois qui attaquaient l'Europe de l'Ouest, mais elle suivait la même tactique que les autres. C'était une avance saisonnière; elle s'appuyait sur des îles stratégiquement choisies qui servaient de places fortes, d'arsenaux, de bases de ravitaillement, pour lancer des attaques sur la terre ferme; quand les circonstances étaient favorables elle évoluait : elle passait des expéditions de pillage et du commerce forcé à des établissements plus ou moins durables, et pour finir à la convivialité avec les populations autochtones conquises. C'est ainsi que la pénétration viking en Irlande commença par la prise de l'île de Rechru (Lambay) dans la baie de Dublin; l'Angleterre fut envahie à partir de l'île de Thanet; la pénétration du continent débuta par la conquête des îles de Walcheren sur la côte néerlandaise et de Noirmoutier dans l'estuaire de la Loire.

A l'autre extrémité de l'Europe les hommes du Nord suivaient le même plan. Après avoir franchi la Baltique et le golfe de Finlande, ils remontèrent le fleuve Volkhov jusqu'au lac Ilmen (au sud de Leningrad), où ils trouvèrent une île à leur goût — la Holmgard des sagas islandaises. C'est sur cette île qu'ils établirent un camp qui allait devenir un village, puis une ville, la cité de Novgorod[2]. Et c'est de là qu'ils se mirent à lancer des expéditions vers le sud sur les grands fleuves : la Volga qui les menait à la Caspienne, le Dniepr qui les menait à la mer Noire.

La première route traversait des contrées peu amènes

---

1. TOYNBEE, p. 446; BURY, p. 422 n.
2. A ne pas confondre avec Nijni Novgorod (aujourd'hui Gorki).

tenues par les Bulgares et les Khazars ; la seconde passait par les territoires des tribus slaves qui habitaient au nord-ouest de l'empire khazar et payaient tribut au kagan : les Polyanes de la région de Kiev, les Viatitches au sud de Moscou, les Radimitches à l'est du Dniepr, les Severyanes des bords de la Derna, etc.[1]. Ces Slaves, bons agriculteurs, dit-on, étaient sans doute d'un tempérament plus doux que leurs voisins « turcs » de la Volga : ils furent « une proie naturelle », comme dit Bury, pour les pillards scandinaves. Ceux-ci en vinrent à préférer le Dniepr, malgré ses dangereuses cataractes, au Don et à la Volga. Et c'est le Dniepr qui devint le grand chemin oriental (l'*Austrvegr* des sagas nordiques) de la Baltique à la mer Noire, et donc jusqu'à Constantinople. Les sept grandes cataractes reçurent même des noms scandinaves, doublets des noms slaves : consciencieusement Constantin énumère les deux versions (par exemple *Baru-fors* en suédois, *Volnyi* en slavon : « la cascade houleuse »).

Singulière espèce que ces Rhus-Varègues — singuliers même parmi les autres Vikings — à la fois pirates, bandits de grands chemins et marchands malhonnêtes, qui faisaient commerce à la force de l'épée et de la hache de guerre. Ils troquaient des fourrures, des armes et de l'ambre contre de l'or, mais trafiquaient surtout dans le marché des esclaves. D'après les chroniqueurs arabes contemporains :

> « Dans cette île [Novgorod] il y a cent milliers d'hommes, et ces hommes s'en vont constamment razzier les Slaves, et ils les saisissent et les font captifs et vont les vendre aux Khazars et aux Bulgares. [On se rappelle à Itil le marché aux esclaves signalé par Masudi.] Ils ne sèment point et ne cultivent pas la

---

1. Constantin Porphyrogénète et la Chronique russe s'accordent assez bien sur les noms et les emplacements de ces tribus, ainsi que sur leur soumission aux Khazars.

GRANDEUR ET DÉCADENCE DES KHAZARS

terre, ils vivent de l'exploitation des Slaves. Quand il leur naît un fils, ils placent une épée nue devant lui et le père déclare : Je n'ai ni or, ni argent, ni fortune à te léguer, voici ton héritage, sers-t'en pour assurer ta prospérité [1]... »

Un historien moderne, McEvedy, propose un jugement synthétique : « L'activité viking-varègue, de l'Islande aux frontières du Turkestan, de Constantinople au cercle polaire, fut d'une vitalité et d'une audace incroyables, et il est triste que tant d'efforts fussent gâchés en pillages. Les héros nordiques ne daignaient commercer que lorsqu'ils ne parvenaient pas à vaincre; ils préféraient un or glorieux, taché de sang, à un profit mercantile assuré [2]. »

Ainsi les convois rhus qui en été faisaient voile vers le sud étaient à la fois des flottes commerciales et des armadas; les deux rôles allaient de pair, et à l'apparition d'une flotte on ne pouvait prédire quand les marchands se changeraient en guerriers. Ces flottes avaient d'énormes dimensions. Masudi parle d'une invasion rhus pénétrant dans la Caspienne par la Volga (en 912 ou 913) qui aurait comporté « environ cinq cents bateaux équipés chacun de cent hommes ». Sur ces cinquante mille hommes trente mille furent tués au combat, ajoute-t-il [3]. Il exagère peut-être, mais pas de beaucoup apparemment. Déjà au début de leurs exploits (vers 860) les Rhus avaient traversé la mer Noire et mis le siège devant Constantinople avec une flotte estimée par divers auteurs à deux cents ou deux cent trente bateaux.

Étant donné le caractère imprévisible et la perfidie proverbiale de ces redoutables envahisseurs, les Byzantins et les Khazars durent avec eux s'orienter « au jugé », pour

---

1. GARDEZI, vers 1060, paraphrasant une relation antérieure d'Ibn Rusta, vers 905, cité par Macartney, p. 213.
2. *The Penguin Atlas of Mediaeval History*, 1961, p. 58.
3. Voir ci-dessous, IV, 1.

ainsi dire. Durant un siècle et demi, après la construction de la forteresse de Sarkel, les accords de commerce et les échanges d'ambassades alternèrent avec des guerres sauvages. Ce n'est que lentement, peu à peu, que les hommes du Nord changèrent de caractère en bâtissant des établissements permanents, en se slavisant à force de se mêler avec leurs vassaux et leurs sujets, et enfin en adoptant le christianisme prêché par l'Église byzantine. A ce stade, dans les dernières années du Xe siècle, les Rhus étaient devenus des Russes. Leurs princes et leurs nobles portaient encore des noms scandinaves slavisés : Hrörekr se changeait en Rurik, Helgi en Oleg, Ingvar en Igor, Helga en Olga, et ainsi de suite. Le traité commercial que le prince Ingvar-Igor conclut avec les Byzantins en 945 donne la liste de ses compagnons, dont trois seulement ont des noms slaves, pour cinquante qui ont des noms suédois [1]. Mais le fils d'Ingvar et d'Helga prit le nom très slave de Svyatoslav, et dès lors le processus d'assimilation alla bon train; les Varègues progressivement perdirent leur identité de peuple distinct, et la tradition nordique s'évanouit dans l'Histoire russe.

Il est difficile d'imaginer ces gens étranges dont la barbarie détonne même dans cet âge barbare. Les chroniques ne sont pas sans préjugés, écrites comme elles le furent par des hommes appartenant à des nations qui eurent à souffrir des envahisseurs nordiques; ceux-ci ne nous ont pas laissé leur version des événements, la littérature scandinave étant née longtemps après l'époque des Vikings, en un siècle où leurs exploits avaient rejoint la légende. Cependant l'ancienne littérature nordique paraît confirmer leur goût insatiable de la violence, et la singulière frénésie qui les saisissait dans les batailles : une

---

1. TOYNBEE, p. 446.

fureur sacrée ou animale qui a même laissé son nom *(berserk)* dans la langue anglaise.

Les chroniqueurs arabes les trouvèrent si bizarres qu'en les décrivant ils se contredisaient à quelques lignes de distance. Notre vieil ami Ibn Fadlan fut absolument révolté par la crasse et l'obscénité des Rhus qu'il rencontra sur la Volga dans le territoire des Bulgares. Il parle d'eux immédiatement avant le passage sur les Khazars que nous avons cité plus haut :

> « Ce sont les créatures de Dieu les plus sales au monde... Le matin une servante apporte au maître de maison une bassine pleine d'eau; il se rince la figure et les cheveux, crache et se mouche dans la bassine que la fille passe alors au voisin qui fait de même, puis à un autre jusqu'à ce que tous les gens de la maison se soient servis de la bassine pour se moucher, cracher et se laver [1]... »

Ibn Rusta au contraire écrit à peu près à la même époque : « Ils tiennent leurs vêtements propres », et s'en tient là [2].

De même Ibn Fadlan s'indigne de voir les Rhus, roi compris, copuler et déféquer en public, alors qu'Ibn Rusta et Gardezi ne disent rien d'habitudes aussi répugnantes. Mais ce qu'ils disent n'est pas moins douteux, et tout aussi incohérent. Ainsi Ibn Rusta déclare : « Ils honorent leurs hôtes et sont hospitaliers envers les étrangers qui cherchent asile auprès d'eux, comme envers tous ceux qui parmi eux sont dans l'infortune. Ils ne permettent à quiconque de les tyranniser et quiconque leur fait tort ou les opprime sera découvert et banni de leur communauté [3]. »

Mais quelques pages plus loin il fait un tableau (ou

1. Zeki VALIDI, p. 85.
2. Ibn Rusta, cité par C. A. MACARTNEY, *The Magyars in the Ninth Century*, p. 214.
3. *Ibid.*

plutôt un croquis) tout différent des mœurs de la société rhus :

> « Aucun ne sort seul pour satisfaire ses besoins naturels; il se fait accompagner de trois compagnons qui l'entourent et le protègent, et chacun porte l'épée à cause du manque de sécurité et de la félonie qui règne chez eux, car si l'un possède quelque bien, son frère, son ami le plus proche le convoite et cherche à le dépouiller ou à le tuer[1]. »

En tout cas, quant aux vertus guerrières les témoignages sont unanimes :

> « Ces gens sont robustes et courageux et quand ils attaquent en rase campagne personne ne peut leur échapper; ce sera la ruine, les femmes enlevées, les hommes mis en esclavage[2]... »

4

Telles étaient les perspectives qui s'offraient désormais aux Khazars. Ils avaient construit Sarkel juste à temps; grâce à cette forteresse ils pouvaient surveiller les mouvements des flottilles rhus entre le Don et la Volga (ce portage que l'on appelait route khazare), et dans le delta du Don. En général il semble qu'au cours du premier siècle de leur présence sur la scène internationale[3] les Rhus dirigèrent leurs expéditions de pillage surtout contre Byzance (où les attirait évidemment un butin plus copieux), tandis

---

1. Ibn Rusta, cité par Macartney, p. 215.
2. Ibid., p. 214-215.
3. En gros, de 830 à 930.

que leurs relations avec les Khazars étaient plutôt d'ordre commercial, ce qui n'excluait ni les frictions ni les escarmouches. Quoi qu'il en soit, les Khazars étaient en mesure de contrôler les passages et d'encaisser leur taxe de dix pour cent sur toutes les marchandises qui traversaient leurs terres à destination de Byzance et des pays musulmans.

Ils exercèrent aussi à cette époque une certaine influence culturelle sur les hommes du Nord qui, en dépit de leur violence, avaient une disposition naïve à apprendre tout ce que pouvaient leur enseigner les peuples qu'ils côtoyaient. L'ampleur de cette influence ressort de l'adoption du titre de kagan par les premiers souverains rhus de Novgorod. C'est un fait confirmé par les documents byzantins et arabes; par exemple Ibn Rusta, après avoir décrit Novgorod sur son île ajoute : « Ils ont un roi appelé le kagan rhus. » Mieux encore Ibn Fadlan rapporte que le kagan rhus avait un général chargé de commander l'armée et de le représenter auprès du peuple. Zeki Validi a souligné que de telles délégations de pouvoir étaient inconnues des peuples germaniques du Nord, où le roi était forcément le premier des guerriers. Il conclut que les Rhus avaient sans doute copié le système dualiste des Khazars. La chose n'est pas invraisemblable : les Khazars étaient le peuple le plus prospère et culturellement le plus développé que les Rhus eussent rencontré aux premiers stades de leurs conquêtes. Les contacts durent être assez étroits pour qu'il y .ait eu une colonie de marchands rhus à Itil, de même qu'une communauté de juifs khazars à Kiev.

Dans ce contexte il est regrettable que plus de mille ans après les événements dont nous parlons, le régime soviétique ait cru devoir effacer le souvenir des Khazars, celui de leur rôle historique et de leur œuvre culturelle. On a pu lire l'article suivant dans le *Times* (de Londres) du 12 janvier 1952 :

L'ANCIENNE CULTURE RUSSE MINIMISÉE RÉFUTATION D'UN HISTORIEN SOVIÉTIQUE

« De nouveau un historien soviétique vient d'être critiqué par la *Pravda* pour avoir minimisé les débuts de la culture et du développement du peuple russe. Il s'agit du professeur Artamonov qui, lors d'une récente séance du Département d'Histoire et de Philosophie de l'Académie des Sciences de l'U.R.S.S., a repris une théorie qu'il avait avancée dans un ouvrage en 1937, selon laquelle l'ancienne cité de Kiev dut beaucoup au peuple khazar. Il le présente comme un peuple développé qui fut victime des aspirations agressives des Russes.

« Tout cela, déclare la *Pravda,* n'a rien à voir avec les faits historiques. Le royaume khazar qui représentait un rassemblement primitif de diverses tribus ne joua aucun rôle positif dans la création de l'État des Slaves orientaux. Les sources anciennes attestent que les formations d'États commencèrent chez les Slaves orientaux longtemps avant les premiers témoignages que l'on ait sur les Khazars.

« Le royaume khazar, loin de promouvoir le développement de l'ancien État russe, retarda au contraire les progrès des tribus slaves orientales. Les matériaux étudiés par nos archéologues manifestent le haut degré de culture de l'ancienne Russie. Ce n'est qu'en déformant la vérité historique que l'on peut parler d'une supériorité de la culture khazare. L'idéalisation du royaume khazar reflète une évidente survivance des vues erronées des historiens bourgeois qui ont minimisé le développement autochtone du peuple russe. Une telle conception est inacceptable pour l'historiographie soviétique. »

Les mobiles d'une telle attaque se passent d'explication. Artamonov, que j'ai souvent cité, avait publié en 1937, outre de nombreux articles dans des revues savantes, un premier ouvrage concernant l'histoire ancienne des khazars. Son grand livre, *Histoire des Khazars,* était apparemment sous presse quand la *Pravda* porta la condamnation qu'on vient de lire. Résultat, le livre parut seulement dix ans plus tard, en 1962, avec une palinodie à la fin qui équivaut à une répudiation de tout ce qui précède et, à vrai dire, de toute une vie de travail. En voici quelques passages révélateurs :

> « Le royaume khazar se désintégra, il tomba en morceaux dont le plus grand nombre se fondit dans les peuples apparentés, et la minorité, installée à Itil, perdit sa nationalité pour devenir une classe parasite à teinture juive. Les Russes ne dédaignèrent jamais les apports culturels de l'Orient... Mais aux Khazars d'Itil ils ne firent aucun emprunt. D'ailleurs le judaïsme militant des Khazars fut traité de la même manière par les autres peuples qui eurent des contacts avec lui : Magyars, Bulgares, Petchénègues, Alains et Polovtsiy... La nécessité de lutter contre les exploiteurs d'Itil stimula l'unification des Ghuzz et des Slaves autour du trône d'or de Kiev, et à son tour cette union amena la possibilité et l'occasion d'une croissance vigoureuse non seulement du système étatique russe, mais aussi de l'ancienne culture russe. Cette culture avait toujours été originale, elle n'avait jamais dépendu de l'influence khazare. Les faibles éléments orientaux de la culture rhus qui avaient été transmis par les Khazars, et auxquels on pense d'ordinaire en traitant des problèmes des liens culturels entre Rhus et Khazars ne pénétrèrent pas au cœur de la culture russe, ils restèrent à la surface et furent de peu de durée comme de peu de signification. Ils n'autorisent aucunement à désigner une « période khazare » dans l'histoire de la culture russe. »

Les diktats du Parti achevaient l'ensevelissement commencé par les eaux qui avaient recouvert déjà les ruines de Sarkel.

5

L'intensité des échanges commerciaux et culturels n'empêcha pas les Rhus-Varègues d'empiéter peu à peu sur l'empire des Khazars en s'appropriant leurs sujets et vassaux slaves. D'après les premières chroniques russes, dès 859, c'est-à-dire environ vingt-cinq ans après la construction de Sarkel, les tributs des peuples slaves étaient « partagés entre les Khazars et les Varègues d'au-delà de la Baltique ». Ces derniers percevaient les contributions des Tchoudes, Krivitches et autres Slaves du Nord, les Khazars continuant à encaisser celles des Viatitches, des Sévianes et surtout des Polyanes, dans la région centrale de Kiev. Mais cela ne devait pas durer. Trois ans plus tard (si l'on se fie aux dates données par la Chronique russe), Kiev, ville-clef sur le Dniepr, jusqu'alors sous suzeraineté khazare, passa aux mains des Varègues.

L'Histoire devait constater que cette prise de pouvoir fut un événement décisif, bien qu'apparemment elle se soit effectuée sans combat. En ce temps-là, selon la chronique, régnait sur Novgorod le prince (semi-légendaire) Rurik ou Hrörekr qui tenait sous sa coupe tous les établissements vikings ainsi que les Slaves du Nord et certaines peuplades finlandaises. Deux de ses hommes, Oskold et Dir, aperçurent un jour sur une colline, en descendant le Dniepr, une place forte dont la silhouette leur plut; ils apprirent que c'était la ville de Kiev et qu'elle « payait tribut aux Khazars ». Ils s'installèrent dans cette ville avec leurs familles, « attirèrent de nombreux hommes du Nord et se mirent à régner sur les Slaves du voisinage, comme Rurik à Novgorod. Une vingtaine d'années plus tard, Oleg (Helgi), fils de Rurik descendit à son tour, mit à mort Dir et Oskold, et annexa Kiev à ses domaines ».

Kiev allait bientôt éclipser Novgorod. Devenue capitale des Varègues et « mère des villes russes », elle donna son nom à la principauté qui fut le berceau du premier État russe.

La lettre de Joseph, écrite environ cent ans après l'installation des Rhus, ne cite plus Kiev parmi les possessions khazares. Mais d'influentes communautés juives khazares demeuraient dans la ville et dans la province ; elles devaient être renforcées plus tard par de nombreux émigrés après la destruction du royaume. La Chronique russe parle en maints endroits de héros venus du « Pays des Juifs », *Zemlya Jidovskaya ;* à Kiev la Porte des Khazars a perpétué jusqu'aux temps modernes le souvenir des anciens maîtres.

6

Nous sommes arrivés à la seconde moitié du IXe siècle, et avant de poursuivre le récit de l'expansion russe il est temps de prêter attention à des changements fort importants qui se produisaient chez les peuples des steppes, en particulier chez les Magyars. Parallèlement à la montée du pouvoir rhus ces événements eurent une influence directe sur les Khazars... et sur la carte d'Europe.

Le peuple magyar avait été pour les Khazars un allié et apparemment un vassal de bonne volonté depuis la naissance de leur empire. « Le problème de l'origine et des premières migrations des Magyars tourmente les chercheurs depuis longtemps », écrit Macartney[1], qui parle aussi à leur propos « d'une des énigmes les plus embrouillées de l'Histoire[2] ». Quant à leur origine tout ce qu'on sait avec certitude est qu'ils sont apparentés aux Finlandais, et que leur langue appartient au groupe finno-ougrien dans lequel figurent aussi les idiomes des Vogouls et des Ostiaks

---

1. Dans l'introduction à son livre *Magyars in the Ninth Century.*
2. *Ibid.,* p. v.

qui habitent les régions forestières du nord de l'Oural. A l'époque qui nous intéresse ils n'avaient donc aucun lien de parenté avec les peuplades des steppes, slaves ou turques, parmi lesquelles ils évoluaient : ils étaient, et sont encore, une curiosité ethnique. A la différence de la plupart des petites nations la Hongrie n'a pas de liens linguistiques avec les pays voisins; les Magyars demeurent en Europe une enclave, loin de leurs cousins, les Finlandais.

Dans les premiers siècles de notre ère cette tribu nomade fut chassée de ses anciens domaines de l'Oural, émigra dans les steppes du Nord et s'installa pour finir entre le Kouban et le Don. Elle vécut donc au voisinage des Khazars bien avant leur hégémonie, et pendant quelque temps fit partie d'une fédération de peuples appelés les Onogurs (« Dix-Flèches » ou « Dix-Tribus »), mot qui, sous une forme slavone, serait à l'origine du nom des « Hongrois [1] », lesquels, d'ailleurs, emploient et ont toujours employé « magyar » pour se désigner eux-mêmes.

Depuis le milieu du VIIe siècle jusqu'à la fin du IXe ils furent, nous l'avons vu, sujets de l'empire khazar. Il est remarquable que durant toute cette période, tandis que les autres tribus jouaient perpétuellement et dramatiquement aux quatre coins, on ne connaisse aucun conflit armé entre les Khazars et les Magyars, ceux-ci comme ceux-là menant périodiquement des guerres contre leurs voisins proches ou lointains : Bulgares de la Volga, Bulgares du Danube, Ghuzz, Petchénègues, etc., — sans parler des Arabes et des Varègues. En paraphrasant les chroniques russes et arabes Toynbee note que durant toute cette période les Magyars « pour le compte des Khazars rançonnèrent les Slaves et les Finlandais des Terres Noires au nord des steppes qui

---

1. TOYNBEE, p. 419; MACARTNEY, p. 176.

étaient leurs domaines et des régions de forêts encore plus au nord. L'emploi du mot « magyar » à cette époque est attesté de nos jours par le grand nombre de lieux qui portent ce nom dans cette région trans-steppique de la Russie septentrionale. Ces noms géographiques marquent probablement l'emplacement de garnisons et d'avant-postes magyars[1] ». Les Magyars dominaient donc leurs voisins slaves, et Toynbee conclut qu'en levant tribut « les Khazars utilisaient les Magyars comme agents, ce qui n'empêche que ce rôle d'intermédiaires ait dû être très profitable en soi[2] ».

L'arrivée des Varègues modifia radicalement cette confortable organisation. Au moment de la construction de Sarkel se produisit une migration très remarquable : les Magyars franchirent le Don et passèrent sur la rive occidentale. A partir de 830 ils se réinstallèrent pour la plupart dans la région située entre Don et Dniepr qui devait s'appeler plus tard la Lébédie. Les historiens se sont beaucoup interrogés sur les raisons de ce mouvement; l'explication de Toynbee, la plus récente, paraît la plus vraisemblable.

> « On peut penser que les Magyars occupèrent la steppe à l'ouest du Don avec la permission de leurs suzerains khazars... Comme cette steppe appartenait auparavant aux Khazars et que les Magyars étaient des alliés et des subordonnés, on peut conclure qu'ils ne s'étaient pas établis dans ce territoire contre la volonté des Khazars... En fait on peut dire que les Khazars n'avaient pas seulement autorisé les Magyars à s'établir à l'ouest du Don, ils les avaient installés eux-mêmes, dans leur propre intérêt... La réinstallation pour raisons stratégiques de peuples soumis était une pratique qu'avaient déjà suivie autrefois des nomades bâtisseurs d'empires... Sur ce nouvel emplacement les Magyars pouvaient aider les Khazars à tenir en échec la progression des Rhus

1. TOYNBEE, p. 418.
2. P. 454.

vers le sud-est et le sud. L'installation des Magyars à l'ouest du Don dut faire partie intégrante du plan qui comportait la construction de Sarkel sur la rive orientale [1]... »

7

L'arrangement fonctionna assez bien pendant près d'un siècle et demi. Durant cette période les relations entre Magyars et Khazars devinrent même plus étroites, au point de se manifester dans deux événements qui laissèrent des traces dans l'Histoire du peuple hongrois. Pour commencer les Khazars donnèrent à ce peuple un roi, fondateur de la première dynastie magyare; ensuite plusieurs tribus khazares se joignirent aux Magyars dont elles modifièrent profondément les caractères ethniques.

Le premier épisode est décrit par Constantin dans l'*Administration de l'Empire* (env. 950); son récit est confirmé par la première chronique hongroise (XIe siècle) qui, indépendamment, cite les mêmes noms que lui. Il raconte qu'avant l'intervention des Khazars dans les affaires intérieures des tribus magyares, celles-ci n'avaient pas de monarque, mais seulement des chefs, dont les plus éminents se nommaient Lebedias (d'où vint le nom de la Lébédie).

> « Et les Magyars comprenaient sept hordes, mais en ce temps-là ils n'avaient point de souverain, mais il y avait des chefs parmi eux, dont le principal était Ledebias, déjà nommé... Et le kagan, souverain de Khazarie, en raison de leur vaillance et de leur assistance militaire, donna pour épouse au premier des chefs, l'homme appelé Lebedias, une noble dame khazare afin qu'elle lui donnât des enfants; mais il se trouva que Lebedias n'eut point d'enfant de cette femme... »

1. TOYNBEE, p. 454 et sq.

Encore une alliance dynastique manquée. Cependant le kagan était bien décidé à renforcer les liens qui unissaient à son royaume Lebedias et ses tribus.

> « Après quelque temps le kagan, souverain de Khazarie, demanda aux Magyars... de lui envoyer leur plus grand chef. Et Lebedias, se présentant au kagan, voulut savoir pourquoi il l'avait mandé. Et le kagan lui dit : Voici pourquoi nous t'avons appelé : puisque tu es bien né, sage, brave, et le premier des Magyars, pour que nous puissions faire de toi le souverain de ta race, et te soumettre à nos lois et Ordonnances... »

Lebedias avait apparemment trop de fierté : il déclina avec beaucoup de politesse cette invitation au rôle de roi fantoche, et proposa que l'honneur fût octroyé à un autre chef, un certain Almos, ou au fils de celui-ci, Arpad. Et le kagan, « content de ce discours », renvoya, dignement escorté, Lebedias à son peuple, qui aussitôt choisit pour roi Arpad. La cérémonie du couronnement se fit « d'après la coutume et l'usage des Khazars, en élevant le roi sur des boucliers. Car avant Arpad les Magyars n'avaient jamais eu de monarque. C'est pourquoi le roi de Hongrie est choisi dans sa race de nos jours encore ».

« De nos jours » pour Constantin signifiait l'an 950 environ, soit cent ans après l'événement. De fait, Arpad mena les Magyars à la conquête de la Hongrie actuelle; sa dynastie régna jusqu'à 1301 et son nom est l'un des premiers que l'on apprenne à l'école primaire en Hongrie. Les Khazars mirent souvent la main à la pâte de l'Histoire.

8

Le deuxième épisode eut peut-être une influence encore plus profonde sur la nation hongroise. A une date non spécifiée il se produisit, rapporte Constantin, une rébellion *(apostasia)* dans une partie du peuple Khazar. Les insurgés comprenaient trois tribus « qui se nommaient Kavars (ou Kabars), et qui appartenaient à la race même des Khazars. Le gouvernement l'emporta; des rebelles furent massacrés, d'autres s'enfuirent et s'installèrent chez les Magyars, avec qui ils firent amitié. Ils leur enseignèrent la langue des Khazars, et jusqu'à ce jour ils parlent cet idiome mais ils parlent aussi la langue des Magyars. Et parce qu'ils se révélèrent plus habiles au combat et les plus vaillants des huit tribus [les sept tribus magyares originelles, plus celle des Kabars], et vrais chefs de guerre, ils furent élus pour composer la première horde, et il y a jusqu'à ce jour un chef parmi eux qui appartient aux trois hordes [originelles] des Kabars [1] ».

Pour mettre les points sur les i, Constantin commence son chapitre suivant par une liste « des hordes des Kabars et des Magyars. Vient d'abord celle qui s'est séparée des Khazars, la horde ci-dessus nommée des Kabars..., etc. » La tribu proprement dite « magyare » ne vient qu'au troisième rang.

Tout se passe comme si les Magyars avaient reçu des Khazars un sang nouveau, métaphoriquement et peut-être littéralement. Cette transfusion eut plusieurs effets. D'abord

---

1. *De l'Administration*, chap. XXXIX-XL.

GRANDEUR ET DÉCADENCE DES KHAZARS

nous apprenons avec surprise qu'au moins jusqu'au milieu du Xe siècle les langues des Magyars et des Khazars étaient parlées simultanément en Hongrie. Plusieurs auteurs modernes ont commenté cette singularité. « Le résultat de ce bilinguisme, écrit Bury, est le caractère mixte du hongrois moderne qui a fourni des arguments spécieux aux opinions contradictoires qui concernent les affinités ethniques des Magyars [1]. » Toynbee remarque [2] d'autre part que les Hongrois ne sont plus bilingues depuis longtemps, mais qu'ils le furent dans les débuts de leur royaume, comme le montre dans le vocabulaire quelque deux cents mots empruntés au vieux dialecte tchouvache que parlaient les Khazars (voir ci-dessus I, 3).

En outre les Magyars adoptèrent comme les Varègues une forme de double monarchie à la mode Khazare. Gardezi rapporte en effet : « Leur chef chevauche avec vingt mille cavaliers, ils l'appellent Kanda [hongrois *kende*] et c'est le titre de leur plus grand roi, mais le titre de celui qui gouverne effectivement est Jula. Et les Magyars font ce qu'ordonne leur Jula. » Il y a des raisons de croire que les premiers Julas de Hongrie étaient des Kabars [3].

On pense aussi, d'après certains indices, qu'il y avait dans les tribus kabares dissidentes qui prirent *de facto* le commandement des hordes magyares, des juifs ou des « adhérents d'une religion judaïsante [4] ». Il semble possible, comme l'ont suggéré Artamonov et Bartha [5] que l'*apostasia* kabare fut liée, sans doute en réaction, aux réformes religieuses instaurées par le roi Obadiah. Le

---

1. P. 426.
2. P. 427.
3. MACARTNEY, p. 127 et sq.
4. BARON, vol. III, p. 211 et 332. Voir aussi chap. VII, 2.
5. BARTHA, p. 99, 113.

droit rabbinique, les prescriptions alimentaires, la casuistique talmudique furent peut-être inacceptables à ces guerriers des steppes en cuirasses dorées. S'ils professaient une « religion judaïsante » leur foi devait être plus proche de celle des anciens Hébreux du désert que de l'orthodoxie rabbinique. Peut-être même appartenaient-ils à la secte primitiviste des Karaïtes et en conséquence passaient-ils pour hérétiques. Mais il n'y a là que conjectures.

9

La collaboration entre Khazars et Magyars prit fin lorsque ces derniers, en 896, dirent adieu aux steppes eurasiennes, franchirent les Carpathes, et conquirent le territoire qui allait être leur habitat définitif. Les circonstances de cette migration sont mal connues; on peut du moins en saisir les grandes lignes.

Dans les dernières décennies du IXe siècle les Petchénègues vinrent à leur tour jouer assez brutalement aux quatre coins[1]. Le peu que nous savons de ces nomades de langue turque est résumé par Constantin qui les décrit comme des Barbares cupides et insatiables, toujours prêts à se vendre pour attaquer les Rhus et les autres Barbares. Ils vivaient entre la Volga et l'Oural sous la suzeraineté des Khazars qui, selon Ibn Rusta[2], « les envahissaient tous les ans » pour percevoir le tribut qui leur était dû.

Vers la fin du IXe siècle une catastrophe (nullement

---

[1]. Les Petchénègues sont appelés aussi « Paccinaks » et en hongrois « Besenyök ».

[2]. DUNLOP, p. 105.

insolite) s'abattit sur les Petchénègues : ils furent expulsés de leur territoire par des voisins de l'est, qui n'étaient autres que ces Ghuzz (ou Oguz) que détestait Ibn Fadlan : une de ces inépuisables tribus « turks » qui périodiquement brisaient leurs amarres et se mettaient à dériver vers l'ouest. Les Petchénègues déplacés essayèrent de se fixer chez les Khazars, mais ceux-ci les repoussèrent[1]. Ils poursuivirent donc leur marche vers l'ouest, passèrent le Don, envahirent le domaine des Magyars, — et ceux-ci furent contraints de faire retraite, toujours à l'ouest, dans la région comprise entre le Dniepr et la Sereth, région à laquelle ils donnèrent le nom d'*Etel-Köz,* « Terre entre les Fleuves ». Ils s'y installèrent probablement en 889; mais en 896 les Petchénègues revinrent à l'attaque avec l'aide des Bulgares du Danube, sur quoi les Magyars reculèrent jusqu'au pays qui est aujourd'hui la Hongrie.

Telle est en gros l'histoire de l'exode des Magyars et de la fin de leur association avec les Khazars. Les détails sont contestés. Certains historiens[2] soutiennent non sans passion que les Magyars ne subirent qu'une seule défaite aux mains des Petchénègues et que l'*Etel-Köz* désignait simplement la Lébédie, mais on peut laisser ces querelles aux spécialistes. Ce qui est plus intéressant c'est la contradiction qui existe apparemment entre l'image qu'on se fait des redoutables guerriers magyars et leur piteuse retraite de plaines en plaines. La chronique d'Hinkmar de Reims[3] nous apprend qu'en 862 ils envahirent l'est de l'empire franc, et ce fut la première des sauvages incursions qui devaient terroriser l'Europe au siècle suivant. On nous parle aussi d'une rencontre effrayante de saint Cyrille,

---

1. Interprétation vraisemblable des dires de Constantin selon qui « les Ghuzz et les Khazars firent la guerre aux Petchénègues ». *Cf.* BURY, p. 424.
2. MACARTNEY, GUILLEMAIN.
3. MACARTNEY, p. 71.

l'apôtre des Slaves, et d'une horde magyare : en 860, cheminant vers la Khazarie, il était en prière lorsqu'ils se précipitèrent sur lui « en hurlant comme des loups », *luporum more ulutantes*. Heureusement sa sainteté le protégea, on ne lui fit aucun mal [1]. Une autre chronique [2] déclare que les Magyars et les Kabars entrèrent en conflit avec les Francs en 881; et Constantin nous dit qu'une dizaine d'années plus tard les Magyars « firent la guerre à Siméon, roi des Bulgares du Danube, le battirent à plate couture, avancèrent jusqu'à Preslav, l'enfermèrent dans la forteresse appelée Mundraga, et rentrèrent chez eux [3] ».

Comment concilier tous ces exploits avec la série de retraites du Don au Danube, qui eut lieu à la même époque? Il semble qu'on peut deviner la réponse dans les lignes de Constantin qui suivent celles que nous venons de citer.

> « Mais après que Siméon le Bulgare eut fait la paix avec l'empereur des Grecs, étant en sécurité, il envoya un message aux Patzinaks et s'entendit avec eux pour combattre les Magyars et les anéantir. Quand les Magyars partirent en campagne les Patzinaks et Siméon fondirent sur les Magyars et anéantirent leurs familles et chassèrent misérablement ceux qui étaient restés pour garder le pays. Les Magyars à leur retour, trouvant leur pays ainsi désolé et ruiné, passèrent dans la contrée qu'ils occupent aujourd'hui » [la Hongrie].

Le gros de l'armée se trouvait donc « en campagne » au moment de l'attaque; d'après les chroniques citées ci-dessus on peut penser que les Magyars faisaient très souvent de lointaines expéditions en laissant leurs foyers insuffisamment protégés. Ils purent courir ce risque tant qu'ils

---
1. *Ibid.*
2. *Les Annales d'Admont,* cité par Marcartney, p. 76.
3. *De l'Administration,* I, chap. XL.

eurent pour voisins leurs suzerains khazars et les paisibles tribus slaves. Mais à l'avènement des insatiables Petchénègues la situation changea. Le désastre décrit par Constantin ne fut peut-être que le dernier d'une série d'événements analogues; il put décider les Magyars à chercher une patrie plus sûre au-delà des montagnes, dans une région que deux expéditions au moins leur avaient déjà fait connaître.

Une autre considération pourrait appuyer cette hypothèse. Les Magyars ne prirent apparemment l'habitude des excursions et du pillage que dans la deuxième moitié du IXe siècle — à l'époque de la décisive transfusion sanguine dont nous avons parlé, et qui fut peut-être un bien et un mal à la fois. Les Kabars « plus habiles au combat, plus vaillants » devinrent tribu dominante et inspirèrent à leurs hôtes un esprit d'aventure qui très vite allait faire d'eux en Europe un fléau comme les Huns auparavant. Ils enseignèrent aux Magyars « la tactique immémoriale, très caractéristique, qu'employèrent toutes les peuplades de langue turque (Huns, Avares, Petchénègues, Turcs, Kumans, etc.) et aucune autre... antiques procédés de la cavalerie légère, avec les retraites feintes, les flèches décochées en pleine fuite, les charges soudaines accompagnées d'effrayants hurlements de loups [1] »...

Ces méthodes furent terriblement efficaces, aux IXe et Xe siècles, quand les Hongrois envahirent l'Allemagne, les Balkans, l'Italie et même la France; mais elles n'impressionnaient guère les Petchénègues qui employaient les mêmes tactiques et qui savaient pousser des ululements tout aussi horribles.

Indirectement, dans la tortueuse logique de l'Histoire, les Khazars servirent donc à l'établissement de la nation

---

[1]. MACARTNEY, p. 123.

hongroise en s'y fondant jusqu'à disparaître. Dans le même esprit Macartney souligne encore davantage le rôle décisif de la transfusion kabare :

> « Les éléments majoritaires de la nation magyare, les authentiques finno-ougriens, relativement (mais non extrêmement) pacifiques, agriculteurs sédentaires, s'installèrent dans les terres ondulées à l'ouest du Danube. La plaine de l'Arföld fut occupée par la race nomade des Kabars, Turks authentiques, éleveurs, cavaliers, combattants, élément moteur et fer-de-lance de la nation. C'est le peuple qui au temps de Constantin occupait encore le noble rang de « première des hordes des Magyars ». Ce sont surtout les Kabars, à mon avis, qui razzièrent les Slaves et les Russes de la steppe, qui firent campagne contre les Bulgares en 895 et qui, pour une grande part, pendant plus d'un demi-siècle ensuite furent la terreur de la moitié de l'Europe [1]. »

Cependant les Hongrois réussirent à préserver leur identité ethnique.

« Le poids de soixante ans de guerre sans repos et sans merci retomba sur les Kabars dont les rangs durent s'éclaircir dans des proportions extraordinaires. Entretemps les vrais Magyars, vivant relativement en paix, croissaient en nombre [2]. » Ils surent aussi, après la période de bilinguisme, préserver leur langue finnoise au milieu de leurs voisins germaniques et slaves, à la différence des Bulgares du Danube qui oublièrent leur idiome « turk » pour adopter un dialecte slavon.

Cependant l'influence kabare continua à se faire sentir en Hongrie; d'ailleurs les relations ne furent pas complètement coupées entre Magyars et Khazars lorsqu'ils furent séparés par les Carpathes. Selon Vassiliev [3] au Xe siècle le duc de Hongrie, Taksony, invita un certain nombre de

---

1. *Ibid.*, p. 122.
2. *Ibid.*, p. 123.
3. Cité par DUNLOP, p. 262.

Khazars à s'établir dans ses domaines. Il n'est pas invraisemblable que ces immigrants aient compté une assez forte proportion de Khazars judaïsés. Il est probable aussi qu'ils amenèrent, comme les Kabars avant eux, certains de leurs fameux artisans qui enseignèrent leurs métiers aux Hongrois (voir plus haut, I, 11).

En prenant possession de leur nouvelle patrie, les Magyars évincèrent les occupants qui s'y trouvaient, Moraves et Bulgares du Danube, qui déménagèrent dans les contrées où ils sont encore maintenant. Leurs autres voisins slaves, les Serbes et les Croates, étaient déjà plus ou moins fixés. Ainsi, au bout de la réaction en chaîne qui avait commencé dans l'Oural (les Ghuzz chassant les Petchénègues qui chassent les Magyars qui chassent les Bulgares et les Moraves), la carte de l'Europe prenait sa configuration actuelle. Le kaléidoscope tendait à s'immobiliser pour devenir un puzzle à peu près stable.

10

Nous pouvons maintenant reprendre l'histoire de l'ascension rhus-varègue où nous l'avions laissée : à l'annexion sans effusion de sang de Kiev par les hommes de Rurik vers l'an 862. C'est vers cette date que les Magyars furent repoussés à l'Ouest par les Petchénègues, privant les Khazars de toute protection sur leur flanc occidental. Cela explique peut-être que les Rhus aient pu s'emparer si facilement de Kiev.

Mais d'autre part l'affaiblissement des Khazars exposait désormais les Byzantins aux attaques des hommes du Nord. Peu après l'installation des Rhus à Kiev, leurs vaisseaux descendaient le Dniepr, traversaient la mer Noire, mettaient le siège devant Constantinople. Bury s'est complu à décrire cet événement.

> « En 860, au mois de juin, l'empereur [Michel III] à la tête de toute son armée avançait contre les Sarrazins. Il était sans doute déjà loin quand il reçut d'étranges nouvelles, qui le firent retourner à marches forcées à Constantinople. Une armée russe avait franchi le Pont-Euxin sur deux cents vaisseaux, elle avait pénétré dans le Bosphore, pillé les monastères et les faubourgs de la côte, emporté d'assaut l'Ile des Princes. Les habitants de la Ville étaient tous démoralisés par la soudaine horreur de ce péril et de leur impuissance. Les troupes *(tagmata)* stationnées d'ordinaire aux environs étaient parties avec l'empereur... et la flotte était absente. Après avoir mis à sac les faubourgs, les Barbares se préparaient à attaquer la Ville. Dans cette crise... le savant patriarche Photius montra sa valeur : il entreprit de rendre courage à ses compatriotes... Il exprima le sentiment de tous en exposant l'absurdité d'une situation dans laquelle la Ville impériale, « reine du monde presque entier », pouvait être insultée par une bande d'esclaves, une horde méprisable et barbare. Mais le peuple fut peut-être plus impressionné et mieux consolé quand il recourut à la magie ecclésiastique, qui avait efficacement servi lors de sièges antérieurs. Le précieux manteau de la Vierge Mère fut porté en procession autour des remparts; et l'on crut qu'il était trempé dans la mer afin que s'élevât une tempête. Il n'y eut pas de tempête mais bientôt les Rhus commencèrent à se retirer et sans doute y eut-il peu de joyeux citoyens qui n'attribuèrent leur soulagement à l'intervention divine de la reine du ciel[1]... »

Il est piquant d'ajouter que « le savant patriarche Photius » dont l'éloquence sauva la Ville impériale n'était autre que « le Khazar » qui avait envoyé saint Cyrille évangéliser les infidèles. Quant à la retraite des Rhus elle fut causée surtout par le retour précipité de l'armée et de la flotte byzantines. Le patriarche « gueule de Khazar »

---

1. BURY, p. 419.

GRANDEUR ET DÉCADENCE DES KHAZARS

avait au moins sauvé le moral du peuple pendant son angoissante attente.

Toynbee aussi fait d'intéressants commentaires à propos de cet épisode. En 860, écrit-il, les Russes « furent sans doute plus près de s'emparer de Constantinople qu'ils ne le furent jamais depuis lors [1] ». Il partage l'opinion de plusieurs historiens russes pour qui l'attaque des Vikings de l'Est, par le Dniepr et la mer Noire, était coordonnée avec l'attaque simultanée d'une flotte de Vikings occidentaux venus par la Méditerranée et les Dardanelles.

> « Vassiliev, Paszkievicz et Vernadsky inclinent à penser que les deux expéditions navales qui convergèrent sur la mer de Marmara ne furent pas seulement simultanées, elles étaient concertées ; et ils croient même deviner l'identité de l'organisateur qui, d'après leur hypothèse, conçut ce plan stratégique de grande envergure. Ils supposent que Rurik de Novgorod et Rurik du Jutland ne faisaient qu'un [2]. »

Voilà qui permet de juger la stature du nouvel adversaire des Khazars. La diplomatie byzantine ne fut pas longue à l'apprécier, et à jouer le double jeu que la situation paraissait exiger en alternant entre la guerre quand elle était inévitable, et l'apaisement dans le pieux espoir que les Russes finiraient par se convertir au christianisme et entrer au bercail du patriarche d'Orient. Quant aux Khazars ils constituaient un bon atout pour le moment, et on les abandonnerait à la première occasion, honorable ou non, qui se présenterait.

---

1. P. 448.
2. P. 447.

11

Pendant deux cents ans les relations russo-byzantines oscillèrent entre les conflits armés et les traités d'amitié. Il y eut des guerres en 860 (siège de Constantinople), en 907, en 941, en 944, en 969-971 — et des traités en 838 — 839, 861, 911, 945, 957, 971. Sur le contenu de ces accords plus ou moins secrets on sait fort peu de choses — assez cependant pour entrevoir l'étonnante complexité du jeu. Quelques années après le siège de Constantinople le patriarche Photius (toujours lui) rapporte que les Russes envoyèrent des ambassadeurs et cela — selon la formule byzantine en matière de prosélytisme — « pour demander le baptême ». « Nous ne savons combien d'établissements russes, ni lesquels, cette ambassade représentait, écrit Bury, mais elle avait sans doute pour objet de faire amende honorable pour la récente incursion, et peut-être d'obtenir la libération de prisonniers. Il est certain que des Russes convinrent d'adopter le christianisme... mais apparemment la semence ne tomba pas en terrain fertile. Pendant plus de cent ans on n'entendra plus parler de christianisme chez les Russes. Cependant le traité, qui fut conclu entre 860 et 866, eut probablement d'autres conséquences[1]. »

Parmi ces conséquences il faut citer l'incorporation de marins scandinaves dans la flotte byzantine : en 902 il y en avait sept cents. On forma aussi la célèbre « garde varègue », corps d'élite composé de Rhus et autres merce-

---

1. P. 422.

naires nordiques, y compris même des Anglais. Dans les traités de 945 et de 971 les princes de Kiev s'engageaient à fournir des troupes à l'empereur de Byzance sur sa demande[1]. Sous Constantin Porphyrogénète, au milieu du Xe siècle, on voyait communément des flottes rhus sur le Bosphore; elles ne venaient plus faire le siège de la capitale, elles livraient des marchandises. Le commerce était minutieusement réglementé (sauf en périodes de conflit) : d'après la chronique russe il fut décidé dans les traités de 907 et de 911 que les visiteurs rhus n'entreraient à Constantinople que par une seule porte, pas plus de cinquante à la fois, et escortés de serviteurs de l'État; que durant leur séjour ils recevraient autant de blé qu'ils voudraient, ainsi que d'autres provisions pour six mois, par livraisons mensuelles : pain, vin, viande, poisson, fruits — et de quoi se laver (s'ils y tenaient). Pour assurer que les transactions fussent bonnes et franches les fraudes monétaires étaient punies de l'amputation d'une main. On ne négligeait pas non plus les efforts d'évangélisation, moyen ultime de parvenir à la coexistence pacifique avec un peuple de plus en plus puissant.

Mais cette entreprise était bien malaisée. Selon la Chronique russe quand le régent de Kiev, Oleg, conclut le traité de 911 avec les Byzantins « les empereurs Léon et Alexandre [qui régnaient conjointement] après avoir convenu du tribut et s'être liés par serment, baisèrent le crucifix et invitèrent Oleg et ses hommes à prêter le même serment. Mais les Rhus, suivant leur religion, jurèrent par leurs armes et par le dieu Perun de même que par Volos, dieu du bétail, et confirmèrent ainsi le traité[2] ».

Près de cinquante ans plus tard, après d'autres batailles et d'autres traités, la victoire de la sainte Église parut

1. TOYNBEE, p. 448.
2. *Chronique russe, sub anno* 911.

s'annoncer : en 957 la princesse Olga de Kiev (veuve du prince Igor) reçut le baptême à l'occasion de sa visite officielle à Constantinople (à moins, comme certains le soutiennent, qu'elle n'ait été baptisée avant son départ).

Le *Livre des Cérémonies* décrit en détail les fêtes et banquets donnés en l'honneur d'Olga, mais ne nous dit pas comment cette dame réagit au spectacle des jouets mécaniques exposés dans la salle du trône, par exemple aux lions empaillés qui produisaient de formidables rugissements. (Un autre invité de marque, l'évêque Liutprand, rapporta que s'il garda son sang-froid ce fut seulement parce qu'on l'avait averti des surprises réservées aux visiteurs.) Le protocole dut causer bien des soucis au maître de cérémonies (Constantin lui-même) car Olga, souveraine, n'avait dans sa suite que des femmes; les diplomates et conseillers, au nombre de quatre-vingt-deux [1] « marchaient modestement en queue de la délégation russe ».

Juste avant le banquet un léger incident symbolisa le caractère précaire des relations russo-byzantines. En arrivant, les dames de la cour se prosternèrent devant la famille impériale, comme l'exigeait le protocole, Olga resta debout, « mais on remarqua avec satisfaction qu'elle inclina la tête légèrement, de façon perceptible toutefois. On la mit à sa place en la faisant asseoir, comme auparavant les invités musulmans, à une table séparée [2] ».

La Chronique russe présente une version très embellie de cette visite officielle. Lorsqu'on aborda la délicate question du baptême, Olga déclara à Constantin « que s'il désirait la baptiser il devait accomplir ce rite lui-même,

---

1. Toynbee, p. 504. Neuf parents d'Olga, vingt diplomates, quarante-trois conseillers commerciaux, un prêtre, deux interprètes, six serviteurs des diplomates et l'interprète particulier d'Olga.
2. *Ibid.*

autrement elle n'était pas disposée au baptême ». L'empereur consentit et pria le patriarche de catéchiser la dame.

Le patriarche « l'instruisit dans la prière et le jeûne, dans l'aumône et dans la chasteté. Elle baissa la tête et comme une éponge absorbe l'eau, elle but avidement ses leçons...

> « Après le baptême l'empereur manda Olga et lui fit connaître qu'il souhaitait qu'elle devînt sa femme. Mais elle répondit : Comment pourriez-vous m'épouser quand vous m'avez baptisée vous-même et m'avez appelée votre fille? Car chez les chrétiens cela est défendu, comme vous devez le savoir. Alors l'empereur dit : Olga, vous avez plus d'esprit que moi [1]. »

Quand elle fut rentrée à Kiev, Constantin lui envoya des messagers pour lui dire : « Tandis que je vous ai comblée de présents vous m'avez promis qu'après votre retour au pays des Rhus vous m'enverriez de nombreux cadeaux d'esclaves, de cire et de fourrures et dépêcheriez des soldats pour m'aider. » Olga répliqua que si l'empereur passait autant de temps près d'elle dans la Potchayna qu'elle en avait passé sur le Bosphore, elle agréerait sa requête. Et sur ces paroles elle congédia les envoyés [2]. »

Cette Olga-Helga dut être une terrible amazone scandinave. Feu son époux était le prince Igor, fils présumé de Rurik; la Chronique russe le présente comme un tyran cupide, dément et sadique. En 941 il avait attaqué les Byzantins et « parmi les captifs les Rhus massacrèrent les uns, prirent d'autres pour cibles de tir à l'arc, et d'autres encore ils leur lièrent les mains derrière le dos puis leur enfoncèrent des clous dans la tête. Et ils livrèrent aux flammes maintes églises [3]. » Pour finir ils furent mis en

---

1. *Chronique russe*, p. 82.
2. *Ibid.*, p. 63.
3. *Ibid.*, p. 72.

déroute par la flotte byzantine qui lançait le feu grégeois par des tuyaux montés à la proue des navires. « A la vue des flammes les Russes se jetaient à la mer; il y eut des survivants pour raconter que les Grecs possédaient la foudre du ciel et qu'ils les avaient incendiés en la répandant sur eux pour qu'ils ne puissent les conquérir[1]. » L'épisode fut suivi quatre ans plus tard d'un nouveau traité d'amitié. Marins avant tout, les Rhus furent encore plus impressionnés par le feu grégeois que d'autres assaillants, et la « foudre du ciel » fut un solide argument en faveur de l'Église grecque. Et pourtant ils n'étaient pas encore prêts à se convertir.

Quand Igor fut tué en 945 par les Derevliens, des Slaves auxquels il avait imposé un tribut exorbitant, sa veuve devint régente de Kiev. Olga commença par tirer des Derevliens une quadruple vengeance : d'abord une mission venue demander la paix fut enterrée vivante; puis une délégation de notables fut enfermée dans un établissement de bains et brûlée vive; enfin après un troisième massacre, la ville principale des rebelles fut anéantie dans les flammes. Olga parut assoiffée de sang jusqu'à son baptême. Mais alors, nous dit la chronique « elle annonça la Russie chrétienne comme l'aube précède le soleil, comme l'aurore le jour. Car elle brillait comme la lune dans la nuit, elle rayonnait parmi les infidèles comme une perle dans la fange ». Canonisée en temps voulu, elle fut la première sainte russe de l'Église orthodoxe.

---

1. Toynbee n'hésite pas à appeler napalm cette fameuse arme secrète. C'était un composé chimique inconnu, peut-être un produit distillé du pétrole, qui s'enflammait spontanément au contact de l'eau, et que l'on ne pouvait pas éteindre.

12

En dépit des fanfares qui entourèrent le baptême et le voyage d'Olga l'histoire des rapports orageux des Russes et de l'Église grecque n'avait pas dit son dernier mot. Le fils d'Olga, Svyatislav, refusa de se convertir et d'écouter les sermons de sa mère, « assembla une nombreuse et vaillante armée et bondissant tel le léopard entreprit maintes campagnes », par exemple une guerre contre les Khazars, une autre contre les Byzantins. Ce ne fut qu'en 988, sous le règne du petit-fils, Vladimir, que la dynastie régnante adopta définitivement le crédo de l'Église orthodoxe, à peu près à l'époque où les Hongrois, les Polonais et les Scandinaves, y compris les lointains Islandais, se convertissaient à l'Église de Rome. Les grandes divisions religieuses du monde commençaient à prendre forme, et dans cette configuration les Khazars juifs devenaient anachroniques. Le rapprochement progressif entre Constantinople et Kiev, malgré ses aléas, diminua peu à peu l'importance d'Itil; et la présence des Khazars, qui sur les routes commerciales russo-byzantines continuaient à prélever leurs dix pour cent sur des échanges croissants, devenait irritante pour le trésor de Byzance autant que pour les guerriers-marchands.

Un net symptôme du changement d'attitude de Byzance à l'égard de ses anciens alliés fut la remise de Cherson aux Russes. Pendant des siècles les Byzantins et les Khazars s'étaient opposés et quelquefois battus pour la possession de cet important port de Crimée. Mais quand Vladimir l'occupa en 987 les Byzantins ne protestèrent même pas; comme Bury l'explique, « le sacrifice n'était pas trop coûteux en échange de la paix et de l'amitié de l'État russe qui devenait une grande puissance [1] ».

Le sacrifice de Cherson se justifiait peut-être. Mais le sacrifice de l'alliance khazare, on allait s'en apercevoir, témoignait d'une politique à courte vue.

---

1. P. 418.

CHAPITRE IV

La chute

1

EN décrivant les relations russo-byzantines aux IXe et Xe siècles, j'ai pu citer des documents fort riches : l'*Administration de l'Empire,* de Constantin et la Première Chronique russe. Mais pour la confrontation russo-khazare à la même époque, nous n'avons pas de matériaux du même ordre. Les archives d'Itil, si elles ont jamais existé, se sont envolées et pour retracer l'histoire des cent dernières années de l'empire khazar nous devons retourner à des allusions disparates et dispersées dans des chroniques et des traités arabes.

La période en question va, en gros, de 862 — occupation de Kiev par les Russes — à 965 — destruction d'Itil par Svyatislav. Après la perte de Kiev et le passage des Magyars en Hongrie, les anciennes dépendances occidentales de l'empire khazar (sauf une partie de la Crimée) échappèrent au pouvoir du kagan. Et le prince de Kiev pouvait sans se gêner s'écrier à l'intention des Slaves du Dniepr : « Ne payez rien aux Khazars[1] ! »

Les Khazars auraient peut-être accepté de perdre leur hégémonie à l'ouest, mais en même temps les Rhus ne cessaient d'empiéter à l'est vers l'embouchure de la Volga

1. P. 418.

et sur les bords de la Caspienne. Les terres d'islam autour de la moitié sud de la « mer des Khazars » (Azerbaidjan, Djilan, Chirwan, Tabaristan, Djurdjan) étaient une cible bien tentante pour les flottilles vikings, soit comme objets de pillage, soit comme comptoirs commerciaux auprès du califat musulman. Mais les abords de la mer, le delta de la Volga au-delà d'Itil, étaient gardés par les Khazars, comme les abords de la mer Noire du temps qu'ils occupaient Kiev. Cette garde, en l'occurrence, signifiait que les Rhus devaient demander l'autorisation à chaque passage d'une flottille et payer dix pour cent de droits de douane, double insulte dont souffrait leur bourse autant que leur orgueil.

Il y eut quelque temps un *modus vivendi* précaire. Les flottilles rhus payaient les droits, s'engageaient dans la mer des Khazars et faisaient commerce avec les peuples riverains. Mais, nous l'avons vu, le commerce était souvent synonyme de pillage. Entre 864 et 884[1] une expédition rhus attaqua le port d'Abascun, dans le Tabaristan, et perdit la bataille. Mais en 910 un nouveau raid réussit; les hommes du Nord ravagèrent la ville et le pays environnant, et emmenèrent des captifs musulmans. Ce fut sans doute extrêmement gênant pour les Khazars en raison de leurs relations amicales avec le califat, et aussi en raison de la présence dans leur armée d'un régiment d'élite de mercenaires musulmans. Trois ans plus tard, en 913, l'inévitable confrontation se produisit; elle s'acheva dans un bain de sang.

Cet événement considérable, dont nous avons parlé brièvement au Ch. III, est décrit en détail par Masudi, alors que la Chronique russe le passe sous silence. Selon Masudi « quelque temps après l'an 300 de l'Hégire

---

1. *Chronique russe*, p. 884.

[912-913] une flotte rhus de cinq cents navires chacun portant cent hommes » fit son apparition aux limites du territoire khazar.

> « Quand leurs vaisseaux approchèrent des Khazars postés à l'embouchure du détroit, ils envoyèrent une lettre au roi des Khazars pour le prier de les laisser passer par son pays et de descendre le fleuve et d'entrer dans la mer des Khazars... à condition qu'ils lui donneraient la moitié du butin qu'ils prendraient aux peuples de la côte. Il leur accorda la permission et ils descendirent le fleuve vers la ville d'Itil, la traversèrent, arrivèrent à l'estuaire du fleuve où il se jette dans la mer des Khazars. De l'estuaire à la ville d'Itil le fleuve est très large, ses eaux sont profondes. Les vaisseaux des Rhus se répandirent à travers la mer. Leurs razzias furent dirigées contre Djilan, Djurdjan, Tabaristan, Abashun sur la côte de Djurdjan, le pays du naphte [Bakou] et la région de l'Azerbaidjan... Les Rhus versèrent le sang, massacrèrent femmes et enfants, volèrent, pillèrent et incendièrent dans tous les sens. »

Ils mirent même à sac la ville d'Ardabil — à trois jours de marche de la côte. Quand les populations, remises de leur surprise, purent enfin prendre les armes, ils recoururent à leur stratégie classique en se retranchant dans les îles proches de Bakou. Les autochtones, en barques et en barges, tentèrent de les déloger.

> « Mais les Rhus fondirent sur eux et des milliers de musulmans furent tués ou noyés. Les Rhus restèrent des mois sur la mer... Quand ils eurent ramassé assez de butin, fatigués de leurs besognes, ils mirent le cap sur l'embouchure, informant le roi des Khazars et lui apportant un riche butin, selon les conditions qu'il leur avait fixées... Les Arsiyah [mercenaires musulmans de l'armée khazare] et d'autres musulmans qui vivaient en Khazarie apprirent la situation et dirent au roi des Khazars : « Laisse-nous nous occuper de ces gens. Ils ont pillé les terres des musulmans nos frères, ils ont versé le sang, asservi les femmes et les enfants. » Et lui ne put les contredire. Alors il envoya un mes-

sage aux Rhus, les informant de la détermination des musulmans à les combattre.

Les musulmans [de Khazarie] s'assemblèrent et avancèrent à la recherche des Rhus, suivant le cours du fleuve [sur la rive, d'Itil à l'estuaire]. Quand les deux armées furent en présence, les Rhus débarquèrent et avancèrent en ordre de bataille contre les musulmans, avec lesquels il y avait de nombreux chrétiens habitant Itil, de sorte qu'ils étaient environ quinze mille, avec des chevaux et des bagages. Le combat dura trois jours. Dieu vint en aide aux musulmans. Les Rhus furent passés au fil de l'épée, ou bien se noyèrent... De ceux qui furent immolés sur les rives de la mer des Khazars on compta environ trente mille... »

Il en réchappa cinq mille, pour aller se faire tuer plus loin par les Bourtes et les Bulgares.

Tel est le récit que fait Masudi de la désastreuse incursion des Rhus dans la Caspienne en 912-913. Il est évidemment partial. Le souverain khazar y est dépeint comme un triste sire qui sert d'abord de complice passif aux pillards, puis autorise une attaque contre eux tout en les informant de l'embuscade tendue par « les musulmans » sous ses ordres. Masudi nous dit même que les Bulgares sont musulmans, alors qu'Ibn Fadlan qui les verra dix ans plus tard n'y reconnaîtra pas le moindre converti. Mais en dépit du préjugé religieux, ce compte rendu permet d'entrevoir les dilemmes que devait affronter le commandement khazar. Peut-être ne s'alarmait-il guère de l'infortune des riverains de la Caspienne; cet âge était sans pitié. Mais ne pouvait-on craindre que les Rhus, après s'être emparé de Kiev sur le Dniepr, n'établissent une tête de pont sur la Volga? De plus un nouveau raid de ces pillards dans la Caspienne risquait de provoquer de la part du califat une vengeance qui s'abattrait non sur les Rhus, hors d'atteinte, mais sur les innocents (enfin, presque innocents) Khazars.

Avec le califat les relations étaient pacifiques, mais

assez précaires, comme le montre un incident rapporté par Ibn Fadlan. On se rappelle que sa mission chez les Bulgares eut lieu en 921-922.

> « Les musulmans de cette cité [Itil] ont une grande mosquée pour la prière du vendredi. Elle a un minaret élevé et plusieurs muezzins. Quand le roi des Khazars apprit en l'an 310 de l'Hégire [922] que les musulmans avaient détruit la synagogue de Dar al Babunaj [ville musulmane non identifiée] il donna l'ordre de démolir le minaret et de tuer les muezzins. Et il dit : « Si je n'avais craint que toutes les synagogues en terre d'Islam fussent détruites, j'aurais détruit la mosquée aussi[1]. »

L'épisode témoigne d'un sens assez fin de la stratégie d'intimidation mutuelle et des dangers de l'escalade. Il rappelle aussi que les dirigeants khazars se sentaient liés affectivement au sort des juifs dans d'autres pays.

2

Le récit de Masudi, pour l'incursion rhus de 912-913, se termine sur cette phrase : « Depuis cette année-là il n'y a eu aucune répétition, de la part des Rhus, de ce que nous avons décrit... » Coïncidence, Masudi écrivait cela en 943, l'année même où les Rhus refirent une incursion dans la Caspienne avec une flotte encore plus importante; mais il n'avait pas pu l'apprendre. Pendant treize ans ils s'étaient tenus à l'écart; ils se crurent assez forts pour recommencer : leur tentative, c'est peut-être significatif, coïncida à un ou deux ans près avec l'expédition menée

---

1. ZEKI VALIDI.

contre les Byzantins par le ferrailleur Igor, qui périt sous le feu grégeois.

Au cours de cette nouvelle invasion les Rhus se procurèrent une place forte sur la Caspienne, dans la ville de Bardha, et purent s'y maintenir toute une année. Pour finir, la peste les décima et les Azerbaïdjanais eurent la chance de mettre en fuite les survivants. Cette fois les sources arabes ne mentionnent pas de participation khazare dans le pillage ni dans le combat. Mais Joseph en parle, dans sa lettre à Hasdai, quelques années plus tard : « Je garde l'embouchure du fleuve et ne permets point aux Rhus de venir dans leurs barques envahir la terre des Arabes... Je mène de grandes batailles contre eux [1]. »

Que, dans ce cas précis, l'armée khazare ait ou n'ait pas pris part au combat, le fait est que quelques années plus tard elle décida d'interdire aux Russes l'accès de la Caspienne, et qu'à partir de 943 on n'entend plus parler d'incursion sur ces rivages.

Cette décision capitale, très probablement motivée par les pressions de la communauté musulmane à l'intérieur, entraîna les Khazars dans de « grandes batailles » sur lesquelles nous n'avons aucune information en dehors de la lettre de Joseph. Ce furent peut-être de fréquentes escarmouches, sauf la grande campagne de 965, citée dans la vieille Chronique russe, qui provoqua l'effondrement de l'empire khazar.

---

1. Dans ce qu'on nomme la « version longue » de la même lettre (v. annexe III) une phrase a été peut-être ajoutée par un copiste : « Si je les laissais passer même une heure, ils détruiraient tout le pays des Arabes jusqu'à Bagdad... » Les Russes étant restés sur la Caspienne un an, et non pas une heure, la fanfaronnade sonne creux, sauf si l'on admet qu'elle se réfère au passé plutôt qu'à l'avenir.

3

Le chef de cette campagne fut le prince de Kiev, Svyatoslav, fils d'Igor et d'Olga, « bondissant tel le léopard » et dont on nous a déjà dit qu'il « entreprit maintes campagnes » : en fait il passa presque tout son règne à faire la guerre. En dépit des objurgations de sa mère, il refusa le baptême « parce que cela eût fait de lui la risée de son peuple ». La Chronique russe nous apprend aussi que « dans ses expéditions il n'emportait ni chars, ni ustensiles de cuisine, et ne faisait pas bouillir la viande, il coupait des lanières de viande de cheval, de cerf ou de bœuf, et les mangeait après les avoir rôties sur les braises. Il n'avait pas non plus de tente, il s'étendait sur une couverture et reposait sa tête sur une selle; et toute sa suite faisait de même[1]. » Pour attaquer l'ennemi il dédaignait la ruse; au contraire il envoyait des messagers annoncer : « Je viens vous attaquer. »

A la campagne contre les Khazars le chroniqueur ne consacre que quelques lignes, dans le style laconique qu'il adopte généralement pour raconter les batailles :

> « Svyatoslav se rendit vers l'Oka et la Volga et en rencontrant les Vyatitches [tribu slave au sud de la ville actuelle de Moscou] il leur demanda à qui ils payaient tribut. Ils répondirent qu'ils payaient aux Khazars une pièce d'argent par soc de charrue. Quand les Khazars surent qu'il approchait ils vinrent à sa rencontre avec leur prince le kagan et les deux armées en vinrent aux coups. Quand la bataille eut lieu ainsi Svyatoslav vainquit les Khazars et prit leur ville de Biela Vieja... »

1. *Chronique russe,* p. 64.

C'est tout. Or *Biela Vieja,* « Le Château Blanc », était le nom slave de Sarkel, la fameuse forteresse sur le Don. Mais on remarque que la Chronique russe ne parle nulle part de la destruction d'Itil, la capitale, et nous y reviendrons. Elle se borne à signaler que Svyatoslav « vainquit aussi les Yasiens et les Karougiens » [Ossètes et Circassiens], défit les Bulgares du Danube, fut vaincu par les Byzantins et, pour finir, en retournant à Kiev, tué par une horde de Petchénègues. « Ils lui coupèrent la tête, firent de son crâne une coupe, la recouvrirent d'or et s'en servirent pour boire [1]. »

Plusieurs historiens assimilent la victoire de Svyatoslav à la fin de la Khazarie, ce qui est évidemment une erreur, comme on le verra. La destruction de Sarkel en 965 annonce la fin de l'empire khazar, et non de la nation khazare, de même que 1918 devait marquer la fin de l'empire austro-hongrois, et non de l'Autriche en tant qu'État. La domination des Khazars sur les lointaines tribus slaves, jusque dans la région de Moscou, était bien terminée; mais le domaine propre des Khazars entre le Caucase, le Don et la Volga, demeurait intact. Les abords de la Caspienne restèrent interdits aux Russes, on n'entend plus parler d'aucune tentative de leur part pour en forcer le passage. Toynbee le fait bien remarquer : « Les Rhus réussirent à détruire l'empire des steppes des Khazars, mais le seul territoire khazar dont ils s'emparèrent fut celui de Tmutorakan dans la presqu'île de Taman [face à la Crimée], et ce fut un gain éphémère... Ce n'est qu'au milieu du XVIe siècle que les Moscovites assurèrent à la Russie, de façon permanente, la Volga entière jusqu'à son embouchure dans la Caspienne [2]. »

---

1. *Chronique russe,* p. 74.
2. TOYNBEE, *op. cit.,* p. 451.

4

Après la mort de Svyatoslav ses fils se lancèrent dans une guerre intestine d'où le plus jeune, Vladimir, sortit victorieux. Il vécut d'abord en païen comme son père, puis, comme sa grand-mère, finit en pécheur repenti, reçut le baptême et mérita d'être canonisé. Mais dans sa jeunesse saint Vladimir aurait pu, apparemment, suivre la devise de saint Augustin : « Seigneur, fais que je sois chaste, mais plus tard. » La Chronique russe se montre assez sévère à ce propos :

> « Or Vladimir était en proie à la luxure... Il avait trois cents concubines à Vyjgorod, trois cents à Belgorod, et deux cents à Berestovo... Il était insatiable dans le vice. Il séduisait des femmes mariées, il violait des jeunes filles, car il était libertin comme Salomon. Car il est dit que Salomon avait sept cents épouses et trois cents concubines. Il était sage et pourtant à la fin il connut sa ruine. Mais Vladimir, bien qu'il fût d'abord dans l'erreur, à la fin trouva le salut. Grand est le Seigneur, et grand Son pouvoir et Sa sagesse n'a pas de fin [1]... »

Le baptême d'Olga vers 957 n'eut guère d'influence, même sur le fils de cette première chrétienne. Le baptême de Vladimir en 989 fut un événement capital qui eut des répercussions sur toute l'Histoire du monde. Il fut précédé par une série de manœuvres diplomatiques et de disputes théologiques avec des représentants des quatre grandes religions, ce qui procure un reflet des débats qui précédèrent la conversion des Khazars au judaïsme. En fait, le

---

1. *Chronique russe*, p. 80.

récit de ces discussions théologiques dans la vieille Chronique russe rappelle constamment les comptes rendus hébreux et arabes du brain-trust du roi Bulan : il n'y a que la conclusion qui diffère.

Cette fois les concurrents étaient quatre au lieu de trois, puisque entre les Églises grecque et latine le schisme était déjà un fait accompli au xe siècle (même s'il ne devait être officiel qu'au xie).

Au sujet de la conversion la Chronique russe mentionne d'abord une victoire que Vladimir remporta sur les Bulgares de la Volga et qui fut suivie d'un traité de paix. « Les Bulgares déclarèrent : Que la paix règne entre nous jusqu'à ce que les pierres flottent et que la paille coule. » Vladimir retourna à Kiev et les Bulgares envoyèrent des missionnaires musulmans pour le convertir. Ils lui représentèrent les joies du Paradis où à tout homme seront données soixante-dix belles épouses. Vladimir « approuva » ces perspectives, mais quand on lui parla de s'abstenir de porc et de vin, il brisa là : « Boire, c'est la joie des Russes, dit-il. On ne peut pas vivre sans ce plaisir [1]. »

Vint ensuite une délégation allemande de catholiques romains. Ils n'eurent pas plus de succès lorsqu'ils exposèrent, exigence de la religion, qu'il fallait « jeûner selon ses forces ». Alors Vladimir répliqua : « Allez-vous en ! Nos pères n'ont jamais admis pareil principe [2]. »

La troisième mission était composée de Khazars juifs qui furent les moins heureux dans ce concours. Vladimir leur demanda pourquoi ils ne régnaient plus sur Jérusalem. « Ils donnèrent pour réponse : Dieu s'irrita contre nos ancêtres, et les dispersa parmi les Gentils à cause de nos péchés. Alors le prince s'écria : Comment espérez-

---

1. *Chronique russe*, p. 85.
2. *Ibid.*

vous enseigner autrui quand vous avez été chassés et dispersés par la main de Dieu? Voudriez-vous que nous acceptions ce destin nous aussi? »

Le quatrième et dernier missionnaire est un théologien envoyé par les Grecs de Byzance. Il commence par vitupérer les musulmans, qui sont « maudits plus que tous, comme Sodome et Gomorrhe, sur qui le Seigneur a fait pleuvoir des pierres brûlantes et qui furent enterrées et submergées... Car ils mouillent leurs excréments, s'en mettent l'eau dans la bouche et s'en oignent la barbe en souvenir de Mahomet »... A ces mots, Vladimir cracha à terre, disant : « Cela est immonde[1]. »

Le savant Byzantin accuse ensuite les juifs d'avoir crucifié Dieu, et les catholiques romains — en termes plus bienveillants — d'avoir « modifié les rites ». Après ces préliminaires il se lance dans un long exposé de l'Ancien et du Nouveau Testament, en commençant à la création du monde. Pour finir cependant Vladimir ne semble qu'à moitié convaincu car lorsqu'on le presse de se faire baptiser, il répond : « J'attendrai encore un peu. » Et d'envoyer à son tour des voyageurs, « dix hommes bons et sages » dans divers pays afin d'y observer les pratiques religieuses. Le moment venu, cette commission d'enquête lui rapporte que le culte byzantin est « plus beau que les cérémonies des autres nations, et nous ne savions pas si nous étions au ciel ou sur terre ».

Mais Vladimir hésite encore, et la chronique continue sans transition :

« Quand une année fut passée, en 988 Vladimir avança avec une armée contre Cherson, ville grecque[2]... » On se rappelle que la maîtrise de ce port de Crimée avait fait l'objet de longues contestations entre Byzantins et Khazars.

1. *Ibid.*, p. 80.
2. *Ibid.*, p. 109.

Les vaillants Chersonais refusant de se rendre, les troupes de Vladimir élevèrent des talus tout contre les remparts; mais les assiégés « creusèrent des tunnels par-dessous, prirent la terre entassée et la rapportèrent en ville ». Et puis un traître envoya chez les Russes une flèche qui portait un message : « Derrière vous à l'est il y a des sources dont l'eau coule dans des tuyaux. Creusez et coupez-les. » En recevant ce renseignement Vladimir leva les yeux au ciel et fit vœu qu'il se ferait baptiser si cet espoir se réaliserait [1].

Il réussit à couper l'eau de la ville, qui fut obligée de se rendre. Sur quoi, oubliant son vœu apparemment, il envoya dire aux empereurs Basile et Constantin qui régnaient ensemble : « Voici que j'ai pris votre glorieuse cité. J'ai appris aussi que vous avez une sœur non mariée. A moins que vous ne me la donniez pour femme, je traiterai votre ville comme j'ai traité Cherson. »

Les empereurs répondirent : « Si tu es baptisé tu l'auras pour femme, tu hériteras le royaume de Dieu, et seras notre compagnon dans la foi. » Et il en fut ainsi. Vladimir enfin demanda le baptême, et épousa la princesse Anne. Quelques années plus tard le christianisme grec orthodoxe devint la religion officielle du peuple russe, et non pas seulement des dirigeants, et à partir de 1037 l'Église russe fut gouvernée par le patriarche de Constantinople.

5

Triomphe mémorable de la diplomatie byzantine : « Un de ces tournants abrupts, écrit Vernadsky, qui rendent si

---

1. *Loc. cit.*

fascinante l'étude de l'Histoire... Et il est intéressant de spéculer sur le cours de l'Histoire si les princes russes... avaient adopté l'une ou l'autre de ces religions [judaïsme et islam] au lieu du christianisme... L'une ou l'autre aurait nécessairement déterminé le futur développement culturel et politique de la Russie. La conversion à l'islam aurait attiré la Russie dans le cercle de la culture arabe, c'est-à-dire d'une culture asiatico-égyptienne. L'acceptation du christianisme romain apporté par les Germaniques aurait fait de la Russie un pays de culture latine ou européenne. L'acceptation soit du judaïsme, soit du christianisme orthodoxe assurait à la Russie l'indépendance culturelle par rapport à l'Europe et à l'Asie en même temps [1]. »

Mais les Russes avaient besoin d'alliés plus que d'indépendance, et l'empire romain d'Orient, pour corrompu qu'il fût, était encore, en termes de puissance, de culture et de commerce, un allié plus désirable que l'empire des Khazars en train de s'écrouler. Il ne faut d'ailleurs pas sous-estimer le rôle joué par la politique byzantine dans une prise de décision pour laquelle elle avait travaillé durant plus d'un siècle. Le récit naïf des temporisations de Vladimir, dans la vieille Chronique russe, ne laisse guère imaginer les manœuvres diplomatiques et les marchandages qui durent avoir lieu avant que le prince acceptât le baptême et, de fait, en même temps pour lui et pour son peuple, la tutelle de Byzance. Il est évident que Cherson était inclus dans le prix, de même que le mariage avec la princesse Anne. Mais l'élément le plus important du marché fut la fin de l'alliance byzantino-khazare, remplacée par une alliance byzantino-russe dirigée contre les Khazars. Quelques années plus tard en 1016 une armée

---

1. VERNADSKY, p. 29, 33.

russo-byzantine envahit la Khazarie, vainquit son roi, « soumit le pays[1] ».

Les relations s'étaient déjà refroidies, nous l'avons vu, sous Constantin Porphyrogénète, cinquante ans avant la conversion de Vladimir. On se rappelle que Constantin se demandait « comment la guerre doit être faite contre les Khazars et par qui ». Après le passage cité plus haut (chap. II, 6) on peut lire :

> « Si le roi des Alains ne reste pas en paix avec les Khazars et considère l'amitié de l'empereur des Romains comme de plus grande valeur pour lui, alors, si les Khazars ne décident pas de demeurer en paix et en amitié avec l'empereur, l'Alain peut leur faire grand dommage. Il peut leur dresser des embûches et les attaquer quand ils marchent sans méfiance vers Sarkel, vers les Neuf Régions et vers Cherson... La Bulgarie noire [les Bulgares de la Volga] est aussi en mesure de faire la guerre aux Khazars[2]... »

Après avoir cité ces lignes Toynbee fait un commentaire assez touchant :

> « Si ce passage du manuel de Constantin Porphyrogénète — manuel des affaires étrangères du gouvernement impérial — était tombé aux mains du khaqan et de ses ministres, ils auraient été indignés. Ils auraient fait remarquer que la Khazarie était alors un des États les plus pacifiques du monde, et que si elle avait été plus belliqueuse à ses débuts elle n'avait jamais tourné ses armes contre l'empire romain d'Orient. Les deux puissances n'avaient jamais été en guerre alors que d'autre part la Khazarie avait bien souvent combattu les ennemis de l'empire romain d'Orient, et cela pour le plus grand profit de l'empire. En fait l'empire devait peut-être aux Khazars d'avoir survécu aux assauts successifs de l'empereur sassanide d'Iran Khusraw II Parviz et des Arabes musulmans... Après quoi la pression arabe sur l'empire s'était

1. Voir ci-dessous, IV.
2. *De l'Administration,* chap. X-XII.

relâchée grâce à la vigueur de la résistance offensive et défensive des Khazars à l'avance des Arabes vers le Caucase. L'amitié entre la Khazarie et l'empire avait été symbolisée et scellée par des alliances matrimoniales entre les familles impériales respectives. Qu'avait donc à l'esprit Constantin quand il imaginait des moyens de tourmenter la Khazarie en poussant ses voisins à l'attaquer[1] ? »

A cette question oratoire de Toynbee la réponse est évidemment que les Byzantins croyaient à la *Realpolitik,* et que, nous l'avons déjà remarqué, leur époque n'était pas sentimentale. Pas plus que la nôtre.

6

Politique à courte vue, néanmoins. Pour citer Bury une fois de plus :

« Le premier principe de la politique impériale dans cette partie du monde était de maintenir la paix avec les Khazars. C'était la conséquence immédiate de la situation géographique de l'empire khazar qui s'étendait entre le Dniepr et le Caucase... Du VIIe siècle, lorsque Héraclius demandait l'aide des Khazars contre la Perse, au Xe, jusqu'au déclin de la puissance d'Itil, ce fut la politique constante des empereurs... Il était avantageux pour l'empire que le kagan exerçât une domination effective sur ses voisins barbares[2]. »

Cette domination effective passait maintenant au kagan rhus, au prince de Kiev. Mais elle n'eut pas les mêmes résultats. Les Khazars, tribu « turk » des steppes, avaient

---

1. TOYNBEE, p. 508.
2. BURY, *op. cit.* p. 414.

su tenir tête à vague après vague d'envahisseurs « turks » et arabes; ils avaient arrêté et soumis les Bulgares, les Bourtes, les Petchénègues, les Ghuzz, etc. Les Russes et leurs sujets slaves n'étaient pas à la hauteur des guerriers nomades des steppes, de leur stratégie mobile et de leurs tactiques de guérilla[1]. A la suite des pressions constantes de ces nomades les centres du pouvoir russe se retirèrent graduellement des steppes méridionales aux forêts du nord, vers les principautés de Galicie, de Novgorod, de Moscou. Les Byzantins avaient calculé que Kiev reprendrait le rôle d'Itil, gardienne de l'Europe de l'Est et centre commercial; au lieu de quoi elle commença très vite à décliner. Ce fut la fin du premier chapitre de l'Histoire russe, qui entrait dans le chaos avec une douzaine de principautés rivales perpétuellement en guerres.

De là un vide politique dans lequel se précipita une nouvelle vague de conquérants — ou plutôt un nouvel avatar de nos vieux amis les Ghuzz qu'Ibn Fadlan avait trouvé encore plus abominables que les autres Barbares qu'il était obligé de rencontrer. Ces païens, ces « ennemis sans Dieu » comme les traite la Chronique russe[2] s'appelaient Polovtsy chez les Russes, Kumans chez les Byzantins, Kun chez les Hongrois, Kiptchaks chez leurs frères de langue turque. Ils dominèrent les steppes jusqu'à la Hongrie, de la fin du XIe siècle jusqu'au XIIIe : jusqu'à l'invasion mongole qui les balaya à leur tour[3]. Ils menèrent plusieurs guerres contre Byzance; mais c'est une autre branche de leur tribu, les Seldjuk ou Seldjoucides (ainsi nommée

---

1. La plus célèbre chanson de geste russe de cette époque, *Le Dit de la Bataille d'Igor*, décrit une désastreuse campagne des Russes contre les Ghuzz.
2. P. 163.
3. Une importante branche des Kumans, fuyant les Mongols, fut accueillie en Hongrie en 1241, et se mêla à la population. Kun est un prénom courant en Hongrie.

d'après sa dynastie) qui détruisit une grande armée byzantine à la bataille historique de Manzikert en 1071 et fit prisonnier l'empereur Romain IV Diogène. A partir de là les Byzantins furent incapables d'empêcher les Turcs de s'implanter dans la plupart des provinces de l'Asie mineure — la Turquie actuelle — qui jusqu'alors était le cœur même de l'empire romain d'Orient.

On ne peut faire que des conjectures sur ce qu'aurait été le cours de l'Histoire si Byzance n'avait pas abandonné sa politique traditionnelle établie depuis trois siècles et si elle avait continué de se fier au rempart khazar contre les envahisseurs arabes, turks et vikings. En tout cas, au vu des résultats, la *Realpolitik* impériale ne fut pas très réaliste.

7

Pendant ces deux siècles de domination kumane, suivie de l'invasion mongole, les steppes orientales replongèrent dans l'âge des ténèbres et la fin de l'Histoire des Khazars est encore plus obscure que ses commencements.

On trouve des références à la nation khazare durant son déclin, surtout dans des écrits musulmans; mais comme on le verra elles sont si ambiguës que chaque nom, chaque date, chaque indication géographique peuvent souffrir plusieurs interprétations. Les historiens en quête de faits ne trouvent à ronger que des os blanchis qu'ils mordent et remordent comme des chiens faméliques dans le vain espoir d'y découvrir quelque substantifique moelle.

D'après ce qui a été dit plus haut, il apparaît que l'événement décisif qui précipita la chute de la puissance khazare ne fut pas la victoire de Svyatoslav, mais la conversion de Vladimir. En fait, quelle fut l'importance de cette victoire que les historiens du XIXe siècle[1] assimilèrent habituellement à la fin de l'État khazar? On se rappelle que la Chronique russe ne parle que de la destruction de Sarkel, la forteresse; elle ne dit rien d'Itil, la capitale. Or Itil fut mise à sac, dévastée, on le sait d'après plusieurs sources arabes trop insistantes pour être négligées; mais quand, et par qui, c'est ce qui est loin d'être clair. Ibn Hawkal, témoin principal, désigne les Rhus qui « détruisirent complètement Khazaran, Samandar et Itil » — en prenant apparemment Khazaran et Itil pour deux villes différentes, alors qu'il s'agissait des deux quartiers d'une même ville; en outre la date qu'il assigne à l'événement n'est pas celle que la Chronique russe donne à la chute de Sarkel, qu'Ibn Hawkal ne mentionne pas, pas plus que la chronique ne mentionne la destruction d'Itil. En conséquence Marquart suggère qu'Itil fut dévastée par d'autres Vikings, et non par les Rhus de Svyatoslav qui seraient allés seulement à Sarkel. Pour compliquer l'affaire, le second témoin arabe, Ibn Miskawayh, déclare que ce furent des « Turks » qui envahirent la Khazarie en cette année critique de 965. Par « Turks » il entendait peut-être « Rhus », soutient Barthold. Mais ce fut peut-être aussi une horde de Petchénègues en maraude, par exemple. Il semble que nous ne saurons jamais qui dévasta Itil, nous aurons beau mâcher l'os.

D'ailleurs quelle fut l'étendue de la destruction? Ibn Hawkal nous dit d'abord qu'elle a été complète, mais il note ensuite, alors qu'il écrit quelques années plus tard, que « Khazaran est encore le centre vers lequel converge le commerce rhus ». La « destruction complète » aurait

---

1. Selon une tradition instaurée par Fraehn en 1822 dans *les Mémoires de l'Académie russe*.

été alors une exagération. Cela paraît d'autant plus vraisemblable que cet auteur parle aussi de la destruction totale de Bulghar, capitale des Bulgares de la Volga. Or les dégâts causés par les Rhus ne durent pas être si graves, puisque l'on possède des pièces de monnaie frappées à Bulghar en 976-977, soit une dizaine d'années après le raid de Svyatoslav; et au XIIIe siècle Bulghar était encore une ville importante. C'est le raisonnement de Dunlop :

> « L'origine de toutes les affirmations selon lesquelles les Russes détruisirent la Khazarie au Xe siècle est sans nul doute Ibn Hawkal... Cependant Ibn Hawkal parle aussi nettement de la destruction de Bulghar sur la moyenne Volga. Il est absolument certain qu'à l'époque des attaques mongoles au XIIIe siècle Bulghar était une collectivité florissante. La ruine de la Khazarie fut-elle également temporaire [1]? »

La réponse est évidente. Itil-Khazaran et les autres villes khazares étaient faites essentiellement de tentes, de cabanes en bois, de « cases rondes » en argile, vites démolies, vite rebâties; seuls les édifices royaux et publics étaient en briques.

Néanmoins les dégâts durent être assez graves, car plusieurs chroniqueurs arabes parlent d'un exode provisoire de la population vers les bords ou les îles de la Caspienne. Ainsi Ibn Hawkal écrit que les Khazars d'Itil, fuyant les Rhus, se réfugièrent dans une île au large de la « côte du naphte » [Bakou] et plus tard retournèrent dans leur ville avec l'aide du Chah de Chirwan. La chose est vraisemblable, les gens de Chirwan n'aimant guère les Rhus qui avaient pillé leurs rivages quelques années auparavant. D'autres chroniqueurs, Ibn Miskawayh et Muqadassi, plus récents qu'Ibn Hawkal, parlent aussi de

---

1. *Op. cit.*, p. 250.

l'exode des Khazars et de leur retour assisté par les musulmans. D'après Ibn Miskawayh, pour prix de ce service « ils adoptèrent tous l'Islam, à l'exception de leur roi ». Muqadassi donne une autre version, qui ne se rapporte pas à l'invasion russe; il dit seulement que les habitants de la ville khazare descendirent vers la mer et s'en retournèrent convertis à l'Islam. Dans quelle mesure on peut se fier à cet auteur, sa manière de décrire Bulghar comme plus proche de la Caspienne qu'Itil l'indique assez bien; cela équivaut à situer Glasgow au sud de Brighton [1].

Malgré leur confusion et leur partialité qui semble assez évidente, ces récits contiennent probablement quelque vérité. Le choc psychologique de l'invasion, la fuite vers la mer, la nécessité de se concilier les musulmans purent provoquer des arrangements qui renforcèrent dans les affaires de l'État le rôle de la communauté musulmane de Khazarie; on se rappelle un marché semblable de Marwan deux siècles auparavant, (chap. I, 5) qui engageait le kagan lui-même, mais ne laissa pas de trace dans l'Histoire khazare.

D'après un autre Arabe, al-Biruni, mort en 1048, Itil était de son temps « en ruine » — ou plutôt de nouveau en ruine [2]. Elle fut rebâtie encore, mais porta désormais le nom de Saksin [3]. Elle apparaît à plusieurs reprises dans les chroniques jusqu'au cours du XIIe siècle comme « une grande ville sur la Volga, que nulle ne surpasse en Turkestan [4] » et pour finir, selon un manuscrit, fut victime

---

1. Et pourtant un auteur moderne, Barthold, le nomme « un des plus grands géographes de tous les temps », cité par DUNLOP, p. 245.

2. ZEKI VALIDI, p. 206.

3. « Il est probable que Saqsin était identique à Khazaran-Itil, ou du moins qu'elle n'en était pas loin, et que son nom soit une résurrection de l'ancienne Sarisshin » DUNLOP, p. 248, citant Minorski.

4. Ahmad TUSI, XIIe siècle cité par ZEKI VALIDI, p. 205.

d'une inondation. Encore un siècle, et sur son emplacement le conquérant mongol Batu viendra bâtir sa capitale[1].

Pour résumer ce que la *Chronique Russe* et les auteurs arabes nous apprennent sur la catastrophe de 965, on peut dire qu'Itil fut dévastée dans une proportion inconnue par les Rhus ou par d'autres envahisseurs, mais qu'elle fut reconstruite, et que l'État khazar sortit considérablement affaibli de cette épreuve. Mais il n'y a aucun doute que sur un territoire rétréci il survécut au moins deux cents ans, c'est-à-dire jusqu'au milieu du XIIe siècle, comme le pensent la plupart des historiens et peut-être même — mais cela est plus douteux — jusqu'au milieu du XIIIe.

8

En dehors des écrits arabes la première mention de la Khazarie après la fatale année 965 se trouve dans un récit de voyage d'Ibrahim Ibn Yakub, ambassadeur judéo-espagnol auprès d'Otton le Grand, qui dans un texte datant probablement de 973 décrit les Khazars comme un peuple fort prospère[2]. Vient ensuite dans l'ordre chronologique le passage de la Chronique russe concernant la mission juive de Khazarie à Kiev en 986, et ses vains efforts pour convertir Vladimir.

Au XIe siècle nous avons d'abord un texte sur la campagne byzantino-russe de 1016 dirigée contre la Khazarie, battue une fois de plus. L'événement est relaté dans un document relativement digne de foi, dû à un chroniqueur

1. DUNLOP, p. 249.
2. BARON, IV, p. 174.

byzantin du XIIe siècle, Georges Cedrenus [1]. Il fallut apparemment des forces considérables : ce chroniqueur parle d'une flotte byzantine appuyée par une armée russe. Les Khazars avaient évidemment des qualités de diable à ressort qu'ils tenaient de leurs origines turques, ou de leur foi mosaïque, ou des deux. Cedrenus rapporte aussi que le chef khazar vaincu s'appelait Georges Tzul : un nom chrétien. Mais l'on savait déjà qu'il y avait des chrétiens aussi bien que des musulmans dans l'armée du kagan.

Il est fait mention ensuite des Khazars dans un passage laconique de la Chronique russe pour l'an 1023 : « [Le prince] Mtislav avança contre son frère Yaroslav avec une armée de Khazars et de Kasogiens [2]. » Ce Mtislav régnait sur la principauté éphémère de Tmutorakan, basée sur la ville khazare de Tamatarkha (aujourd'hui Taman) sur la rive orientale du détroit de Kertch. C'était le seul territoire khazar, on l'a vu, que les Russes aient occupé après leur victoire de 965. Les Khazars de l'armée de Mtislav étaient donc probablement recrutés dans la population locale.

Sept ans plus tard, une armée khazare aurait battu des envahisseurs kurdes : ils en auraient tué dix mille et se seraient emparé de leurs bagages. Une telle information prouverait que les Khazars demeuraient fort alertes si on pouvait la prendre pour argent comptant; mais elle provient d'un unique auteur arabe, Ibn al-Athir, qui n'est pas considéré comme très sûr.

En arpentant la chronologie pour glaner anxieusement quelques témoignages, nous rencontrons la curieuse histoire d'un obscur et saint personnage du nom d'Eustrate. Vers 1100 Eustrate aurait été captif à Cherson, en Crimée,

---

1. Cité par DUNLOP, p. 251.
2. Kasogiens ou Kashaks : tribu caucasienne sous domination khazare. Il n'est pas sûr qu'ils fussent les ancêtres des cosaques.

GRANDEUR ET DÉCADENCE DES KHAZARS 161

et mal traité par son maître qui était juif et le forçait à consommer les aliments rituels de la Pâque[1]. Il n'est pas nécessaire d'accorder trop de foi à l'authenticité de ce conte (qui montre aussi saint Eustrate vivant quinze jours sur la croix); ce qui est intéressant c'est qu'on y présente comme toute normale une forte influence juive dans une ville comme Cherson, théoriquement sous domination chrétienne, que Byzance avait disputée aux Khazars et qui lui était revenue, vers 990, après avoir été conquise par Vladimir.

Les Khazars restaient tout aussi puissants à Tmutorakan. Pour l'an 1079 la Chronique russe a cette obscure rubrique : « Les Khazars [de Tmutorakan] firent prisonnier Oleg et l'envoyèrent par mer à Tsargrad [Constantinople]. » C'est tout. Il dut s'agir d'un complot des Byzantins qui jouaient les princes russes les uns contre les autres. Mais là encore, on s'aperçoit que les Khazars devaient être assez forts dans cette ville russe pour pouvoir enlever et expédier un prince russe. Quatre ans plus tard Oleg s'était arrangé avec les Byzantins et fut autorisé à retourner à Tmutorakan où « il massacra les Khazars qui avaient médité la mort de son frère et qui avaient comploté contre lui ». En fait ce frère, Roman, avait été tué par les Kiptchaks (ou Kumans) l'année de la capture d'Oleg. Les Khazars avaient-ils machiné cet assassinat? Furent-ils victimes du machiavélisme des Byzantins qui se servaient des Khazars contre les Russes et réciproquement? Quoi qu'il en soit, vers la fin du XIe siècle leur présence est indéniable.

Pour l'an 1106 la Chronique russe note brièvement encore que les Polovtsy (ou Kumans) ravagèrent la région de Zartesk (à l'ouest de Kiev) et que le prince russe lança

---

1. Kievo Pechershii Paterik, cité par BARON, vol. IV, p. 192.

à leur poursuite des troupes commandées par trois généraux : Yan, Putyata et « Ivan le Khazar ». C'est la dernière fois que l'on cite les Khazars dans la vieille chronique, qui s'arrête d'ailleurs dix ans plus tard, en 1116.

Mais dans la seconde moitié du XIIe siècle, deux grands poètes persans, Khâqâni (1106-1199) et Nizâmi (1141-1203) citent dans leurs épopées une invasion russo-khazare qui eut lieu dans le Chirwan, de leur vivant. Bien qu'ils écrivissent en vers, ils sont à prendre au sérieux : l'un et l'autre furent longtemps fonctionnaires dans le Caucase, et connaissaient parfaitement les tribus de la région. Khâqâni parle des « Khazars de Derbend », c'est-à-dire de cette passe, de ce « portillon » entre le Caucase et la mer Noire, qui servait aux Khazars pour aller piller la Géorgie, au bon vieux temps du VIIe siècle, avant qu'ils n'adoptassent un mode de vie plus calme. Retournèrent-ils à la fin aux habitudes nomades et guerrières de leur jeunesse ?

Après (ou peut-être avant) ces témoignages persans on reste sur sa faim devant les brèves remarques bougonnes du fameux voyageur juif Petachia de Ratisbonne, que nous avons cité plus haut (chap. II, 7). On se rappelle qu'il fut si écœuré du manque de savoir talmudique chez les Khazars de Crimée qu'en traversant la Khazarie proprement dite il n'y entendit que « les gémissements des femmes et les aboiements des chiens ». N'était-ce qu'une hyperbole pour exprimer sa réprobation, ou traversa-t-il une région dévastée par une récente razzia kumane ? Son voyage se situe entre 1170 et 1185; le XIIe siècle tirait à sa fin, les Kumans étaient les maîtres omniprésents de la steppe.

Au XIIIe siècle, les ténèbres s'épaississent, nos maigres sources tarissent. Mais il y a au moins une référence, et nous la devons à un témoin excellent. C'est la dernière mention des Khazars en tant que nation; elle date de 1245-1247. A cette époque les Mongols avaient déjà chassé les Kumans de l'Eurasie et fondé le plus grand empire nomade que le monde eût jamais vu : de la Hongrie à la Chine.

En 1245 le pape Innocent IV envoya une mission à Batu Khan, petit-fils de Genghis Khan, gouverneur de la partie occidentale de l'empire mongol, afin d'explorer les possibilités d'une entente avec cette nouvelle grande puissance et aussi sans doute afin de se renseigner sur ses forces militaires. Le chef de cette mission était un franciscain sexagénaire, Giovanni di Plano Carpini (connu des Français sous le nom de Jean de Plan Carpin), contemporain et disciple de saint François d'Assise, mais aussi voyageur expérimenté et bon diplomate, ecclésiastique honoré dans la hiérarchie. Partie de Cologne le jour de Pâques 1245, la mission traversa l'Allemagne, passa le Dniepr et le Don et parvint un an plus tard à la capitale de Batu et de sa Horde d'Or sur l'estuaire de la Volga : la ville de Sarai Batu, *alias* Saksin, *alias* Itil.

Rentré en occident Plan Carpin écrivit sa célèbre *Historia Mongolorum* qui avec toute une moisson de données historiques, ethnographiques et militaires, procure une liste des peuples visités. C'est ainsi qu'en énumérant les populations au nord du Caucase l'auteur cite, avec les Alains et les Circassiens, « les Khazars observant la religion juive ». Voilà donc la dernière mention connue des Khazars avant que le rideau tombe.

Mais il fallut longtemps pour que leur souvenir s'efface. Les marchands génois et vénitiens ne cessèrent pas de nommer la Crimée *Gazaria* et ce terme apparaît encore dans des textes italiens au XVIe siècle. Mais ce n'était plus alors qu'une désignation géographique qui commémorait une nation disparue.

9

Cependant même après la ruine de ce pouvoir politique l'influence judéo-khazare laissa des marques dans des endroits inattendus et sur des peuples fort divers.

Ainsi des Seldjouks que l'on peut regarder comme les vrais fondateurs de la Turquie musulmane. Vers la fin du Xe siècle cette branche des Ghuzz s'était déplacée au sud de la région de Bokhara d'où elle allait plus tard faire irruption en Asie mineure et la coloniser. Ces Turcs ont des rapports très lointains avec notre récit, mais ils y entrent en quelque sorte par la petite porte car il semble bien que la grande dynastie seldjoukide fut intimement liée avec les Khazars. Cette filière est révélée par Bar Hebraeus (1226-1286), grand érudit syriaque, d'origine juive comme son nom l'indique, mais converti au christianisme et sacré évêque à vingt ans.

Bar Hebraeus rapporte que le père de Seldjuk, Tukak, était un chef de l'armée khazare et qu'après sa mort Seldjuk lui-même, fondateur de la dynastie, fut élevé à la cour du Kagan. Seulement c'était un garçon impétueux qui prenait avec le kagan des libertés qui déplurent à la reine, la *katoum;* sur quoi Seldjuk dut prendre congé ou fut banni [1].

Une autre source contemporaine, l'*Histoire d'Alep,* d'Ibn al-Adim, présente aussi le père de Seldjuk comme « un des notables des Turcs khazars [2] »; et un troisième auteur, Ibn Hassul [3], relate que Seldjuk « frappa de son

1. Cité par DUNLOP, p. 260.
2. Cité par ZEKI VALIDI, p. 143.
3. *Ibid.,* p. XXVII.

épée le roi des Khazars et l'assomma d'une masse d'armes qu'il avait à la main... ». On se rappelle d'ailleurs l'attitude très équivoque des Ghuzz à l'égard des Khazars dans le récit d'Ibn Fadlan.

Il semble donc qu'il y ait eu des liens étroits entre les Khazars et les fondateurs de la dynastie seldjoukide, et que cette liaison fut suivie d'une rupture, due probablement à la conversion des Seldjoukides, devenus musulmans quand les autres tribus ghuzz, comme les Kumans, restaient païennes. Cependant l'influence judéo-khazare prévalut quelque temps, même après la rupture. L'un des quatre fils de Seldjuk s'appelait Israël, nom purement juif; un petit-fils s'appelait Daud (David). Dunlop, très prudent d'ordinaire, remarque à ce propos :

> « ... On peut penser que ces noms sont dus à l'influence religieuse des dirigeants khazars sur les principales familles des Ghuzz. Il est fort possible que la « maison de prière » dont parle Qaswini fût une synagogue[1]. »

On peut ajouter que, selon Artamonov, des noms spécifiquement juifs étaient aussi en usage chez les autres Ghuzz, les Kumans. Les fils du prince Kobiak, par exemple, se nommaient Isaac et Daniel.

10

Quand les ressources de l'historien s'épuisent, la légende et le folklore proposent d'utiles indications.

---

1. Dunlop, p. 261.

La première Chronique russe fut composée par des moines; elle est saturée de discours religieux et de longues digressions bibliques. Mais parallèlement aux écrits ecclésiastiques, la période kievienne produisit aussi une littérature profane, les Bylines, épopées et chants populaires consacrés aux exploits de nobles guerriers et de héros semi-légendaires. *Le Dit de la Bataille d'Igor,* dont nous avons déjà parlé et qui pleure la défaite de ce prince vaincu par les Kumans, est l'un des plus connus. Les bylines furent longtemps charriées par la tradition orale : selon Vernadsky « des paysans les chantaient encore dans les villages écartés du nord de la Russie au début du XXe siècle [1] ».

Contraste frappant avec la Chronique : ces épopées ne nomment jamais les Khazars ni leur pays; elle parlent du « pays des Juifs », *Zemlya Jidovskaya,* dont les habitants sont les « héros juifs » *(Jidovin bogatir)* qui régnaient sur la steppe et combattaient les princes russes. L'un de ces héros, nous dit-on, était un géant venu « de la *Zemlya Jidovskaya* jusque dans la steppe de Tsetsar au pied du mont Sorotchine, et seule la bravoure du général de Vladimir, Ilya Murometz, sauva des juifs l'armée de Vladimir [2] ». On connaît plusieurs versions de cette légende et la recherche de Tsetsar et du mont Sorotchine a procuré aux historiens un jeu très amusant. Cependant, comme dit Poliak, « le point à retenir est qu'aux yeux du peuple russe la Khazarie voisine, en sa période finale [3], était simplement « le pays juif » et son armée « une armée de juifs ». Cette imagerie populaire russe diffère considérablement de la tendance des chroniqueurs arabes à mettre en relief l'importance des mercenaires musulmans de

---

1. Vernadsky, p. 44.
2. Poliak, chap. VII.
3. *Ibid.*

l'armée khazare, ainsi que le nombre des mosquées (en oubliant de compter les synagogues).

Les légendes qui circulèrent au Moyen Age chez les juifs d'Occident présentent un curieux parallélisme avec les bylines russes. « La légende populaire juive ne se souvient pas d'un royaume khazar, mais d'un royaume des juifs rouges », écrit Polyak. Et Baron ajoute :

> « Les juifs des autres pays furent flattés de l'existence d'un État juif indépendant. L'imagination populaire trouva là un champ particulièrement fertile. De même qu'influencées par la Bible, les épopées slaves parlent de " juifs " plutôt que de Khazars, de même les juifs d'occident ont pendant longtemps tissé des contes romanesques autour de ces " juifs rouges ", ainsi désignés peut-être à cause de la légère pigmentation mongole de nombreux Khazars [1]. »

11

Un autre fragment de folklore semi-légendaire, semi-historique, en relation avec les Khazars, devait survivre jusqu'aux temps modernes et passionner l'écrivain-homme d'État Benjamin Disraeli qui le trouva si passionnant qu'il le prit pour thème d'un roman historique, publié à Londres en 1833 et intitulé *Le Conte Merveilleux d'Alroy*.

Au XIIe siècle parut un mouvement messianique, essai rudimentaire de croisade juive, qui se proposait de conquérir la Palestine par les armes. L'initiateur de ce mouvement fut un Khazar juif, Solomon Ben Duji (ou Ruhi, ou Roy), aidé de son fils Menahem et d'un scribe palesti-

---

1. BARON, vol. III, p. 204.

nien. « Ils envoyèrent des lettres à tous les juifs, proches et lointains, dans tous les pays environnants... Ils disaient que le temps était venu que Dieu rassemblerait Israël, son peuple, pour le ramener de toutes les terres vers Jérusalem, la cité sainte, et que Salomon Ben Duji était Élisée et son fils le Messie [1]. »

Ces appels, adressés apparemment aux communautés juives du Moyen-Orient eurent sans doute peu d'effet, car l'épisode suivant a lieu environ vingt ans plus tard : le jeune Menahem a pris alors le nom de David al-Roy et le titre de Messie. Bien que le mouvement fût né en Khazarie, son centre s'était déplacé : il se trouvait au Kurdistan. C'est là que David mis sur pied des forces assez importantes — des juifs du cru, peut-être renforcés par des Khazars —, et réussit à s'emparer de la forteresse stratégique d'Amadie, au nord-est de Mossoul. De là, il espérait probablement conduire ses troupes à Edesse, et à travers la Syrie se frayer un chemin jusqu'en Terre Sainte.

L'entreprise était un peu moins don-quichottesque, peut-être, qu'elle ne le paraît aujourd'hui, étant donné les rivalités constantes entre les armées musulmanes, et la désintégration que subissait alors le système d'occupation des croisés. D'ailleurs il est possible que certains chefs musulmans eussent bien accueilli la perspective d'une croisade juive contre les chrétiens.

Chez les juifs du Moyen-Orient David souleva certainement de ferventes espérances messianiques. Un de ses messagers arriva à Bagdad et fit un excès de zèle sans doute

---

[1]. Les principaux témoignages sur ce mouvement sont une relation du voyageur Benjamin de Tudèle (v. chap. II. 7), un récit hostile de Yahya al-Maghribi, et deux manuscrits hébreux trouvés dans la Geniza du Caire (v. chap. II, 6). Ils composent une mosaïque déroutante; j'ai suivi l'interprétation attentive de Baron (vol. III, p. 104; vol. IV, p. 202-204 et notes).

en engageant les juifs à s'installer sur les terrasses de leurs maisons, une certaine nuit, pour y attendre que les nuages les emportent jusqu'au camp du Messie. Un bon nombre de juifs passèrent la nuit à la belle étoile, prêts à l'envol miraculeux (déjà dans les transes des sectes messianiques de la Californie du XXe siècle).

Mais la hiérarchie rabbinique de Bagdad, craignant les représailles des autorités, se montra hostile au pseudo-messie et le menaça d'une forme quelconque d'excommunication. Il n'est guère surprenant que David al-Roy ait été assassiné, en plein sommeil dit-on, et peut-être par son beau-père que des ennemis auraient soudoyé.

On vénéra la mémoire de David; vingt ans plus tard, quand Benjamin de Tudèle visita la Perse, « les juifs parlaient encore avec émotion de leur chef ». Le culte ne s'arrêta pas là. Une théorie prétend que l'étoile de David qui orne le drapeau israélien est devenue symbole nationaliste au moment de la croisade d'al-Roy. « C'est depuis lors que l'étoile à six branches, qui jusque-là était surtout un motif décoratif ou un emblème magique, aurait commencé sa carrière de symbole national et religieux du judaïsme, écrit Baron. Longtemps employé indifféremment avec le pentagramme ou " sceau de Salomon ", elle fut attribuée à David dans des écrits allemands moraux et mystiques à partir du XIIIe siècle, et elle apparut à Prague sur le drapeau juif en 1527[1]. »

A vrai dire, Baron note prudemment à propos de ce passage que pour établir la liaison entre al-Roy et l'étoile de David il faudrait « des recherches plus poussées ». Mais quoi qu'il en soit, on peut certainement être d'accord avec Baron quand il conclut en ces termes son chapitre sur la Khazarie :

---

1. BARON, *loc. cit.*

« Durant le demi-millénaire de son existence et par ses répercussions dans les communautés d'Europe de l'Est, cette remarquable expérience de politique nationale juive exerça sans aucun doute sur l'Histoire juive une influence plus profonde que nous ne pouvons encore l'envisager. »

DEUXIÈME PARTIE

L'HÉRITAGE

CHAPITRE V

Exode

1

LES témoignages cités dans les pages précédentes indiquent que, contrairement à l'opinion admise par les historiens au siècle dernier, les Khazars après la défaite que leur infligèrent les Russes en 965, perdirent leur empire mais conservèrent sur un territoire rétréci leur indépendance et leur foi judaïque, et cela jusqu'en plein XIIIe siècle. Il semble même qu'ils retournèrent dans une certaine mesure à leurs habitudes premières de nomadisme et de pillage.

> « En général le royaume khazar, réduit, se maintint. Il se défendit plus ou moins efficacement contre tous ses ennemis jusqu'au milieu du XIIIe siècle, et fut alors victime de la grande invasion mongole déclenchée par Genghis Khan. Même alors il résista obstinément jusqu'à la reddition de tous ses voisins. Sa population fut en grande partie absorbée par la Horde d'Or qui avait établi le centre de son empire en territoire khazar [Saksin, v. chap. IV, 7]. Mais avant comme après le bouleversement mongol les Khazars envoyèrent de nombreuses ramifications dans les terres slaves non soumises, ce qui devait contribuer à l'édification des grands centres juifs d'Europe orientale[1]. »

1. BARON, vol. III, p. 206.

C'est là que nous trouvons le berceau de la majeure partie des juifs d'aujourd'hui, majorité numérique et culturellement dominante.

Les ramifications dont parle Baron s'étaient en effet étendues bien avant la destruction de l'État khazar par les Mongols — de même que les Hébreux avaient lancé les rejets de la diaspora longtemps avant la destruction de Jérusalem. Ethniquement les tribus sémites des rives du Jourdain et les tribus turco-khazares de la Volga étaient séparées par tout un monde, mais elles eurent au moins deux éléments constitutifs en commun. L'une et l'autre vécurent au point de rencontre des grandes routes commerciales qui reliaient l'est à l'ouest, et le nord au sud, circonstance qui les prédisposa à devenir des peuples de marchands, de voyageurs et d'entrepreneurs, ou de « cosmopolites déracinés » comme l'a dit sans tendresse la propagande soviétique. Mais en même temps leur religion les poussait à s'enfermer, à se serrer, à établir des communautés particulières, avec leurs lieux de culte, leurs écoles, leurs quartiers : leurs ghettos (volontaires à l'origine) dans toutes les villes, dans tous les pays où ils s'installaient. Cette combinaison rare d'esprit d'aventure et d'esprit de ghetto, renforcée par des croyances messianiques et une mentalité de peuple élu, caractérisa les Khazars du Moyen Age comme les anciens Israélites — même si les premiers faisaient remonter leur origine à Japhet, et nullement à Sem.

2

On en trouve un bon exemple dans ce que l'on pourrait appeler la diaspora khazare en Hongrie. On se rappelle

L'HÉRITAGE

que longtemps avant la destruction de leur État, plusieurs tribus khazares connues sous le nom de Kabars se joignirent aux Magyars et émigrèrent dans la Hongrie actuelle. En outre, au Xe siècle le duc Taksony invita une seconde vague d'immigrants khazars à s'installer dans ses domaines (chap. III, 9). Deux siècles plus tard le chroniqueur byzantin Jean Cinname parle de soldats de religion juive qui combattent dans l'armée hongroise en Dalmatie, en 1154 [1]. Il se peut qu'il y ait eu de « vrais juifs » en Hongrie depuis l'époque romaine, mais on n'en est pas sûr, et il n'est guère douteux que la majorité de cette partie importante de la population juive moderne eut son origine dans les migrations kabares ou khazares qui jouèrent un si grand rôle dans la genèse de l'Histoire hongroise. Non seulement le pays fut bilingue à l'origine, comme nous l'apprend Constantin, il eut même une forme de double royauté, variante du système khazar : le roi partageait le pouvoir avec le général en chef, qui portait le titre de Jula ou Gyula (c'est un prénom hongrois courant). Le système dura jusqu'à la fin du Xe siècle : converti au catholicisme, le roi Étienne (saint Étienne) vainquit la rébellion d'un Gyula, qui était bien entendu un Khazar « vide de foi et refusant de devenir chrétien [2] ».

Cet épisode mit fin à la double royauté, mais non à l'influence de la communauté judéo-khazare en Hongrie. On en voit la preuve dans la Bulle d'Or (équivalent hongrois de la *Magna Carta*), promulguée en 1222 par le roi Endre (André) II, qui interdit aux juifs d'être monnayeurs, percepteurs de l'impôt et contrôleurs du monopole royal du sel, ce qui indique que de nombreux Juifs avaient dû remplir ces importantes fonctions. Ils eurent toutefois de bien plus hautes situations. Sous le roi Endre le gardien

---

1. BARON, vol. III, p. 212.
2. *Anonymi Gesta Hungarorum,* cité par MACARTNEY, p. 188 et sq.

des revenus de la Chambre Royale était le comte chambellan Teka, juif d'origine khazare, riche propriétaire terrien, apparemment financier et diplomate de génie. Sa signature apparaît au bas de divers traités de paix et accords financiers, l'un d'eux par exemple garantissant au roi de Hongrie le paiement de deux mille marks dus par le souverain d'Autriche, Léopold II. On ne peut s'empêcher de penser au rôle analogue qu'avait joué le juif espagnol Hasdai Ibn Shaprut à la cour du calife de Cordoue; et si l'on compare des épisodes semblables de la diaspora palestinienne en Occident et de la diaspora khazare en Europe de l'Est, on voit que l'analogie paraît peut-être moins lointaine qu'on ne l'aurait cru de prime abord.

Il vaut la peine de noter aussi que lorsque le roi Endre fut contraint par la noblesse révoltée de promulguer à contrecœur la Bulle d'or, il maintint Teka dans ses fonctions, en dépit des stipulations expresses de la Bulle. Le chambellan royal conserva tranquillement son poste pendant onze ans jusqu'à ce que les pressions de Rome l'amenassent à se démettre et à se retirer en Autriche, où il fut accueilli à bras ouverts. Cependant le fils d'Endre, le roi Bela IX, obtint du pape la permission de le rappeler. Teka revint fort obligeamment, et mourut pendant l'invasion mongole [1].

3

L'origine khazare de l'élément dominant, aux points de vue numérique et social, de la population juive de Hongrie

---

1. *Universal Jewish Encyclopaedia*, article « Teka ». Je suis reconnaissant à Mme St. G. Saunders d'avoir attiré mon attention sur cet épisode qui semble avoir échappé aux historiens des Khazars.

L'HÉRITAGE

au Moyen Age est donc relativement bien attestée. On pourrait croire que la Hongrie constitue un cas particulier, étant donné les anciennes relations magyaro-khazares. En fait, la pénétration khazare en Hongrie faisait simplement partie d'une migration massive venue des steppes eurasiennes en direction de l'ouest, c'est-à-dire en direction de l'Europe orientale et centrale. Les Khazars ne furent pas les seuls à pousser des rejets en Hongrie. C'est ainsi qu'un grand nombre de ces mêmes Petchénègues qui avaient chassé les Magyars depuis le Don jusqu'au-delà des Carpathes furent obligés de demander asile en territoire hongrois quand ils furent chassés à leur tour par les Kumans; et ceux-ci eurent le même sort lorsque cent ans plus tard ils durent fuir devant les Mongols, et que quarante mille d'entre eux furent accueillis « avec leurs esclaves » par le roi Bela [1].

Aux époques relativement paisibles cette avance générale des populations eurasiennes en direction de l'Occident ne fut qu'un déplacement; en d'autres temps ce fut une ruée; mais les conséquences de l'invasion mongole obligent à parler, pour poursuivre ce genre de métaphores, de tremblement de terre, puis d'avalanche. Les guerriers du chef Tedjumin, dit Genghis Khan, Seigneur de la Terre, massacraient des villes entières pour que les villes suivantes ne songent plus à résister, avançaient derrière des rangs de prisonniers qui leur servaient de boucliers vivants, détruisaient tout le système d'irrigation du bassin de la Volga où les Khazars avaient leurs champs et leurs rizières, faisaient peu à peu des steppes fertiles ces « champs sauvages » *(dikoyeh pole),* comme on devait dire en russe, « vastes espaces sans cultivateurs ni bergers, où ne passent que des cavaliers mercenaires au service de tels

---

1. DUNLOP, p. 262.

ou tels seigneurs rivaux, ou des humains tâchant de leur échapper [1] ».

La Peste noire de 1347-1348 accéléra la dépopulation de l'ancien pays khazar, entre Caucase, Don et Volga, où la culture des steppes avait atteint son niveau le plus élevé, et la rechute dans la barbarie y fut, par contraste, plus radicale que dans les régions voisines. Selon Baron « l'élimination ou le départ des juifs, travailleurs industrieux, agriculteurs, artisans et marchands, laissa un vide qui dans ces régions n'a commencé à se remplir qu'à une époque récente [2] ».

La Khazarie fut détruite, et aussi le pays des Bulgares de la Volga ainsi que les dernières citadelles caucasiennes des Alains et des Kumans et les principautés de la Russie méridionale, Kiev y compris. Durant la désintégration de la Horde d'Or, à partir du xive siècle, l'anarchie empira encore, si la chose est possible. « Dans la plupart des steppes européennes l'émigration fut l'unique recours des populations qui voulurent sauver leurs vies et leurs moyens de vivre [3]. » En conséquence le mouvement vers de sûrs pâturages fut un long processus intermittent qui semble avoir duré du xiiie au xvie siècles. L'exode des Khazars fait partie du tableau.

Il avait été précédé, nous l'avons dit, par la fondation d'établissements et de colonies en divers points d'Ukraine et de Russie méridionale. Il y avait une communauté juive florissante à Kiev bien avant et bien après la prise de cette ville par les Russes. Il y en eut de semblables à Perislavel et à Tchernigov. Un certain rabbin Moshé de Kiev étudiait en France vers 1160, un autre, Abraham de Tchernigov, étudiait en 1181 à l'école talmudique de Londres. Le *Dit*

---

1. POLIAK, IX.
2. BARON, vol. III, p. 206.
3. POLIAK, IX.

de la Bataille d'Igor parle d'un célèbre poète russe nommé Kogan — contraction, peut-être, des mots Cohen, (prêtre) et Kagan[1]. Quelque temps après la destruction de Sarkel, que les Russes appelaient *Biela Vieja,* les Khazars bâtirent une ville du même nom près de Tchernigov[2].

Beaucoup de noms de lieux, en Ukraine et en Pologne, proviennent des mots *Khazar* et *Jid* (Juif) : Jydowo, Kozarzewek, Kozara, Kozarzow, Jidowska Vola, Zydatcze, etc. Ils ont pu désigner des villages ou de simples campements établis par des communautés judéo-khazares sur leur longue route vers l'ouest[3]. On trouve des noms semblables dans les Carpathes et les monts Tatra, et dans les provinces orientales d'Autriche. On pense même que les anciens cimetières juifs de Cracovie et de Sandomierz, appelés tous deux Kaviory, sont d'origine khazare.

Bien que le gros de l'exode fût dirigé vers l'ouest, quelques groupes restèrent en chemin ou sur place, principalement en Crimée et dans le Caucase, où ils formèrent des enclaves juives qui devraient subsister jusqu'aux temps modernes. Dans l'ancienne place-forte de Tamatarkha (Taman) sur le détroit de Kertch, face à la Crimée, on apprend que des princes juifs régnaient au XVe siècle sous la tutelle de la république de Gènes, et plus tard des Tartares de Crimée. Le dernier de ces princes, Zakharie, mena des négociations avec le prince de Moscovie qui l'invita à venir se faire baptiser en Russie en lui offrant en échange les privilèges de la noblesse russe. Zakharie refusa, mais Poliak suppose que dans d'autres cas, « l'élévation d'éléments judéo-khazars à de hautes fonctions de l'État moscovite a pu être l'un des facteurs qui provoquèrent l'apparition de " l'hérésie juive " *(Jidovstbuyucht-*

---

1. POLIAK, chap. VII; BARON, II, p. 218 et n.
2. BRUTZKUS, *Enc. Judaica,* article « Chasaren ».
3. Schiper, cité par POLIAK.

tchik) dans le clergé et la noblesse russes, au XVIe siècle, et de la secte des " sabbatistes " *(subbotniki),* encore très répandue chez les cosaques et les paysans [1] ».

Autre vestige de la nation khazare, les juifs qui dans le nord-est du Caucase semblent être restés dans leur habitat d'origine, alors que tout le monde s'en allait. Au nombre d'environ huit mille, suppose-t-on, ils vivent au voisinage d'autres reliques des tribus d'autrefois : des Kiptchaks, des Oghuz. Ils se désignent sous le nom de *Dagh Tchufuty,* ce qui signifie Juifs de la Montagne, dans la langue tat qu'ils ont empruntée à une autre peuplade caucasienne; mais l'on n'en sait guère plus à leur sujet [2].

D'autres enclaves khazares ont survécu en Crimée, et sans doute en d'autres régions qui appartinrent autrefois à leur empire. Mais ce ne sont là que des curiosités historiques par rapport au grand courant de l'émigration khazare dans les terres lituano-polonaises — et aux formidables problèmes ainsi posés aux historiens et aux anthropologues.

4

L'est de l'Europe centrale, où les émigrés de Khazarie trouvèrent une nouvelle patrie et une apparente sécurité, n'avait commencé à prendre une certaine importance politique que vers la fin du premier millénaire.

1. POLIAK, chap. IX.
2. On trouve ces données dans l'article de A. H. KNIPER, « Caucasus, People of », de *l'Enc. Brit.,* éd. 1973, qui se fonde sur des sources soviétiques récentes. Un livre de George SAVA, *Valley of the Forgotten People* décrit une prétendue visite aux juifs montagnards, riche en mélodrames mais vide d'information.

L'HÉRITAGE

Vers 962 plusieurs tribus slaves formèrent une alliance sous l'hégémonie de la plus forte, celle des Polanes, qui fut le noyau de l'État polonais. L'émergence de cette nation fut donc contemporaine du déclin des Khazars (Sarkel fut détruite en 965). Il est remarquable que les juifs jouent un rôle important dans une des plus anciennes légendes polonaises : on y raconte que lorsque les tribus alliées décidèrent d'élire un roi, elles choisirent un juif, nommé Abraham Prochownik[1]. Y eut-il un marchand khazar riche et savant, dont l'expérience parut aux rustres slaves digne d'être mise à profit? S'agit-il seulement d'un personnage légendaire? En tout cas l'histoire indique que des juifs de ce genre étaient tenus en haute estime. Elle ajoute d'ailleurs qu'avec une modestie peu contumière Abraham repoussa la couronne en faveur d'un paysan du nom de Piast, qui fut effectivement le fondateur de la dynastie qui régna sur la Pologne de 962 à 1370.

Qu'Abraham Prochownik ait existé ou non, tout indique que les immigrants juifs de Khazarie furent fort bien reçus pour la contribution qu'ils pouvaient apporter à l'économie et à l'administration du pays. Les Polonais sous les Piast, et leurs voisins baltes les Lituaniens[2], avaient rapidement reculé leurs frontières : ils avaient grand besoin d'immigrants pour coloniser leurs territoires et créer une

---

1. BARON, p. 217 et 338 n.
2. Les deux nations s'unirent par plusieurs traités à partir de 1386 pour former le royaume de Pologne. Pour faire bref j'écrirai « Juifs polonais » pour les deux pays, bien qu'à la fin du XVIIIe siècle la Pologne fût partagée entre la Russie, la Prusse et l'Autriche et que ses habitants devinssent officiellement citoyens de ces trois nations. Dans la Russie impériale la zone d'établissement dans laquelle les juifs furent confinés à partir de 1792 coïncidait avec les régions arrachées à la Pologne, plus des parties de l'Ukraine. Seules certaines catégories privilégiées de juifs étaient autorisées à résider en dehors de la zone; au moment du recensement de 1897 ils n'étaient que 200 000, alors qu'il y en avait près de cinq millions dans l'ancien territoire polonais.

civilisation urbaine. Ils encouragèrent d'abord l'immigration germanique (paysans, bourgeois, artisans), puis celle des peuples venus des territoires occupés par la Horde d'Or [1], — parmi eux des Arméniens, des Slaves du Sud, des Khazars.

Ces migrations n'étaient d'ailleurs pas toutes volontaires. Il y eut bon nombre de prisonniers de guerre, comme les Tartares de Crimée qui furent obligés de cultiver les domaines des seigneurs lituaniens et polonais dans les provinces méridionales conquises. (A la fin du XIVe siècle la principauté de Lituanie s'étendait de la Baltique à la mer Noire.) Mais au XVe siècle les Turcs ottomans, vainqueurs de Byzance, avancèrent vers le nord et les seigneurs transférèrent leurs paysans dans l'intérieur [2].

Parmi les populations déplacées de force se trouva un gros contingent de Karaïtes, secte juive primitiviste qui rejetait l'enseignement rabbinique. D'après une tradition qui s'est perpétuée chez les Karaïtes jusqu'aux temps modernes, leurs ancêtres furent amenés en Pologne par le grand prince guerrier Vytautas (Vitold) de Lituanie à la fin du XIVe siècle; ils venaient de Sulkhat en Crimée [3]. A l'appui de cette tradition on note qu'en 1388 Vitold accorda une charte aux juifs de Troki, et que le voyageur français de Lanoi vit dans cette localité un grand nombre de juifs qui parlaient une langue qui n'était ni celle des Allemands ni celle des indigènes [4]. C'était évidemment — c'est encore — un dialecte turc, le plus proche à l'heure actuelle de la *lingua cumanica* que l'on parlait dans les

---

1. La Pologne et la Hongrie furent brièvement envahies par les Mongols en 1241-1242, mais elles ne furent pas occupées, ce qui fait toute la différence pour leur histoire ultérieure.
2. POLIAK, chap. IX.
3. POLIAK, *ibid.*
4. *Ibid.*

L'HÉRITAGE

anciens territoires khazars au temps de la Horde d'Or. D'après Zajaczkowski [1] ce dialecte est encore employé, surtout pour la prière, dans les communautés karaïtes de Troki, Vilno, Ponyeivez, Lutzk et Halitch. Les Karaïtes disent qu'avant la Grande Peste de 1710 ils avaient en Pologne et en Lituanie entre trente-deux et trente-sept communautés.

Leur dialecte, ils le nomment « langue de Kedar » — et au XIIe siècle Reb Petachia appelait leur habitat au nord de la mer Noire « terre de Kedar »; ce qu'il écrivait à leur propos (le sabbat passé dans l'obscurité, l'ignorance des doctrines rabbiniques) correspond bien à leur sectarisme. Et c'est ainsi que l'éminent turcologue Zajaczkowski considère les Karaïtes, au point de vue linguistique, comme les plus purs représentants des anciens Khazars [2]. Nous reparlerons plus loin des raisons qui peuvent expliquer que cette secte ait préservé sa langue pendant quelque cinq cents ans tandis que la grande majorité des juifs khazars l'abandonnait en faveur d'une *lingua franca,* le yiddish.

5

Le royaume polonais, en adoptant le catholicisme, prit dès le début une orientation nettement occidentale. Mais en comparaison avec ses voisins de l'ouest c'était, aux points de vue culturel et économique, un pays sous-développé. D'où sa politique : attirer des immigrants — Allemands à l'ouest, Arméniens et Juifs khazars à l'est — et de donner à leurs entreprises tous les encoura-

---

1. Cité par POLIAK, chap. IX.
2. ZAJACZKOWSKI, cité par DUNLOP, p. 222.

gements possibles, tels que les chartes royales qui détaillaient leurs devoirs et leurs privilèges.

Dans la charte accordée par Boleslav le Pieux en 1264 et confirmée par Casimir le Grand en 1334, les juifs se voyaient octroyer le droit d'avoir leurs synagogues, leurs écoles et leurs tribunaux, de posséder des terres et de se livrer aux commerces et aux occupations de leur choix. Sous le règne du roi Étienne Bathory (1575-1586) les juifs eurent droit à un parlement à eux, qui siégeait deux fois l'an et le pouvoir de percevoir des impôts parmi leurs coreligionnaires. Après la destruction de leur pays, les juifs khazars entamaient un nouveau chapitre de leur Histoire.

On trouve un exemple frappant de leur condition privilégiée dans un bref pontifical, édicté probablement par le pape Clément IV dans la seconde moitié du XIIIe siècle, à l'adresse d'un prince polonais inconnu. Dans ce document le pape fait savoir que les autorités romaines connaissent bien l'existence d'un nombre considérable de synagogues dans plusieurs villes polonaises; dans une seule ville on n'en compterait pas moins de cinq[1]. Il déplore que ces synagogues passent pour être plus hautes que les églises, plus majestueuses, mieux ornées, couvertes d'une toiture de plomb peint de diverses couleurs, et pour faire paraître bien pauvres en comparaison les églises du voisinage. (On se souvient de Masudi notant joyeusement que la grande mosquée était l'édifice le plus haut d'Itil.) Ces plaintes sont d'ailleurs confirmées par une décision du légat du pape, le cardinal Guido, qui en 1267 stipule que l'on ne doit pas autoriser plus d'une synagogue par ville.

On déduit de ces documents, à peu près contemporains

---

1. Wroclaw ou Cracovie, probablement.

L'HÉRITAGE

de la conquête de la Khazarie par les Mongols, qu'il devait déjà y avoir un nombre considérable de Khazars en Pologne pour que dans plusieurs villes ils aient eu plus d'une synagogue — et qu'ils devaient être assez prospères pour les bâtir si majestueuses et si ornées. Cela conduit à s'interroger sur l'ampleur approximative et sur la composition de l'immigration khazare en Pologne.

Pour ce qui concerne les chiffres nous n'avons pas de documents. On se rappelle que les chroniqueurs arabes parlent d'armées khazares de trois cent mille hommes (chap. I, 5); même si l'on admet qu'il s'agit d'une énorme exagération, on peut estimer la population totale à au moins cinq cent mille âmes. Ibn Fadlan évalue à cinquante mille le nombre des tentes des Bulgares de la Volga, ce qui équivaudrait à une population de trois à quatre cent mille, c'est-à-dire à peu près du même ordre de grandeur que celle des Khazars. D'un autre côté les historiens modernes évaluent aussi à cinq cent mille (5 % de la population totale) le nombre des juifs dans le royaume polono-lituanien au XVIIe siècle[1]. Ces chiffres concordent assez bien avec ce que l'on sait de la migration khazare, par l'Ukraine vers la Pologne, lente à partir de la destruction de Sarkel et de l'avènement des Piat vers la fin du premier millénaire, plus rapide au moment de la conquête mongole, à peu près achevée aux XVe-XVIe siècles — la steppe étant alors vide d'hommes, et les Khazars apparemment disparus de la face de la Terre[2]. En tout, ce transfert de population s'étala sur cinq ou six siècles en petits groupes ou en colonnes. Si l'on tient compte de l'apport considérable des juifs réfugiés de Byzance et des pays musul-

---

1. VETULANI, *op. cit.* p. 278.
2. Les derniers villages khazars du Dniepr furent détruits par la révolte des Cosaques de Chmelnicky au XVIIe siècle, et les survivants vinrent grossir le nombre des juifs déjà installés en Pologne-Lituanie.

mans, et d'une légère croissance démographique chez les Khazars eux-mêmes, il paraît vraisemblable que les chiffres avancés pour la population khazare à son apogée au VIIIe siècle soient comparables à ceux que l'on indique pour les juifs de Pologne au XVIIe siècle, du moins en ordre de grandeur, en accordant à notre ignorance une réserve de quelques centaines de mille en plus ou en moins.

On devine l'ironie de ces chiffres. Selon la *Jewish Encyclopaedia*, article « Statistiques », le total de la population juive dans le monde s'élevait au XVIe siècle à un million à peu près. Cela paraît indiquer, comme Poliak, Kutschera [1] et d'autres auteurs l'ont fait remarquer, qu'au Moyen Age la majorité des gens qui professaient la religion israélite étaient des Khazars. Une bonne partie de cette majorité émigra en Pologne, en Lituanie, en Hongrie et dans les Balkans, où elle fonda la communauté juive orientale qui à son tour devint la majorité dominante de la population juive dans le monde. Même si l'élément originel de cette communauté fut ensuite dilué et grossi par des immigrants d'autres régions (voir ci-après), sa provenance essentiellement turco-khazare paraît assez bien démontrée; à tout le moins c'est une théorie qui mérite examen.

Nous verrons plus loin d'autres raisons d'attribuer surtout à l'élément khazar, plutôt qu'à des immigrants de l'ouest, le premier rôle dans la croissance et le développement de la communauté juive en Pologne et dans le reste de l'Europe orientale. Mais il est sans doute approprié de citer ici l'historien juif polonais Adam Vetulani :

> « Les historiens polonais admettent tous que ces très anciens établissements furent fondés par des émigrés juifs de l'État Khazar et de Russie et que les Juifs de l'Europe méridionale et occidentale ne commencèrent que plus tard à venir s'installer... Une

---

1. POLIAK, *op. cit.* Kutschera, *Die Chasaren*, Vienne, 1910.

certaine proportion au moins de la population juive (le noyau principal à une époque plus ancienne) était venue de l'est, du pays des Khazars, et plus tard de la Russie kievienne[1]. »

6

Voilà pour les chiffres. Mais que savons-nous de la structure sociale, de la composition de l'immigration khazare?

On a d'abord l'impression d'une similitude frappante entre les positions privilégiées occupées par les juifs khazars en Hongrie d'une part, en Pologne d'autre part, à cette lointaine époque. Les sources polonaises comme les sources hongroises présentent des juifs employés comme monnayeurs, administrateurs des dîmes royales, contrôleurs de la gabelle, fermiers de l'impôt et « prêteurs », c'est-à-dire banquiers. Ce parallélisme indiquerait que les deux immigrations avaient une origine commune; et comme on peut rattacher la filiation de la majorité des juifs hongrois au complexe magyaro-khazar, la conclusion paraît évidente.

Les documents anciens montrent le rôle joué par les immigrants juifs dans la jeune économie des deux pays. Rôle très important : cela ne peut surprendre puisque le commerce extérieur et la perception des droits de douane avaient été dans le passé les principales sources de revenu des Khazars. Ils avaient l'expérience qui faisait défaut à leurs nouveaux hôtes; il était logique qu'on les appelât à se mêler, conseillers ou partenaires, des affaires financières de la cour et de la noblesse. Les pièces de monnaie, frap-

---

1. VETULANI, *The Jews in Mediaeval Poland*, p. 274.

pées aux XIIe et XIIIe siècles, qui portent des inscriptions polonaises en caractères hébreux (v. chap. II, 1) sont d'assez bizarres reliques de ces activités. A quoi servaient-elles exactement, cela reste assez mystérieux. Certaines ont le nom d'un roi (Leszek, Mieszko, par exemple), d'autres portent une inscription comme « De la maison d'Abraham ben Joseph le prince » (peut-être le monnayeur-banquier lui-même), ou simplement un mot de bon augure : « Chance » ou « Bénédiction ». Il est remarquable qu'en Hongrie les sources contemporaines signalent aussi que l'on frappait monnaie en se procurant l'argent chez des propriétaires juifs [1].

Cependant, à la différence de l'Europe de l'Ouest, les finances et le commerce n'étaient pas, il s'en faut de beaucoup, les seuls domaines des activités juives. De riches immigrants devinrent en Pologne de grands propriétaires terriens, comme en Hongrie le comte Teka; des domaines juifs comportant des villages entiers de cultivateurs ont été notés par exemple au voisinage de Wroclaw avant 1203 [2]. Au début il dut y avoir des paysans khazars en nombre considérable, comme semblent l'indiquer les vieux noms géographiques.

On entrevoit obscurément la manière dont certains de ces villages ont pu être fondés en étudiant les documents karaïtes dont nous avons parlé plus haut; ils racontent comment le prince Vitold installa un groupe de captifs karaïtes à Krasna, en leur procurant maisons, vergers et terres jusqu'à une distance de trois kilomètres. (On pense pouvoir reconnaître cette Krasna dans la petite ville juive de Krasnoïa en Podolie [3].)

Mais l'agriculture était sans avenir pour la communauté

---

1. VETULANI, p. 276; BARON, vol. III, p. 218 et notes; POLIAK, *op. cit.*
2. BARON, vol. III p. 219.
3. POLIAK, *op. cit.*

juive. A cela plusieurs raisons. L'essor du féodalisme au XIVe siècle transforma peu à peu les paysans de Pologne en serfs attachés aux villages et privés de toute liberté de mouvement. En même temps, sous la pression de l'Église et des propriétaires féodaux, le parlement, en 1496, interdit aux juifs l'acquisition de terrains agricoles. Mais pour la terre et la culture le processus d'aliénation dut commencer bien avant cela. En dehors de ces causes spécifiques (discrimination religieuse, dégradation de la condition paysanne), la transformation de la nation principalement agricole des Khazars en communauté principalement urbaine reflétait un phénomène courant dans l'histoire des migrations. Confrontés d'une part à un nouveau climat et à des façons agricoles différentes, d'autre part aux occasions inattendues qu'offre la civilisation urbaine de mener une vie plus facile, les immigrants sont capables de changer en quelques générations leur structure socio-professionnelle. En Amérique les descendants des paysans des Abruzzes tiennent des restaurants, les petits-fils d'un fermier polonais sont peut-être ingénieurs ou psychanalystes [1].

Toutefois, la transformation des juifs khazars en juifs polonais ne comporta pas de rupture brutale avec le passé; aucune perte d'identité. Ce fut un changement progressif, organique qui (Poliak l'a montré de manière convaincante) préserva dans le nouveau pays certaines traditions précieuses de la vie communautaire khazare. Et cela principalement grâce à une structure sociale, un mode de vie, que l'on ne trouva nulle part ailleurs dans la diaspora : la petite ville juive, *ayarah* en hébreu, *shtetl* en yiddish, *miastecko* en polonais. Ces trois noms sont des diminu-

---

[1]. Le processus inverse des colons qui s'installent sur des terres vierges s'applique aux migrants passant de régions développées à d'autres moins développées.

tifs, ce qui ne veut pas dire qu'ils désignent nécessairement la petitesse de ces villes (il y en eut d'assez grandes) mais plutôt l'étroitesse de leurs droits d'autonomie municipale.

Il convient de ne pas confondre le *shtetl* et le ghetto. Ce dernier était une rue ou un quartier réservés aux juifs à l'intérieur d'une ville. Depuis la seconde moitié du XVIe siècle ce fut l'habitat des juifs dans toute la chrétienté et dans la plupart des pays d'Islam. Le ghetto, entouré de murailles, avec des portes que l'on fermait la nuit, engendra claustrophobie et consanguinité mentale, mais il procurait aussi un sens de relative sécurité, en périodes de troubles. Comme il ne pouvait s'étendre, les maisons s'élevaient aussi haut que possible sur de petites parcelles, et une densité toujours excessive s'accompagnait d'une situation sanitaire déplorable. A vivre dans de telles conditions les gens avaient besoin de beaucoup de force spirituelle pour maintenir leur dignité. Ils n'y réussirent pas tous.

Le *shtetl* en revanche, tout différent, type d'établissement particulier à la Pologne et à la Lituanie, était une petite ville campagnarde, une communauté à part entière, à population entièrement ou principalement juive. Les origines du *shtetl* remontent probablement au XIIIe siècle : on peut y voir le chaînon manquant, pour ainsi dire, entre les villes-marchés de Khazarie et les bourgades juives de Pologne.

La fonction économique et sociale de ces agglomérations à demi rurales, à demi urbaines, dut être semblable dans les deux pays. En Khazarie comme plus tard en Pologne elles formaient un réseau de comptoirs et de marchés qui assurait la médiation entre campagne et grandes villes. Elles tenaient régulièrement des foires auxquelles se vendaient ou se troquaient le petit et le gros bétail, en

L'HÉRITAGE

même temps que les biens manufacturés des villes et les produits de l'industrie villageoise; elles offraient aussi des centres aux artisans qui pouvaient y exercer leurs métiers : charrons, forgerons, orfèvres, tailleurs, bouchers cacher, meuniers, boulangers, fabricants de chandelles. On y trouvait encore des écrivains publics à l'usage des illettrés, des synagogues à l'usage des dévots, des auberges pour les voyageurs, et même une *heder* (chambre, en hébreu) qui servait d'école. On y voyait aussi des conteurs et des chanteurs populaires (dont on a quelquefois encore les noms, comme celui de Velvel Zbarzher[1]) qui allaient de *shtetl* en *shtetl* en Pologne, comme jadis en Khazarie sans doute, si l'on en juge à la persistance des conteurs chez les peuples orientaux.

En Pologne certains métiers devinrent pour les juifs des monopoles ou du moins des spécialités. Tel fut le commerce du bois de charpente, ce qui rappelle l'importance du bois en Khazarie, comme matériau de construction et comme produit d'exportation; tel fut aussi le transport.

« Le réseau serré des *shtetl* permit de distribuer les biens manufacturés dans tout le pays au moyen de l'excellente charrette que construisaient les juifs, écrit Poliak[2]. La prépondérance de ce type de transport, surtout dans l'est du pays, fut si nette — en aboutissant virtuellement à un monopole — que le mot hébreu signifiant charretier, *ba'al agalah*[3], fut incorporé dans la langue russe sous la forme *balagula*. Ce n'est que l'avènement du chemin de fer dans la seconde moitié du XIXe siècle qui provoqua le déclin de cette profession. »

Cette spécialisation dans la charronnerie et dans le charroi n'aurait certainement pas pu se développer dans

---

1. *Enc. Brit.*, éd. 1973, « Yiddish Literature ».
2. Chap. III.
3. Littéralement « maître du char ».

les ghettos de la juiverie d'Occident; elle désigne à coup sûr une origine khazare. Le peuple des ghettos était sédentaire, tandis que les Khazars comme les autres semi-nomades se servaient de chars attelés de chevaux ou de bœufs pour transporter leurs tentes et leur cheptel, y compris les tentes royales grandes comme des cirques, faites pour héberger des centaines de personnes. Ils en savaient sûrement assez pour se tirer d'affaire sur les pistes les plus dures de leur nouveau pays.

Parmi les autres métiers spécifiquement juifs il faut citer l'hôtellerie, la meunerie et le commerce de la fourrure; on ne les trouvait nulle part dans les ghettos d'Europe occidentale.

Telle était dans ses grandes lignes la structure du *shtetl* juif en Pologne. Certains traits se retrouveraient dans les vieilles villes carrefours de n'importe quel pays; d'autres témoignent d'une affinité particulière avec ce que nous savons — si peu que ce soit — des bourgades de Khazarie, prototypes probables du *shtetl* polonais.

A ces traits spécifiques il faudrait ajouter le « style pagode » des synagogues en bois des XVe et XVIe siècles, qui diffère entièrement de l'architecture locale autant que des modèles adoptés par les juifs d'Occident et copiés plus tard dans les ghettos de Pologne. La décoration intérieure de ces anciennes synagogues de *shtetl* est toute différente aussi; les murs étaient couverts d'arabesques et de figures animales caractéristiques de l'influence perse dont témoignent les objets khazaro-magyars (v. chap. premier, 11) et le style décoratif introduit en Pologne par les immigrants arméniens [1].

Les vêtements traditionnels des juifs polonais ont également une origine manifestement orientale. Le long caftan

---

1. POLIAK, chap. III.

de soie a pu être imité du manteau des nobles polonais — copié d'ailleurs sur celui des Mongols de la Horde d'Or : la mode ignore les frontières; mais on sait que les nomades des steppes portaient le caftan bien avant cela. La calotte *(yarmolka)* couvre encore le crâne des juifs orthodoxes — comme des Ouzbeks et autres peuples turcs d'Union soviétique. Par-dessus la calotte les hommes coiffaient le *streimel,* chapeau compliqué bordé de renard, que les Khazars avaient emprunté aux Khasaks, ou vice-versa. Comme on l'a vu, le commerce des fourrures de renard et de zibeline, jadis florissant en Khazarie, était en Pologne un des monopoles juifs. Quant aux femmes, jusqu'au milieu du XIXe siècle elles portaient un grand turban blanc, copie exacte du *djauluk* des femmes khasakes et turkmènes [1]. (Plus tard au lieu de turban les juives orthodoxes durent porter une perruque faite avec leur propre chevelure que l'on rasait au moment de leur mariage.)

Dans ce contexte on pourrait citer encore (non sans hésitation) l'étrange passion des juifs polonais pour le poisson farci *(gefillte Fisch),* plat national que les non-juifs ont adopté en Pologne. « Sans poisson, point de sabbat », proclamait un dicton. Peut-on évoquer un lointain souvenir de la vie au bord de la Caspienne, où l'on se nourrissait du poisson quotidien?

La littérature et le folklore juifs célèbrent avec une grande nostalgie la vie au *shtetl.* Ainsi une étude moderne des coutumes de ces bourgades parle des joyeuses observances du sabbat [2] :

> « Où que l'on soit, on essaiera de rentrer au pays à temps pour accueillir le sabbat en famille. Le colporteur qui va de village en

---

[1]. *Ibid.*
[2]. Zborowski, M. et Herzog, *Life Is With People — The Jewish Little Town of Eastern Europe,* p. 41.

village, le tailleur itinérant, le cordonnier, le savetier, le marchand en voyage vont tous s'arranger, courir et se démener pour arriver vendredi avant le coucher du soleil.

Ils se hatent, et déjà le *shammes* parcourt les rues du *schtetl* en criant : « Les juifs au bain! » Fonctionnaire de la synagogue, le *shammes* est une sorte de sacristain et de bedeau à la fois. Il parle avec une autorité qui le dépasse car lorsqu'il appelle les juifs au bain il leur ordonne une prescription. »

L'évocation la plus colorée de la vie au *shtetl* est encore l'amalgame surréaliste de réalité et de fantaisie des peintures et des lithographies de Marc Chagall, où les symboles bibliques voisinent avec le fouet du charretier barbu, avec le caftan et la *yarmolka* d'un rabbin mélancolique.

Communauté bizarre, à l'image de ses bizarres origines. Parmi les premières bourgades, il y en eut sans doute de fondées par des captifs, comme les Karaïtes de Troki, que les nobles polonais et lituaniens tenaient à installer sur leurs terres désertes. Mais le plus grand nombre fut le résultat de la migration générale des gens chassés de leurs domaines, devenus « champs sauvages ». « Après la conquête mongole, écrit Poliak, quand les villages slaves partirent pour l'Occident, les *shtetls* khazars les accompagnèrent[1]. » Les pionniers des nouveaux établissements furent sans doute de riches marchands khazars qui voyageaient constamment en Pologne sur les routes commerciales très fréquentées qui menaient en Hongrie. « La migration magyare et kabare en Hongrie fraya le chemin aux établissements khazars qui se développaient en Pologne : elle fit de ce pays une zone de transit entre deux régions pourvues de communautés juives[2]. » Les marchands connaissaient donc les conditions des contrées de recasement possible; ils avaient l'occasion d'entrer en contact

1. POLIAK, chap. III.
2. *Ibid.*, chap. VII.

L'HÉRITAGE

avec les propriétaires terriens en quête de fermiers. « Le seigneur pouvait conclure un accord avec un juif riche et respectable (cela nous rappelle Abraham Prokovnik) « qui s'installerait sur son domaine et y introduirait d'autres colons. Celui-ci devait, en général, choisir des gens provenant du lieu où il avait vécu[1]. » Ces colons étaient un assortiment de cultivateurs et d'artisans, constituant une communauté plus ou moins autarcique : ainsi le *shtetl* khazar se transplantait pour devenir *shtetl* polonais. Peu à peu il renoncerait à l'agriculture, quand on en serait là on se serait déjà adapté aux nouvelles circonstances.

Le noyau de la communauté juive moderne suivit donc la vieille recette : en avant vers de nouveaux horizons, mais toujours serrez les rangs et louez le Seigneur!

---

1. *Ibid.*, chap. III.

CHAPITRE VI

D'où venaient-ils ?

1

FONDAMENTALEMENT deux faits ressortent de l'enquête : la disparition de la nation khazare dans son habitat historique, et l'apparition simultanée dans des régions voisines au nord-ouest, de la plus grande concentration de juifs depuis le début de la diaspora. Les deux événements étant évidemment liés, les historiens s'accordent à dire que l'immigration en provenance de Khazarie a dû contribuer à la croissance de la communauté juive de Pologne — conclusion confirmée par les documents cités dans les chapitres qui précèdent. Mais ils sont moins sûrs de l'étendue de cette contribution, de l'ampleur de l'immigration khazare par rapport à celle des juifs d'Occident, et de leurs parts respectives dans la constitution génétique de la population juive moderne.

En d'autres termes, que les Khazars aient émigré en grand nombre en Pologne c'est un fait établi, que nul ne conteste ; la question est de savoir s'ils fournirent l'essentiel du nouvel établissement, ou seulement un condiment, pour ainsi dire. Pour répondre à cette question il faut d'abord se faire une idée de l'ampleur de l'immigration « rivale », celle qui vint de l'ouest.

2

Vers la fin du premier millénaire les plus importantes communautés juives de l'Europe de l'Ouest se trouvaient en France et en Rhénanie[1]. Certaines dataient probablement de l'époque romaine, car entre la destruction de Jérusalem et la chute de l'empire romain, des juifs s'étaient établis dans plusieurs grandes villes de cet empire, et ils furent rejoints plus tard par des émigrés d'Italie et d'Afrique du nord. Depuis le IXe siècle les documents citent des communautés juives dans toute la France, de la Normandie à la Provence.

Un groupe traversa la Manche dans le sillage de l'invasion normande; ces juifs auraient été appelés par Guillaume le Conquérant[2] en raison de leurs capitaux et de leur esprit d'entreprise. Baron a résumé leur histoire :

> « Ils se changèrent ensuite en une classe d' « usuriers du roi » dont la principale fonction était de procurer des crédits pour les aventures économiques et politiques. Après avoir accumulé des fortunes grâce à un taux d'intérêt très élevé, les prêteurs étaient forcés de les dégorger sous une forme ou une autre au profit du trésor royal. Le bien-être durable de nombreuses familles juives, la splendeur de leurs résidences et de leur train de vie, et leur influence dans les affaires publiques ont empêché des observateurs même expérimentés de voir les graves dangers qui menaçaient en raison du ressentiment croissant des débiteurs de toute classe, et du fait que les juifs dépendaient totalement de la protec-

---

1. Sans compter les juifs d'Espagne, catégorie distincte, qui ne prirent pas part aux mouvements migratoires dont nous nous occupons ici.
2. Selon William OF MALMESBURY, *De gestis regum anglorum*, cité par BARON, vol. IV, p. 277.

tion des rois, leurs maîtres... Des rumeurs de mécontentement, provoquant de violents éclats en 1189-1190, firent présager la tragédie finale : l'expulsion de 1290. Le succès météorique et le déclin encore plus rapide de la juiverie anglaise en deux siècles et quart (1066-1290) mit nettement en relief les facteurs fondamentaux du destin de toutes les communautés juives d'Occident dans la première et cruciale moitié du second millénaire [1]. »

L'exemple anglais est instructif parce qu'il est exceptionnellement bien documenté par comparaison avec l'histoire ancienne des communautés juives du continent. La principale leçon à en tirer est que l'influence socio-économique des juifs était hors de proportion avec leur nombre. En fait il n'y eut jamais plus de deux mille cinq cents juifs en Angleterre avant leur expulsion en 1290 [2]. Dans l'Angleterre médiévale cette minuscule communauté joua un rôle dominant dans le système économique du pays, — beaucoup plus que son homologue en Pologne; mais en revanche elle ne pouvait s'appuyer sur un réseau de petites villes juives, sur une base massive de petits artisans, d'ouvriers, de charretiers et d'aubergistes; elle n'avait pas de racines dans le peuple. A l'égard de ce problème vital l'Angleterre angevine fournit un exemple valable pour le continent. Les juifs de France et d'Allemagne affrontaient les mêmes difficultés : leur stratification socio-professionnelle était bancale — c'était une pyramide renversée. La conséquence fut partout la même suite tragique d'événements. C'est un conte lugubre qui commence toujours par une lune de miel et s'achève en divorce sanglant. Au début les juifs se voient flattés, couverts de chartes, de privilèges, de faveurs. On les accueille comme

---

1. BARON, vol. IV, p. 76.
2. D'après l'étude classique de Joseph JACOBS, *The Jews of Angevin England*, basée sur les relevés de noms de famille et autres documents. Cité par BARON, vol. IV, p. 77.

les alchimistes, parce qu'ils ont le secret de faire tourner les rouages de l'économie. « Dans les " siècles obscurs " le commerce de l'Europe occidentale était en grande partie aux mains des juifs, écrit Cecil Roth, y compris la traite des esclaves, et les cartulaires carolingiens emploient " juif " et " marchand " comme des termes presque interchangeables [1]. » Mais à l'avènement d'une classe commerçante autochtone, ils sont progressivement exclus, non seulement des occupations les plus productives, mais aussi des formes traditionnelles de commerce, et pratiquement le seul domaine qui leur reste ouvert est le prêt à intérêt... « Les richesses liquides du pays étaient avalées par les juifs, qui périodiquement étaient contraints de les reverser au Trésor [2]... » L'archétype de Shylock fut fixé longtemps avant Shakespeare.

Lune de miel : dans l'ambassade célèbre que Charlemagne, en 797, envoya à Bagdad pour négocier avec Haroun al-Rachid il y avait deux chrétiens et un juif. Amer dénouement : en 1306 Philippe le Bel expulsa tous les juifs du royaume. Sans doute furent-ils autorisés plus tard à revenir, mais ce fut pour de nouvelles persécutions; à la fin du siècle la communauté juive de France avait quasiment disparu [3].

2

Quant à l'histoire des juifs d'Allemagne, on notera d'abord que « nous n'avons pas d'histoire sérieuse complète

1. *Enc. Brit.*, éd. 1973, article « Jews ».
2. ROTH, *loc. cit.*
3. Aux temps modernes les populations juives de France et d'Angleterre furent formées par les réfugiés d'Espagne chassés par l'Inquisition aux XVIe et XVIIe siècles.

de la juiverie allemande... Les *Germanica Judaica* constituent seulement un bon recueil de sources qui jette quelque lumière sur certaines communautés jusqu'à 1238[1] ». Faible lumière, qui éclaire au moins la répartition territoriale des communautés juives d'Allemagne pendant la période où l'immigration khazare en Pologne allait atteindre sa plus forte intensité.

Un des plus anciens documents cite un certain Kalonymous, venu d'Italie, de Lucques, pour s'installer avec sa famille à Mayence en 906. Vers le même temps on nous parle de juifs à Spire, à Worms, et un peu plus tard dans d'autres villes — Trèves, Metz, Strasbourg, Cologne — toutes situées dans la vallée du Rhin. Le voyageur Benjamin de Tudèle (v. chap. II, 7) devait écrire, après avoir visité la région au milieu du XIIe siècle : « Dans ces villes il y a de nombreux israélites, hommes sages et fortunés[2]. » Mais que signifie « nombreux »? En réalité bien peu, comme nous verrons.

Une centaine d'années plus tôt vivait à Mayence un certain Rabbi Gershom Ben Yehuda (960?-1030) dont le grand savoir lui valut le titre de « lumière de la diaspora » et la fonction de chef spirituel de la communauté française et allemande, ou rhénane. Vers 1020 Gershom convoqua à Worms un concile qui promulga entre autres édits l'interdiction de la polygamie (qui d'ailleurs n'était plus pratiquée depuis longtemps). Joint aux édits, un codicille stipulait qu'en cas d'urgence toute règle pouvait être révoquée « par une assemblée de cent délégués des pays de Bourgogne, de Normandie et de France, et des villes de Mayence, Spire et Worms. » D'autres documents rabbiniques de la même époque ne nomment aussi que ces trois villes : on peut en conclure que les autres commu-

---

1. BARON, vol. IV, p. 271.
2. *Ibid.*, p. 73.

nautés juives de Rhénanie étaient encore, au début du XIᵉ siècle, trop insignifiantes pour qu'on les nommât[1].

A la fin de ce siècle elles faillirent être toutes exterminées dans les explosions d'hystérie collective qui accompagnèrent la première croisade, en 1096. A ce propos F. Barker a dépeint la mentalité du croisé avec une force dramatique qu'on trouve rarement dans les colonnes de *l'Encyclopaedia Britannica*[2] :

> « Il pouvait égorger et patauger dans le sang, et puis le soir tomber à genoux, pleurant de joie, devant l'autel du Sépulcre : la couleur dont il ruisselait ne sortait-elle pas du pressoir de Dieu? »

Les juifs de Rhénanie se trouvèrent pris dans ce pressoir et manquèrent d'y être tous écrasés. De plus ils contractèrent eux-mêmes une autre forme d'hystérie collective : la soif morbide du martyre. D'après le chroniqueur hébreu Salomon Bar Simson, considéré comme digne de foi en général[3], les juifs de Mayence confrontés au dilemme de se faire baptiser ou de périr aux mains de la populace, donnèrent l'exemple aux autres communautés en se décidant pour le suicide en masse[4] :

> « Imitant à grande échelle l'empressement d'Abraham à sacrifier Isaac, des pères immolèrent leurs enfants, des maris leurs femmes. Ces actes d'horreur et d'héroïsme indicibles furent accomplis dans les formes rituelles avec des couteaux de sacrifice aiguisés conformément à la loi juive. Parfois les sages de la communauté, qui surveillaient l'immolation de groupe, durent à la fin se tuer de leurs propres mains... Dans cette hystérie collective, sanctifiée par le rayonnement du martyre et balancée par

---

1. KUTSCHERA, p. 233.
2. 14ᵉ éd., VI, p. 772, article « Crusades ».
3. BARON, vol. IV, p. 97.
4. *Ibid.*, p. 104.

L'HÉRITAGE

l'attente confiante des récompenses célestes, plus rien ne comptait, semble-t-il, que de périr avant de tomber aux mains d'ennemis implacables et d'affronter l'unique alternative de la mort sous les coups de l'ennemi ou de la conversion au christianisme. »

Si l'on passe de l'horreur aux sobres statistiques, on peut estimer en gros l'importance des communautés juives d'Allemagne. Les sources hébraïques s'accordent pour compter huit cents victimes (de massacres ou de suicides) à Worms, et varient entre neuf cents et treize cents pour Mayence. Certes beaucoup durent préférer le baptême à la mort, et les sources n'indiquent pas le nombre de survivants; d'ailleurs on ne peut être sûr qu'elles n'exagèrent pas celui des martyrs. Quoi qu'il en soit, Baron conclut, d'après ses calculs, que « la population totale de chacune des deux communautés n'avait guère dépassé les chiffres qui sont donnés ici pour les morts [1] ». Il ne put donc y avoir à Worms et à Mayence que quelques centaines de survivants. Or ces villes, avec Spire, avaient été les seules jugées assez importantes pour être désignées dans l'édit de Rabbi Gershom.

Il faut donc admettre que la communauté juive de Rhénanie était très peu nombreuse, même avant la première croisade, et qu'elle avait beaucoup diminué en passant par le pressoir de Dieu. Quant à l'est du Rhin, dans le centre et le nord de l'Allemagne il n'existait encore aucune communauté juive, et il ne devait pas y en avoir avant longtemps. La théorie traditionnelle des historiens juifs pour qui la croisade de 1096 poussa comme un balai une migration massive de juifs allemands jusqu'en Pologne est tout simplement une légende — ou plutôt une hypothèse *ad hoc* inventée parce que, ne sachant presque rien de l'histoire des Khazars, on ne voyait pas d'autre moyen

1. BARON, vol. IV, p. 105, 292 n.

d'expliquer l'apparition soudaine d'une concentration inouïe de juifs en Europe de l'Est. Et pourtant dans les sources de l'époque on ne trouve pas la moindre mention d'une migration grande ou petite de la Rhénanie vers l'Allemagne centrale, sans même parler de la lointaine Pologne.

C'est ainsi qu'un de ces historiens de la vieille école, Simon Dubnov, écrivait : « La première croisade, qui mit en marche les foules chrétiennes vers l'est asiatique, poussa en même temps les foules juives vers l'est de l'Europe[1]. » Mais quelques lignes plus loin il avouait : « Sur les circonstances de ce mouvement d'émigration qui fut si important pour l'histoire juive nous n'avons pas d'information précise[2]. » Or nous possédons au contraire beaucoup de renseignements sur ce que firent les communautés éreintées durant les croisades. Il y eut des gens pour se tuer, d'autres pour résister et se faire lyncher; et ceux qui survécurent durent leur chance à l'asile que leur offrait, pour la durée des troubles, le château de l'évêque ou du burgrave responsables, en principe, de leur protection. Cette mesure ne suffit pas toujours à empêcher le massacre; en tout cas, après le passage des hordes de croisés les survivants retournaient invariablement à leurs synagogues, à leurs maisons pillées, pour recommencer à zéro.

C'est le scénario qui se répète dans les chroniques : à Trèves, à Metz, dans les autres villes de la vallée, après la seconde croisade c'était presque devenu une routine. « Aux premiers remuements qui annonçaient une nouvelle croisade, beaucoup de juifs de Mayence, de Worms, de Spire, de Strasbourg, de Wurzbourg, etc., se réfugiaient dans les châteaux, laissant leurs livres et leurs posses-

1. Dubnov, p. 427.
2. *Ibid.*, p. 428.

L'HÉRITAGE

sions les plus précieuses à la garde de bourgeois sympathisants[1]. » On trouve à ce propos de nombreux renseignements dans le *Livre du Souvenir* d'Éphraïm Bar Jacob, qui avait été lui-même parmi des réfugiés de Cologne au château de Wolkenburg[2]. Salomon Bar Simon rapporte que pendant la seconde croisade les juifs de Mayence qui survécurent avaient trouvé asile à Spire et qu'ensuite ils retournèrent chez eux et rebâtirent la synagogue[3]. Tel est le *leit-motiv* des chroniques : encore une fois elles ne disent pas un mot de communautés juives qui auraient émigré vers les régions orientales de l'Allemagne qui, selon l'expression de Mieses, étaient encore *Judenrein* — pures de tout juif — et devaient le rester plusieurs siècles[4].

3

Il y eut un relèvement partiel au XIIIe siècle. Pour la première fois on entend parler de juifs dans les régions voisines de la Rhénanie : au Palatinat en 1225, à Fribourg en 1230, à Ulm en 1243, à Heidelberg en 1255, etc.[5]. Mais ce ne fut qu'un répit : le XIVe siècle apporta de nouveaux désastres aux communautés juives franco-allemandes.

La première catastrophe fut l'expulsion du domaine royal, ordonnée par Philippe le Bel. La France avait souffert d'une crise économique accompagnée comme d'ordi-

---

1. BARON, vol. IV, p. 129.
2. *Ibid.*, p. 119.
3. *Ibid.*, p. 116.
4. MIESES, p. 275.
5. *Ibid.*

naire de dévaluation monétaire et de troubles sociaux. Philippe tenta d'y remédier par la méthode habituelle, en pressurant les juifs : il leur imposa un impôt de cent mille livres en 1292, de deux cent quinze mille en 1295, 1299 et 1302 et 1305, et pour finir décida de guérir radicalement ses finances maladives en signant, le 21 juin 1305, l'ordre secret d'arrêter à telle date tous les juifs du royaume, de confisquer tous leurs biens et de les chasser du pays. Les arrestations eurent lieu le 22 juillet, l'expulsion quelques semaines plus tard. Les réfugiés émigrèrent dans les provinces hors du domaine royal : Provence, Bourgogne, Aquitaine et autres grands fiefs. Mais selon Mieses « il n'existe absolument aucun témoignage historique pour indiquer que les communautés juives d'Allemagne auraient grossi à la suite des persécutions des juifs en France à la période décisive de l'expulsion [1] ». Et aucun historien n'a jamais imaginé que les juifs français eussent traversé l'Allemagne pour gagner la Pologne, à quelque époque que ce fût.

Sous les successeurs de Philippe des juifs furent rappelés (en 1315 et en 1350), ce qui ne répara pas les dégâts et n'empêcha pas de nouvelles persécutions. A la fin du XIVe siècle le domaine du roi de France était comme l'Angleterre essentiellement *Judenrein*.

4

La deuxième catastrophe de ce siècle désastreux fut la Peste noire qui entre 1348 et 1350 tua un tiers de la

---

1. *Ibid.*, p. 273.

L'HÉRITAGE

population européenne — et même les deux tiers dans certaines régions. Elle était venue d'Extrême-Orient en passant par le Turkestan, et la manière dont elle se déchaîna en Europe, les ravages qu'elle y provoqua, sont de bons exemples de la folie humaine. En 1347 un Tartare nommé Janibeg assiégeait, en Crimée, le port de Kaffa (aujourd'hui Feodosia) qui appartenait alors aux Génois. Comme la peste s'était déclarée dans son armée, il catapulta les corps des victimes à l'intérieur de la ville, dont les habitants furent donc infectés à leur tour. Les navires génois transportèrent rats et mouches pestiférés dans les ports méditerranéens, d'où ils se répandirent sur le continent.

Les bacilles de *Pasteurella pestis* n'étaient pas censés faire de distinction entre les religions; néanmoins les juifs eurent droit à un traitement spécial. Comme on les avait accusés autrefois de sacrifier rituellement des petits chrétiens, on les accusa d'empoisonner les puits afin de répandre la Peste noire. La rumeur se propagea encore plus vite que les rats, et en conséquence les juifs furent brûlés en masse dans toute l'Europe. Une fois de plus on recourut communément au suicide par immolation mutuelle pour éviter les flammes du bûcher.

Décimée, la population de l'Europe occidentale ne recouvra qu'au XVIe siècle la densité qu'elle avait avant la peste. Quant aux juifs, exposés à la double attaque des rats et des hommes, il n'en survécut qu'un petit nombre.

« La populace se vengea sur eux des cruels coups du destin et porta le fer et le feu parmi les survivants. D'après les historiens de l'époque, à la fin de l'épidémie l'Allemagne était presque sans juifs. Nous devons en conclure qu'en Allemagne proprement dite les juifs ne pouvaient pas prospérer et qu'ils ne purent jamais fonder de grandes communautés bien peuplées. Dans ces conditions comment auraient-ils pu donner naissance en Pologne à une population si dense que, de nos jours, [en 1909] il y a dix juifs polonais pour un juif allemand? Il est vraiment difficile de comprendre comment on a pu imaginer que les juifs orientaux viendraient d'immigrants de l'ouest, et surtout d'Allemagne [1]... »

C'est pourtant de la Peste noire, après s'être servi de la première croisade, que certains historiens font le *deus ex machina* qui aurait créé les communautés juives de l'Est. Exactement comme pour les croisades, il n'y a pas l'ombre d'une preuve de cet exode imaginaire. Bien au contraire, on constate que pour les juifs, dans ce cas comme dans l'autre, le seul espoir de salut était de serrer les rangs et de chercher refuge dans un château ou dans quelque localité moins hostile du voisinage. Mieses ne cite qu'une seule émigration durant la Peste noire : pour fuir la persécution, des juifs de Spire allèrent se réfugier à Heidelberg — à peu près quinze kilomètres plus loin.

Après l'extermination presque complète des vieilles communautés juives d'Allemagne et de France dans le sillage de la Peste noire, l'Europe occidentale demeura *Judenrein* pendant deux siècles, sauf des enclaves où végétaient quelques groupes — et naturellement à l'exception de l'Espagne. Ce furent ensuite de tout autres juifs qui fondèrent les communautés modernes d'Angleterre, de France, de Hollande, aux XVIe et XVIIe siècles : les Sépharades, juifs d'Espagne contraints de fuir le pays qu'ils avaient habité pendant plus de mille ans. Leur histoire, comme celle des communautés juives de l'Europe moderne, ne nous concerne pas dans le présent ouvrage.

On peut conclure sans risque d'erreur que l'idée qu'on se fait traditionnellement d'un exode massif des juifs occidentaux, du Rhin jusqu'en Pologne à travers l'Alle-

---

1. KUTSCHERA, p. 235, 241.

L'HÉRITAGE

magne, glacis hostile et sans un seul coreligionnaire, est historiquement insoutenable. Elle est incompatible avec les dimensions minuscules des communautés rhénanes, leur répugnance à se propager à l'Est, leur comportement stéréotypé dans l'adversité, et — dans les chroniques de l'époque — l'absence de toute mention de mouvements migratoires. A l'appui de cette conclusion la linguistique fournit, comme on va le voir, d'autres arguments.

CHAPITRE VII

Flux et reflux

1

DEVANT les données que nous venons de rassembler on comprend que les historiens polonais — qui, après tout, sont les plus proches des sources — jugent communément qu' « à l'origine le gros de la population juive provenait du pays des Khazars [1] ». On serait même tenté d'aller plus loin et de dire, comme Kutschera, que les juifs de l'Est étaient à cent pour cent d'origine khazare. Ce serait possible si la malheureuse communauté franco-rhénane avait été la seule autre prétendante. Mais à la fin du Moyen Age l'histoire fut compliquée par l'essor et la décadence des communautés juives installées dans les domaines de l'ancienne monarchie austro-hongroise et dans les Balkans. Non seulement Vienne et Prague avaient une population juive considérable, mais il n'y a pas moins de cinq localités appelées Judendorf dans les Alpes carinthiennes, et plusieurs Judenburg ou Judenstadt en Styrie. A la fin du XVe siècle les juifs furent expulsés de ces provinces et se réfugièrent en Italie, en Pologne et en Hongrie. Mais d'où étaient-ils venus à l'origine? Sûrement pas de l'Ouest. Mieses a fait le compte de ces communautés dispersées :

1. Voir chap. v, 5.

« Au haut Moyen Age nous trouvons dans l'Est une chaîne d'établissements qui vont de la Bavière à la Perse, au Caucase, en Asie mineure, à Byzance. [Mais] à l'ouest de la Bavière il y a une lacune à travers toute l'Allemagne... Comment s'est effectuée cette immigration juive dans les régions alpines, nous ne le savons pas exactement, mais sans nul doute les pays qui furent les trois grands réservoirs de juifs depuis la fin de l'Antiquité jouèrent leur rôle : l'Italie, Byzance et la Perse [1]... »

Dans cette énumération le chaînon manquant est une fois de plus la Khazarie qui, nous l'avons vu, servit de réceptacle et de lieu de transit aux juifs en provenance de Byzance et du califat. Mieses a eu le grand mérite de réfuter la légende de l'origine rhénane des juifs de l'Est, mais il était, comme tant d'autres, mal informé de l'Histoire des Khazars, et il ne soupçonnait pas leur importance démographique. Toutefois il eut peut-être raison de songer à un contingent italien dans l'immigration en Autriche : l'Italie était presque saturée de juifs depuis l'époque romaine et en outre, comme la Khazarie, recevait sa part de l'émigration byzantine. Il est donc possible qu'un petit nombre d'« authentiques » juifs d'origine sémitique aient pénétré dans l'est de l'Europe; mais ce fut sans doute un bien petit nombre car dans les documents il n'y a aucune trace de grosse immigration de juifs italiens en Autriche, alors qu'à l'inverse il est abondamment prouvé que des juifs des provinces alpines passèrent en Italie au moment de leur expulsion à la fin du XVe siècle. A cause de ce genre de détails qui tend à embrouiller l'histoire on se prend à regretter que les juifs ne se soient pas rendus en Pologne à bord d'un navire comme les premiers colons d'Amérique, en tenant convenablement leur journal de bord.

---

1. P. 291, 292.

L'HÉRITAGE

Malgré tout, on peut discerner les grandes lignes des mouvements de migration. Les colonies alpines étaient très probablement des ramifications occidentales de la grande migration khazare en direction de la Pologne, migration qui s'étendit sur plusieurs siècles et qui emprunta plusieurs routes : par l'Ukraine, par les pays slaves au nord de la Hongrie, peut-être aussi par les Balkans. A une date inconnue, des juifs en armes auraient envahi la Roumanie, selon une légende de ce pays [1].

2

Il existe une autre légende, bien curieuse, à propos de l'histoire des juifs d'Autriche. Colportée d'abord par des chroniqueurs chrétiens au Moyen Age, elle fut reprise avec le plus grand sérieux par les historiens jusqu'au début du XVIIIe siècle. Avant le christianisme, dit cette légende, les terres qui devaient devenir l'Autriche furent gouvernées par des princes juifs. La Chronique autrichienne, compilée par un scribe viennois sous le règne d'Albert III (1350-1395), contient une liste de vingt-deux princes, qui se seraient succédé en droite ligne. On ne donne pas seulement leurs noms, dont certains ont une consonance nettement ouralo-altaïque, mais aussi la durée de leurs règnes et l'emplacement de leurs tombeaux — par exemple : « Sennan, règna quarante-cinq ans, enterré à la Stuebentor à Vienne; Zippan, quarante-trois ans, enterré à Tullin », et ainsi de suite, avec des noms comme Lapton, Ma'alon, Raptan, Rabon, Effra, Samek.

---

1. *Jewish Enc.*, vol. X, p. 512.

Après ces juifs, seraient venus cinq païens, et enfin les rois chrétiens. La légende se retrouve dans les histoires d'Autriche composées en latin par Henricus Gundelfingus en 1474 et par d'autres auteurs dont le dernier fut Anselmus Schram, qui publia en 1702 les *Flores Chronicorum Austriae* et croyait encore, apparemment, à son authenticité [1].

D'où put bien sortir ce conte fantastique? Lisons encore Mieses : « Le fait même qu'une telle légende ait pu se constituer et se maintenir obstinément pendant des siècles montre qu'au tréfonds de la conscience nationale de l'ancienne Autriche persistèrent de vagues souvenirs d'une présence juive, aux temps jadis, dans les terres du Haut Danube. Qui sait si la marée des domaines khazars d'Europe orientale ne vint pas autrefois battre les contreforts des Alpes — ce qui expliquerait la saveur ouranienne des noms de ces princes? Les affabulations des chroniqueurs du Moyen Age ne purent éveiller un écho dans le peuple qu'en s'appuyant sur des souvenirs collectifs, si vagues fussent-ils [2]. »

Nous l'avons dit : Mieses incline plutôt à sous-estimer la contribution des Khazars à l'Histoire juive, et pourtant il trouve la seule hypothèse plausible pour expliquer l'origine de la robuste légende. On peut même se risquer à une conjecture plus précise. Pendant plus de cinquante ans, jusqu'en 955, l'Autriche fut sous la domination hongroise, pour ce qui concerne tous les territoires à l'est de l'Enns. Les Magyars étaient arrivés dans leur nouvelle patrie en 896, en même temps que les influentes tribus kabar-khazares. Ils n'étaient pas encore convertis au christianisme (et ne devaient l'être qu'en l'an 1000); la seule religion monothéiste qui leur fût un peu familière

---

1. Fuhrmann, *Alt-und Neuösterreich,* cité par Mieses, p. 279.
2. Mieses, *loc. cit.*

était le judaïsme khazar. Il put y avoir parmi eux un ou deux chefs pour pratiquer une sorte de judaïsme : on se rappelle que le chroniqueur byzantin Jean Cinname parle de troupes juives combattant dans l'armée hongroise[1]. Il est donc possible que la légende ait eu quelque fondement, d'autant qu'à l'époque, les Hongrois étaient dans leur phase de pillage et de violence, — le fléau de l'Europe. Passer sous leur domination, ce fut certainement une expérience traumatisante que les Autrichiens avaient peu de chance d'oublier. Tout cela s'accorde assez bien.

3

Contre une prétendue origine franco-rhénane des juifs de l'Est on trouve d'autres arguments dans la structure du yiddish, langue vernaculaire que parlaient des millions de juifs avant l'holocauste nazi, et que préservent des minorités traditionalistes en U.R.S.S. et aux États-Unis.

Le yiddish est un curieux amalgame d'hébreu et de vieil allemand, avec des apports slaves et autres, écrit en alphabet hébreu. De nos jours en voie d'extinction il fait l'objet de savantes recherches aux États-Unis et en Israël, mais jusqu'en plein XXe siècle les linguistes le considéraient comme un jargon qui ne méritait guère d'étude sérieuse. « Les érudits ont prêté peu d'attention au yiddish, note H. Smith. A part quelques articles dans des revues, la première étude vraiment scientifique de la langue a été la *Grammaire historique* de Mieses, publiée en 1924. Il est significatif que la dernière édition d'un traité de gram-

---

[1]. Voir chap. v, 2.

maire allemande, qui étudie l'allemand au point de vue de ses dialectes, ne consacre que douze lignes au yiddish[1]. »

Au premier abord la prédominance du vocabulaire germanique dans le yiddish paraît contredire notre thèse sur les origines des juifs de l'Est; nous verrons bientôt que c'est tout le contraire, mais le raisonnement impose de procéder par étapes. Pour commencer, il convient de se demander quel dialecte germanique précisément a contribué au yiddish. Il semble que personne ne se soit sérieusement préoccupé de cette question avant Mieses, qui eut le mérite de s'y attacher et d'apporter une réponse claire. En s'appuyant sur l'étude comparée du vocabulaire, de la phonétique et de la syntaxe du yiddish et des principaux dialectes germaniques du Moyen Age, il conclut :

> « On ne trouve dans le yiddish aucune composante linguistique provenant des régions allemandes proches de la France. Pas un seul mot du lexique spécifiquement mosellan-franconien de J. A. Ballas (*Beiträge zur Kenntnis der Trierischen Volkssprache,* 1903, 28, sq.) n'a pénétré dans le vocabulaire du yiddish. Les régions plus au centre, autour de Francfort, n'ont pas contribué non plus au yiddish[2]... Pour ce qui est des origines du yiddish on peut éliminer l'Allemagne occidentale[3]... Serait-ce que l'opinion généralement admise, selon laquelle les juifs allemands émigrèrent jadis de France par le Rhin, est erronée? L'histoire des juifs allemands, de la communauté askenaze[4] est à réviser. Les erreurs historiques sont souvent rectifiées par la recherche linguistique. La théorie traditionnelle de l'ancienne immigration des juifs askenazes en provenance de la France appartient à la catégorie des erreurs historiques en instance de correction[5]... »

1. *Proc. Glasgow University Oriental Society,* V, p. 65, 66.
2. P. 211.
3. P. 269.
4. Voir ci-dessous, chap. VIII, 1.
5. P. 272.

L'HÉRITAGE 217

Mieses cite ensuite plusieurs exemples de méprises historiques, comme le cas des Gitans que l'on crut originaires d'Égypte « jusqu'au jour où la linguistique montra qu'ils venaient de l'Inde [1] ».

Débarrassé de la prétendue origine occidentale des composantes germaniques du yiddish, Mieses put démontrer que les éléments qui prédominent dans cette langue sont les dialectes du « moyen allemand oriental » parlés jusqu'au XVe siècle environ dans les Alpes d'Autriche et de Bavière. En d'autres termes les éléments germaniques incorporés à la langue hybride des juifs provenaient des régions orientales de l'Allemagne, proches des domaines slaves de l'Europe de l'Est.

Ainsi les arguments de la linguistique viennent à l'appui des témoignages historiques pour réfuter la fausse théorie des origines franco-rhénanes des juifs de l'Est. Mais ces preuves négatives n'expliquent pas comment un dialecte germanique mêlé d'éléments hébreux et slaves a pu devenir la langue courante de ces juifs, dont la majorité, pensons-nous, était d'origine khazare.

Si l'on tente de répondre à cette question, plusieurs facteurs sont à prendre en considération. En premier lieu l'évolution du yiddish fut un processus long et complexe, qui commença probablement au XVe siècle ou même avant; mais ce ne fut pendant très longtemps qu'une langue parlée, une sorte de *lingua franca*. Avant que l'on commençât à l'imprimer, au XIXe siècle, le yiddish n'avait pas de normes grammaticales : « Chacun pouvait introduire à son gré des mots étrangers. Pas de forme établie de prononciation ni d'orthographe... Le chaos graphique apparaît assez nettement dans les règles données par la *Jüdische Volks-Bibliothek : a)* Écrivez comme vous

---

1. *Ibid.*

parlez, *b)* Écrivez pour vous faire comprendre des juifs polonais comme des juifs lituaniens, *c)* Écrivez différemment les mots de même consonance qui ont des sens différents[1]. »

Le yiddish se développa donc de siècle en siècle par prolifération sans entrave, en empruntant avidement à l'environnement social tous les mots, toutes les tournures qui convenaient le mieux à sa finalité de langue vernaculaire. Mais dans l'environnement de la Pologne médiévale l'élément dominant sur le plan social et sur le plan culturel était constitué par la population allemande, la seule, parmi les immigrants, qui fût plus influente que les juifs, économiquement et intellectuellement. Nous avons vu que dès le début de la dynastie des Piast, et surtout sous Casimir le Grand, on faisait tout pour attirer les étrangers afin de coloniser la terre et de construire des villes « modernes ». On disait de Casimir qu'il avait « trouvé un pays en bois et laissé un pays en pierres ». Ces villes nouvelles en pierre, Cracovie par exemple, ou Lemberg (Lwow) furent bâties et gérées par des immigrés allemands à qui la « Loi de Magdebourg » donnait une marge considérable d'autonomie municipale. On affirme qu'il n'y eut pas moins de quatre millions d'Allemands installés en Pologne[2], à laquelle ils procurèrent une classe moyenne citadine qu'elle ne possédait pas auparavant. En comparant l'immigration allemande à l'immigration khazare Poliak écrit : « Les dirigeants importèrent ces masses d'étrangers entreprenants dont ils avaient grand besoin et facilitèrent leur installation conformément au mode de vie auquel elles étaient habituées dans leurs pays d'origine : la ville allemande et le *shtetl* juif. » (Seulement cette judicieuse répartition fut beaucoup moins nette lorsque des juifs

1. SMITH, *op. cit.,* p. 66.
2. KUTSCHERA, p. 244.

L'HÉRITAGE

d'Occident vinrent s'établir dans les villes et y formèrent des ghettos.)

Les Allemands étaient prédominants dans la bourgeoisie cultivée, et aussi dans le clergé : conséquence naturelle de l'option prise par la Pologne en faveur du catholicisme et de la civilisation occidentale; et de même en Russie, Vladimir s'étant converti à l'Église orthodoxe, le clergé fut principalement byzantin. La culture profane elle aussi marcha sur les traces du voisin occidental plus âgé : la première université polonaise fut fondée en 1364 à Cracovie qui était alors une ville à prédominance germanique [1]. L'Autrichien Kutschera l'explique complaisamment :

> « Les colons allemands furent d'abord regardés avec suspicion et méfiance par le peuple; mais ils réussirent à s'implanter de plus en plus solidement et même à introduire le système scolaire allemand. Les Polonais apprirent à apprécier les avantages de la culture supérieure qu'apportaient les Allemands et à imiter leurs manières étrangères. L'aristocratie polonaise s'éprit aussi des coutumes germaniques et trouva admirable tout ce qui venait d'Allemagne [2]... »

Cela n'est pas précisément modeste, mais en gros c'est vrai. Le phénomène rappelle la vogue de la *Kultur* allemande chez les intellectuels (et les snobs) russes au XIXe siècle.

On comprend qu'en s'installant par milliers en Pologne les immigrés khazars se sentissent obligés d'apprendre l'allemand pour pouvoir se débrouiller. Ceux qui traitaient avec la population indigène devaient sans nul doute apprendre aussi des rudiments de polonais (ou de lituanien, d'ukrainien, de slovène); mais l'allemand était

---

1. Au siècle suivant elle compta parmi ses étudiants Nicolas Copernic (Nicolaus Copernicus ou Mikolaj Koppernigk) que revendiquèrent plus tard des patriotes allemands comme des patriotes polonais.
2. KUTSCHERA, p. 243.

indispensable pour toute espèce de relations en ville. En même temps la synagogue prêchait la torah en hébreu. On imagine bien dans son *shtetl* un artisan — cordonnier ou marchand de bois — baragouinant l'allemand avec ses clients et le polonais avec les serfs du domaine voisin, et chez lui mélangeant à l'hébreu les vocables les plus expressifs de ces deux langues pour en faire une sorte d'idiome personnel. Comment ce pot-pourri a pu devenir une langue de communication uniforme, dans la mesure où elle l'a été, aux linguistes de le deviner; on peut au moins discerner quelques facteurs qui facilitèrent le processus.

Parmi les derniers immigrés en Pologne se trouvaient aussi, nous l'avons vu, un certain nombre de « vrais » juifs venus des Alpes, de la Bohême et de l'Est de l'Allemagne. Relativement peu nombreux, ces juifs de langue allemande étaient plus instruits, plus cultivés que les Khazars, de même que les Allemands en général se trouvaient, au point de vue culturel, supérieurs aux Polonais. Et de même également que les Allemands dominaient le clergé catholique, les rabbins venus d'Occident poussèrent fortement à la germanisation des Khazars, dont le judaïsme était fervent mais primitif. Citons encore Poliak :

> « Les juifs allemands qui atteignirent le royaume de Pologne-Lituanie eurent une énorme influence sur leurs frères de l'Est. Si les juifs [khazars] éprouvèrent pour eux un puissant attrait, c'est qu'ils admiraient leur savoir religieux et leur efficacité à faire des affaires avec les villes à prédominance allemande... La langue parlée au *heder,* l'école religieuse, et dans la maison du *ghevir* [riche notable] influençait le langage de toute la communauté, de la même façon que de nos jours à Jérusalem il y a chez les juifs orientaux une tendance à prendre la langue et les manières des Sephardis, qui sont parmi eux les plus riches et les plus cultivés [1]. »

1. POLIAK, chap. IX.

L'HÉRITAGE

Le traité d'un rabbin polonais du XVIIe siècle contient ce vœu très dévot : « Dieu veuille que le pays s'emplisse de sagesse et que tous les juifs parlent allemand [1] ! »

Il est caractéristique que parmi les juifs khazars de Pologne, les seuls qui aient résisté aux tentations spirituelles aussi bien que mondaines qu'offrait la langue allemande, furent les Karaïtes qui rejetaient à la fois les richesses matérielles et les doctrines rabbiniques. Ils ne se mirent jamais au yiddish. D'après les données du premier recensement général effectué en Russie en 1897, il y avait alors 12 894 Karaïtes dans l'empire tsariste (lequel incluait la Pologne). 9 666 d'entre eux avaient pour langue maternelle le turc (c'est-à-dire probablement leur dialecte khazar d'origine), 2 632 parlaient russe; 383 seulement parlaient yiddish.

Mais la secte karaïte représente l'exception plutôt que la règle. En général les immigrés ont tendance à perdre leur langue en deux ou trois générations pour adopter celle de leur nouvelle patrie [2]. En Amérique les petits-enfants des immigrés d'Europe orientale n'apprennent pas le polonais ou l'ukrainien, et trouvent plutôt comique le charabia de leurs grands-parents. On a peine à comprendre que des historiens aient pu nier l'évidence de l'immigration des Khazars en Pologne sous prétexte que cinq cents ans après ils ne parlaient plus leur langue.

D'ailleurs les descendants des tribus bibliques constituent un bon exemple d'adaptabilité linguistique. Ils parlèrent d'abord hébreu; puis chaldéen durant l'exil à Babylone; araméen au temps de Jésus; grec à Alexandrie; en Espagne, arabe ou plus tard ladino, un espagnol métissé

---

1. Cité par POLIAK, *loc. cit.*
2. Le cas des conquérants et des colonisateurs qui imposent leur langue aux indigènes est évidemment bien différent.

d'hébreu et écrit en lettres hébraïques — l'équivalent sépharade du yiddish; et ainsi de suite. Ils préservèrent leur identité religieuse et changèrent de langues à leur convenance. Les Khazars n'étaient pas des descendants de ces tribus mais, comme on l'a vu (chap. v, 1), ils partageaient avec leurs coreligionnaires, entre autres caractéristiques sociales, un certain cosmopolitisme.

4

A propos de l'origine du yiddish, Poliak a avancé une autre hypothèse qu'il convient de mentionner, encore qu'elle soit assez problématique. D'après lui « un yiddish primitif aurait pris forme dans les régions de Crimée khazare occupées par les Goths. Les conditions de vie dans ces régions devaient forcément provoquer une combinaison d'éléments germaniques et hébreux plusieurs centaines d'années avant la fondation des établissements dans les royaumes de Pologne et de Lituanie [1] ».

Poliak invoque le témoignage d'un certain Joseph Barbaro, de Venise, qui vécut à Tana (comptoir italien sur l'estuaire du Don) de 1436 à 1452, et qui écrivit que son serviteur allemand pouvait converser avec un Goth de Crimée aussi facilement qu'un Florentin avec un Génois En fait, la langue gothique survécut en Crimée (et nulle part ailleurs semble-t-il) jusqu'au milieu du XVIe siècle au moins. A cette époque l'ambassadeur des Habsbourg à Constantinople, Ghiselin de Busbeck, rencontra des gens originaires de Crimée qui lui dictèrent des mots gothiques dont il fit la liste. (Ce Busbeck dut être un homme remar-

1. *Op. cit.*

quable : il fut le premier à introduire du Levant en Europe le lilas et la tulipe.) Poliak juge ce vocabulaire très proche du moyen haut-allemand dont on trouve les éléments dans le yiddish. A son avis les Goths de Crimée étaient en contact avec les autres peuples germaniques et leur langue en fut influencée. Quoi qu'il en soit, c'est là une hypothèse qui mérite l'attention des linguistes.

5

« En un sens on peut dire que pour les juifs les siècles obscurs ont commencé à la Renaissance », écrit Cecil Roth[1]. Il y avait eu des persécutions et des massacres, à l'occasion des croisades, de la Peste noire, et sous bien d'autres prétextes, mais il s'agissait de flambées anarchiques de violence, condamnées ou passivement tolérées par les autorités. En revanche, depuis le début de la contre-réforme les juifs furent légalement rabaissés à une condition un peu moins qu'humaine, à maints égards comparable à celle des intouchables dans le système de castes hindou.

« Les quelques communautés autorisées à demeurer en Europe occidentale (Italie, Allemagne, terres du pape dans le midi de la France) furent enfin soumises à toutes les contraintes dont auparavant on admettait habituellement qu'elles ne fussent qu'un idéal[2] » — c'est-à-dire énumérées dans des décrets ecclésiastiques ou autres, mais qui n'existaient que sur le papier (voir par exemple pour la Hongrie, chap. v, 2). Mais désormais ces ordonnances

1. *Enc. Brit.*, éd. 1973, article « Jews ».
2. ROTH, *loc. cit.*

« idéales » furent impitoyablement appliquées : ségrégation spatiale, *apartheid* sexuel, exclusion de toutes situations et occupations respectées, ports de vêtements distinctifs : rouelle jaune et bonnet pointu. En 1555 le pape Paul IV, dans la bulle *Cum nimis absurdum,* exigea l'application stricte et logique des anciens édits qui reléguaient les juifs aux ghettos. Un an plus tard, les juifs de Rome furent obligatoirement transférés, et tous les pays catholiques où les juifs avaient encore une certaine liberté de mouvement durent suivre cet exemple.

En Pologne la lune de miel inaugurée par Casimir le Grand avait duré plus longtemps qu'ailleurs; à la fin du XVIe siècle elle achevait son cours. Aux communautés enfermées maintenant dans les *shtetl* et les ghettos surpeuplés s'ajoutèrent les réfugiés des massacres perpétrés dans les villages d'Ukraine par les cosaques de Chmelnicky (*cf.* chap. v, 5), ce qui provoqua une détérioration rapide de la situation économique et des conditions de logement. Le résultat fut une nouvelle vague d'émigration en Hongrie, en Bohême, en Roumanie et en Allemagne où presque tous les Juifs avaient disparu au moment de la Peste noire.

Ainsi recommença la grande migration vers l'ouest. Elle allait se poursuivre pendant près de trois siècles, jusqu'à la Seconde Guerre mondiale, et fournir les principaux éléments des populations juives d'Europe, des États-Unis et d'Israël. Quand le flot parut ralentir, les pogroms du XIXe siècle vinrent lui donner un nouvel élan. « Le deuxième mouvement vers l'ouest, écrit Roth qui date le premier de la destruction de Jérusalem, qui continua jusqu'au XXe siècle, a une origine que l'on peut fixer aux terribles massacres de Chmelnicki en Pologne, en 1648-1649[1]. »

---

1. *Ibid.*

6

La documentation rassemblée dans les chapitres précédents constitue un ensemble d'arguments solides en faveur des historiens modernes — autrichiens, israéliens ou polonais — qui, indépendamment les uns des autres, pensent pouvoir conclure que le gros de la population juive, à l'heure actuelle, n'est pas d'origine palestinienne, et qu'elle est d'origine caucasienne. Pour l'essentiel, les migrations juives ne sont pas parties de la Méditerranée pour aller vers l'est en passant par la France et l'Allemagne et revenir ensuite vers l'ouest. Elles sont allées constamment vers l'ouest, du Caucase vers l'Ukraine, puis vers la Pologne et de là vers l'Europe centrale. Quand se produisit en Pologne une immigration massive sans précédent il n'y avait tout simplement pas assez de juifs en Occident pour qu'on puisse songer à leur attribuer pareil mouvement de foule, alors qu'à l'est toute une nation s'était mise en marche.

Certes, il serait absurde de nier que les juifs d'autre origine aient contribué aussi à la population juive actuelle. Nul ne peut estimer le pourcentage de la composante khazare par rapport aux contributions sémitiques et autres. Mais il existe assez de preuves pour que l'on incline à penser avec l'ensemble des historiens polonais qu'à l'origine le gros de l'immigration « provenait du pays des Khazars » et qu'en conséquence la contribution khazare à la composition génétique des juifs doit être substantielle, et peut-être bien dominante.

CHAPITRE VIII

Race et mythe

1

LES juifs d'Europe et d'Amérique se divisent en deux groupes principaux : les Sépharades *(Sephardim)* et les Askénazes *(Ashkenazim)*. Les premiers sont les descendants des juifs qui, depuis l'Antiquité, vécurent en Espagne *(Sepharad* en hébreu) jusqu'à leur expulsion à la fin du XVe siècle, et qui ensuite s'établirent dans les pays riverains de la Méditerranée, dans les Balkans et, dans une moindre mesure, en Europe occidentale. Ils parlaient un dialecte hispano-hébreu, le ladino (v. chap. VII, 3), préservèrent leurs traditions et leurs rites, et vers 1960 on évaluait leur nombre à 500 000.

A la même époque, les Askénazes étaient environ onze millions. On peut donc dire qu'en langage courant, juif est synonyme d'Askénaze. Mais c'est un terme trompeur, car dans la littérature rabbinique du Moyen Age le mot *Ashkenaz* désignait l'Allemagne, ce qui a contribué à la légende de l'origine rhénane des juifs modernes. Cependant il n'y a pas d'autre terme pour nommer la majorité non sépharade de la population juive euro-américaine.

Pour le côté piquant de la chose il faut noter que dans la Bible *Ashkenaz* s'applique à un peuple situé près du Mont Ararat, en Arménie. Le mot est dans la Genèse (10,3) et dans les Chroniques (1,6), c'est le nom de l'un des fils de Gomer, fils de Japhet. Ashkenaz est aussi un frère de Togarmah (et un neveu de Magog) que les Khazars, selon le roi Joseph, revendiquaient comme ancêtre (v. chap. II, 5). Mais il y a pire. On trouve aussi le mot dans le Livre de Jérémie (51,27) à l'endroit où le prophète appelle son peuple et ses alliés à se dresser pour détruire Babylone : « Et fais appel aux royaumes d'Ararat, de Minni et d'Ashkenaz. » Le célèbre Saadia Gaon, chef spirituel des Juifs orientaux, au Xe siècle, interpréta ce passage comme une prophétie pour son temps : Babylone symbolisait le califat de Bagdad, et les Achkenazim qui devaient l'attaquer étaient les Khazars ou leurs alliés. C'est pourquoi, dit Poliak [1], des juifs khazars instruits, mis au courant de l'ingénieux raisonnement du Gaon, prirent le nom d'Ashkenazim quand ils émigrèrent en Pologne. Cela ne prouve rien, mais cela ajoute à la confusion.

2

Pour résumer une vieille et dure controverse Raphael Patai a écrit un paragraphe assez laconique :

> « Les données de l'anthropologie physique montrent que, contrairement à l'opinion courante, il n'y a pas de race juive. Les mensurations anthropométriques de groupements juifs dans de nombreux pays indiquent que ces groupements diffèrent beaucoup les uns des autres à l'égard de toutes les caractéristiques physiques importantes : taille, poids, pigmentation, indice crânien, indice facial, groupe sanguin, etc. [2]. »

1. POLIAK, App. 3.
2. PATAI, directeur de recherche au Theodor Herzl Institute, New York, *Enc. Brit.*, 1973, vol. XII, p. 1054.

L'HÉRITAGE

C'est en effet ce que pensent aujourd'hui les anthropologues et les historiens. De plus, il est généralement admis que les comparaisons d'indices de l'encéphale, de types sanguins, etc., révèlent plus de ressemblance entre les juifs et les autochtones des pays où ils résident qu'entre les juifs de différentes nations.

Toutefois, paradoxalement, on ne saurait écarter sans examen la croyance populaire selon laquelle les juifs, ou du moins certains types de juifs, sont reconnaissables au premier coup d'œil — et cela pour la raison bien simple que cette croyance trouve un fondement objectif dans la vie de tous les jours. Les données de l'anthropologie paraissent en contradiction avec celles de l'observation.

Mais avant d'aborder cette question il sera utile de revoir quelques-uns des faits sur lesquels les anthropologues se fondent pour nier l'existence d'une race juive. Voici pour commencer une citation tirée de l'excellent ouvrage publié par l'UNESCO, *le Racisme devant la science*. L'auteur, le professeur Juan Comas [1], passe en revue la documentation statistique et conclut de la manière suivante (les italiques sont de lui) :

> « Ainsi donc, contrairement à l'opinion courante, le peuple juif, en tant que race, est varié; ses migrations constantes, ses rapports, volontaires ou non, avec les nations et les peuples les plus divers l'ont soumis à un tel métissage que *l'on trouve, dans ce que l'on appelle le peuple d'Israël, des traits de tous les autres peuples.* Il suffit de comparer le juif de Rotterdam, solide, lourd, au visage coloré, et son coreligionnaire de Salonique, par exemple, au corps débile et nerveux, dont les yeux brûlent le visage émacié. Dans l'état actuel de nos connaissances nous pouvons donc dire que les juifs présentent entre eux une variété morphologique aussi grande que celle que pourraient présenter deux ou plusieurs races distinctes. »

---

1. COMAS, « Les mythes raciaux », in *op. cit.*, UNESCO, 1960, p. 39.

Il conviendrait d'examiner ensuite certaines des caractéristiques physiques que les anthropologues prennent pour critères et sur lesquelles s'appuient les conclusions de Comas.

Un critère des plus simples — et des plus naïfs comme on devait s'en apercevoir — a été celui des mensurations corporelles. Dans *The Races of Europe,* ouvrage monumental publié en 1900, William Ripley écrivait : « Les juifs européens sont tous de petite taille; non seulement cela, ils sont souvent absolument rabougris[1]. » Il avait raison à l'époque, jusqu'à un certain point, et il citait de copieuses statistiques pour prouver ses dires; mais il était assez fin pour présumer que cette déficience physique était peut-être bien due à l'influence du milieu[2]. Onze ans plus tard Maurice Fishberg publia *The Jews — A Study of Race and Environment;* cette étude anthropologique, la première du genre en anglais, apporta la révélation surprenante que la taille moyenne des enfants des juifs d'Europe orientale immigrés aux États-Unis était de 167,9 centimètres quand celle de leurs parents était de 164,2 centimètres : une poussée de près de trois centimètres en une seule génération[3]. Depuis lors tout le monde sait que les descendants de populations immigrées — qu'il s'agisse de juifs, d'Italiens ou de Japonais — sont nettement plus grands que leurs parents, sans doute en raison d'un meilleur régime alimentaire et de certains autres facteurs environnementaux.

Fishberg avait rassemblé d'autre part des statistiques pour comparer la taille moyenne des juifs et des non-juifs en Pologne, en Autriche, en Roumanie, en Hongrie, etc. Le résultat ne fut pas moins surprenant : on s'aperçut

---

1. RIPLEY, *op. cit.,* p. 377.
2. *Ibid.,* p. 378 et sq.
3. FISCHBERG, p. 37.

qu'en général la taille des juifs variait comme celle de la population non juive du pays où ils vivaient. Ils étaient relativement grands dans les contrées où la population indigène est de haute taille, et vice-versa. De plus dans le même pays, voire dans la même ville (cas de Varsovie), la taille des juifs comme des non-juifs variait selon le niveau de prospérité du canton ou du quartier[1] Cela ne signifie pas que l'hérédité est sans influence sur la taille, mais que la taille obéit aussi à d'autres facteurs, que le milieu la modifie, et qu'elle ne peut pas servir de critère racial.

On peut passer ensuite aux mesures crâniennes, naguère fort à la mode chez les anthropologues, aujourd'hui un peu vieux-jeu. On retrouve là le même genre de conclusion fondée sur les données statistiques : « La comparaison des indices céphaliques des populations juives et non juives de divers pays accuse une nette ressemblance entre juifs et non juifs de nombreux pays, tout en montrant de très fortes variations quand on compare les indices céphaliques de population juives habitant des pays différents. On est ainsi amené à conclure que ce trait, en dépit de sa plasticité, signale la diversité raciale des Juifs[2]. »

Cette diversité, notons-le, est surtout prononcée entre Sépharades et Askénazes. En général les Sépharades sont dolicocéphales, les Askénazes, brachycéphales. Kutschera voyait dans cette différence une nouvelle preuve de la dualité raciale des Askénazes khazars et des Sépharades sémitiques. Mais nous venons de voir que les indices de largeur et de longueur crâniennes varient avec les nations-hôtes, ce qui dans une certaine mesure affaiblit l'argument.

Les statistiques relatives à d'autres traits physiques vont aussi à l'encontre de l'unité raciale. Généralement les juifs

1. FISCHBERG, chap. II.
2. PATAI, *op. cit.*

ont les cheveux noirs et les yeux bruns. Mais quelle est la généralité de ce « généralement », quand, selon Comas, 49 % des juifs polonais avaient les cheveux blonds ou châtains [1] et qu'en Autriche 54 % des écoliers juifs avaient les yeux bleus [2]? Il est vrai qu'en Allemagne Virchov trouva « seulement » 32 % de petits juifs blonds, alors que chez les non-juifs la proportion de blonds était plus grande [3]; mais cela montre simplement que la corrélation n'est pas absolue, on pouvait s'y attendre.

De nos jours les données les plus sûres proviennent de la classification par groupes sanguins. Les travaux récents sont très nombreux dans ce domaine; il suffira de citer un exemple dans lequel on a utilisé un indicateur particulièrement sensible :

> « En ce qui concerne le type sanguin, les collectivités juives accusent des différences considérables entre elles et de nettes ressemblances avec l'environnement non juif. Pour exprimer ce fait, l'indice bio-chimique de Hirszfeld $\frac{(A + AB)}{(B + AB)}$ est d'un emploi commode. En voici quelques exemples typiques : Allemagne : juifs 2,74, non juifs 2,63; Roumanie : juifs 1,54, non juifs 1,55; Pologne : juifs 1,94, non juifs 1,55; Maroc : juifs 1,63, non juifs 1,63; Irak : juifs 1,22, non juifs 1,37; Turkestan : juifs 0,97, non juifs 0,99 [4]. »

On pourrait résumer la situation en deux formules mathématiques :
1. $NJ_a - J_a < J_a - J_b$
et
2. $NJ_a - NJ_b \cong J_a - J_b$

C'est dire que, généralement parlant, à l'égard des critères anthropogiques la différence entre non juifs (NJ)

1. Comas, *op. cit.*
2. Fischberg, p. 63.
3. Cité par Fishberg, p. 63.
4. Patai, *op. cit.*, p. 1054.

L'HÉRITAGE 233

et juifs (J) dans un pays donné *(a)* est moindre que la différence entre juifs de pays différents *(a et b);* et la différence entre les non-juifs des pays a et b est la même que la différence entre les juifs de a et ceux de b.

Il semble approprié de donner ici une autre citation empruntée au recueil de l'UNESCO; elle est de Harry Shapiro, dont l'étude s'intitule : « Le peuple de la Terre promises, histoire biologique. »

> « Toute tentative visant à classer les populations juives dans une même catégorie raciale aboutit à une contradiction dans les termes, par suite de l'étendue considérable des variations de leurs caractères physiques et de la répartition des gènes qui déterminent leurs groupes sanguins. Car, si les spécialistes modernes admettent un certain degré de polymorphisme ou de variation au sein d'une même race, ils se refusent à considérer comme un tout plusieurs groupes nettement différents selon les critères admis en matière de race. Autrement, la classification raciale n'aurait plus aucune valeur sur le plan biologique et les travaux de taxonomie deviendraient purement arbitraires et dénués de sens. Malheureusement, il est rare que la question soit abordée en dehors de toute préoccupation étrangère à la biologie, de sorte qu'en dépit des constatations contraires, certains continuent à s'efforcer de démontrer, d'une manière ou d'une autre, que les juifs constituent une entité raciale distincte [1]. »

3

Comment s'est produit ce double phénomène : diversité des caractères somatiques et conformité avec les nations-hôtes ? Les généticiens l'expliquent très naturellement par le métissage combiné avec la sélection due à des pressions particulières.

---

1. In *Le Racisme devant la science*, U.N.E.S.C.O. p. 186.

« Telle est en effet la question cruciale de l'anthropologie des juifs, écrit Fishberg[1] : sont-ils une race pure plus ou moins modifiée par les influences du milieu, ou sont-ils une secte religieuse composée d'éléments raciaux acquis par prosélytisme et intermariage au cours de leurs migrations en diverses parties du monde? » Il ne laisse planer aucun doute sur la réponse :

> « A commencer par les textes et les traditions bibliques, on voit que même au début de la formation de la tribu d'Israël ils étaient déjà un mélange de divers éléments raciaux... En Asie mineure, en Syrie et en Palestine on trouve à l'époque des races nombreuses : les Amoréens, blonds, dolicocéphales, de haute taille; les Hittites, au teint sombre, de type mongoloïde probablement; les Kouchites, race négroïde, et bien d'autres. Avec tous ces peuples les anciens Hébreux contractèrent des mariages mixtes, comme on le voit dans de nombreux passages de la Bible. »

Les prophètes pouvaient fulminer contre ceux qui « épousent les filles d'un dieu étranger », les Israélites, enclins à la mixité, ne s'en privaient pas, d'autant que leurs chefs leur donnaient l'exemple. Le premier patriarche, Abraham, vécut avec l'Égyptienne Aggar; Joseph épousa Asenath, non seulement égyptienne mais même fille de prêtre; Moïse épousa la Médianite Zipporah; Samson, héros des juifs, était philistin; le roi David, qui était fils d'une Moabite, épousa une princesse de Gechur; quant au roi Salomon, dont la mère était hittite, « il aima beaucoup de femmes étrangères, parmi lesquelles la fille de Pharaon, des femmes de Moab, d'Ammon, d'Édom, de Sidon et du pays des Hittites[2]... » Ainsi va *la chronique scandaleuse*[3]. La Bible montre clairement que l'exemple

1. FISHBERG, p. 181.
2. *Rois*, XI, 1.
3. En français dans le texte.

L'HÉRITAGE 235

royal était imité par des gens de toutes classes. D'ailleurs l'interdiction d'épouser les femmes des Gentils ne s'appliquait pas, en temps de guerre, aux captives, qui ne manquèrent pas. L'exil à Babylone n'améliora pas la pureté raciale : même des prêtres y épousèrent des Babyloniennes. Bref, au début de la diaspora, les Israélites étaient déjà une race parfaitement hybride, de même évidemment que la plupart des peuples, et il serait inutile d'y insister, n'était le mythe perpétuel de la tribu biblique qui traverse les siècles toujours immaculée.

Autre source très importante de métissage : le nombre considérable de gens de toutes races qui furent convertis au judaïsme. Comme témoins du prosélytisme des juifs dans l'Antiquité il suffit de citer les Falacha noirs d'Abyssinie, les juifs de Kai-Feng qui ressemblent à tous les Chinois, les juifs berbères du Sahara qui ressemblent aux Touaregs — sans oublier notre meilleur exemple, les Khazars.

Plus près de nous le prosélytisme juif atteignit son apogée dans l'empire romain entre la chute du royaume d'Israël et l'avènement du christianisme. En Italie de nombreuses familles patriciennes se convertirent, de même que dans la province d'Adiabène la famille royale; Philon parle de nombreux convertis en Grèce; Flavius Josèphe relate qu'une bonne partie de la population d'Antioche était judaïsée; saint Paul au cours de ses voyages rencontrait un peu partout des prosélytes entre Athènes et l'Asie mineure. « La ferveur du prosélytisme fut en effet un des traits les plus distinctifs du judaïsme à l'époque gréco-romaine, un trait qu'il n'eut jamais au même degré avant ni après... On ne peut douter que le judaïsme ait fait ainsi de nombreux convertis pendant deux ou trois siècles... L'énorme croissance de la nation juive en Égypte, à Chypre et à Cyrène ne peut s'expliquer que par une abondante transfusion de sang étranger. Le prosélytisme embrassa à la fois les classes supérieures et les classes inférieures de la société [1]. »

L'avènement du christianisme ralentit le métissage, et le ghetto y mit fin provisoirement. Mais avant l'application stricte des mesures de ségrégation, au XVIe siècle, le processus continua. C'est ce que montre la répétition des interventions ecclésiastiques condamnant les mariages mixtes, par exemple au Concile de Tolède en 589, au Concile de Rome en 743, au premier et au second Conciles du Latran en 1123 et 1139, ou encore l'édit de Ladislav II de Hongrie en 1092. Ces interdits n'eurent qu'une efficacité partielle; c'est ce qu'indique un rapport adressé au pape par l'archevêque hongrois Robert de Grain en 1229 pour se plaindre que beaucoup de chrétiennes épousassent des juifs et qu'en peu d'années « des milliers de chrétiens » fussent perdus pour l'Église [2].

Les seuls interdits efficaces furent les murs du ghetto. Quand ils s'écroulèrent les mariages mixtes reprirent dans des proportions telles qu'en Allemagne, entre 1921 et 1925, sur cent mariages de juifs ou de juives quarante-deux étaient mixtes [3].

Quant aux Sépharades, les « vrais » juifs, leur séjour de plus de mille ans en Espagne laissa sur eux-mêmes comme sur leurs hôtes des marques indélébiles. Selon Arnold Toynbee :

> « Il y a toute raison de penser qu'aujourd'hui en Espagne et au Portugal beaucoup de sang de juifs convertis coule dans les veines ibériques, surtout dans les classes supérieures et dans les classes moyennes. Pourtant le psychanalyste le plus pénétrant,

1. Th. Reinach, cité par FISHBERG, p. 186.
2. FISHBERG, p. 189, n. 2.
3. COMAS, *op. cit.*

L'HÉRITAGE

si on lui présentait des échantillons d'Espagnols et de Portugais de ces classes, aurait du mal à déceler ceux qui ont eu des ancêtres juifs[1]. »

Mais le processus allait dans les deux sens. Après les massacres qui en 1391 et 1411 balayèrent la péninsule, plus de cent mille juifs — estimation modeste — se firent baptiser. Mais un bon nombre continua à pratiquer le judaïsme en secret. Ces crypto-juifs, les marranes, prospérèrent, s'élevèrent aux plus hauts emplois à la cour et dans l'Église, et se marièrent dans l'aristocratie. Après l'expulsion des juifs non repentis d'Espagne en 1492 et du Portugal en 1497, les marranes firent l'objet d'une suspicion croissante; beaucoup périrent sur les bûchers de l'Inquisition, les plus nombreux émigrèrent, au XVIe siècle, dans les pays riverains de la Méditerranée, ainsi qu'en Hollande et en Angleterre. Une fois en sécurité ils retournèrent ouvertement à leur religion et, avec les expulsés de la fin du XVe siècle, fondèrent les nouvelles communautés sépharades de ces pays.

Ce que dit Toynbee de l'héritage mêlé des couches supérieures de la société espagnole s'applique aussi, *mutatis mutandis,* aux Sépharades d'Europe occidentale. Les parents de Spinoza étaient des marranes portugais émigrés à Amsterdam. Les vieilles familles juives d'Angleterre (arrivées bien avant le flot est-européen des XIXe et XXe siècles), les Montefiore, Lousada, Montague, Avigdor, Sutro, Sassoon, etc., viennent toutes du brassage ibérique et ne sauraient revendiquer d'origine raciale plus pure que les Askénazes — ou que les juifs nommés Davis, Harris, Phillips ou Hart.

Une autre cause malheureusement récurrente de métissage, ce fut le viol, dont la longue histoire commença

1. TOYNBEE, 1947, p. 138.

aussi en Palestine. On lit par exemple qu'un certain Juda Ben Ezekiel s'opposait au mariage de son fils avec une femme qui n'était pas « de la semence d'Abraham », quand son ami Ulla lui dit : « Sommes-nous sûrs de n'être pas nous-mêmes les descendants des païens qui ont violé les filles de Sion au siège de Jérusalem[1]? » Femmes et butin (ce dernier bien souvent dans des proportions convenues d'avance) étaient considérés comme les droits légitimes des conquérants.

Graetz[2] a relevé une vieille tradition qui attribue l'origine des premiers établissements juifs d'Allemagne à un épisode qui rappelle un peu l'enlèvement des Sabines. D'après cette tradition, un contingent germanique de la tribu des Vangioni combattait dans les légions romaines en Palestine. Ces Germains « avaient choisi dans le flot des prisonniers juifs les plus belles femmes, les avaient ramenées dans leurs cantonnements des bords du Rhin et du Main, et les avaient contraintes de pourvoir à la satisfaction de leurs désirs. Les enfants ainsi engendrés furent élevés par leurs mères dans la foi des juifs, les pères ne se souciant pas d'eux. On dit que ce furent ces enfants qui fondèrent les premières communautés juives entre Worms et Mayence. »

En Europe orientale le viol fut encore plus commun. Citons encore Fishberg :

> « Ce violent apport de sang étranger dans les veines du peuple d'Israël a été surtout fréquent dans les pays slaves. Pour les Cosaques un moyen favori d'arracher l'argent des juifs était de faire un grand nombre de prisonniers, puisqu'on savait bien que les juifs les rachèteraient. Il va sans dire que les femmes rançonnées ainsi étaient violées par ces tribus à demi sauvages. En

---

1. GRAETZ, *History of the Jews*, vol. II, p. 213.
2. *Ibid.*, vol. III, p. 40.

L'HÉRITAGE   239

fait le « Concile des Quatre Terres », lors de sa session de l'hiver 1650, dut examiner le cas de ces malheureuses et des enfants qui leur étaient nés de maris cosaques pendant la captivité, et ainsi restaurer l'ordre dans la vie familiale et sociale des juifs. De semblables outrages furent perpétrés sur des juives en Russie au cours des massacres de 1903 à 1905 [1]. »

4

Et cependant, pour revenir au paradoxe, beaucoup de gens qui ne sont ni racistes ni antisémites sont convaincus de pouvoir reconnaître un juif au premier coup d'œil. Comment est-ce possible si les juifs forment cet assemblage hybride que nous montrent l'histoire et l'anthropologie?

Je crois qu'Ernest Renan a donné une partie de la réponse en 1883 [2] :

« Il n'y a pas un type juif, il y a des types juifs. » Celui qu'on peut reconnaître au premier coup d'œil n'est qu'un type parmi beaucoup d'autres. Sur quatorze millions de juifs, une fraction seulement lui appartient, et tous ceux qui ont ce type ne sont pas juifs, il s'en faut. Un des traits proéminents — au sens littéral et au sens figuré — qui passent pour le caractériser est le nez, qualifié au choix de sémitique, d'aquilin ou en bec d'aigle, ou de crochu. Or (surprise!) sur 2 836 juifs de New York Fishberg n'a trouvé que 14 % de nez crochus : une personne sur sept; 57 % avaient un nez droit, 20 % un nez retroussé, 6,5 % un nez épaté [3].

D'autres anthropologues ont obtenu des résultats sem-

1. *Ibid.*, p. 191.
2. *Le Judaïsme comme race et religion*, p. 24.
3. FISHBERG, p. 79.

blables à propos des nez sémitiques en Pologne et en Ukraine[1]. D'ailleurs il semble bien que cette forme de nez n'existe pas du tout chez les vrais sémites, comme les Bédouins de pure race[2]. En revanche « on la rencontre très fréquemment dans les diverses peuplades du Caucase, et aussi en Asie mineure. Dans les races autochtones de cette région, comme les Arméniens, les Géorgiens, les Ossètes... et aussi chez les Syriens, les nez aquilins sont la norme. Chez les peuples des pays méditerranéens d'Europe, Grecs, Italiens, Français, Espagnols, Portugais, le nez aquilin se rencontre aussi plus fréquemment que chez les juifs d'Europe orientale. Les Indiens d'Amérique du Nord ont aussi très souvent le " nez juif "[3] ».

A lui seul le nez n'est donc pas un indice bien sûr. Apparemment seule une minorité — un type particulier de juifs — a le nez convexe, et beaucoup d'autres groupes ethniques l'ont également. Et pourtant l'intuition nous dit que les statistiques de l'anthropologie ont quelque chose d'erroné. Une solution ingénieuse de cette énigme a été proposée par Beddoe et Jacobs, qui soutiennent que le « nez juif » n'a pas nécessairement un profil convexe, et qu'il peut donner l'impression d'être crochu à cause d'une sorte d'ourlet, de replis des narines.

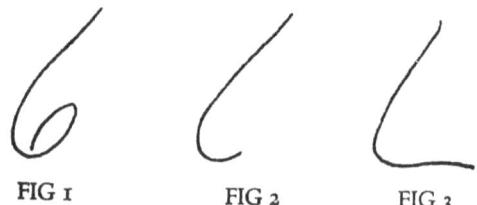

FIG 1   FIG 2   FIG 3

1. Ripley, p. 394 et sq.
2. Fishberg, p. 83, citant Luschan.
3. *Ibid.*, p. 83.

L'HÉRITAGE

Pour démontrer que c'est cette « narinité » qui procure l'illusion du bec d'aigle, Jacobs invite ses lecteurs à « tracer un 6 à longue queue (fig. 1); si l'on efface le crochet, comme dans la figure 2, l'aspect juif commence à disparaître; il s'évanouit complètement quand on dessine le bas horizontalement, comme dans la figure 3 ». Ripley, qui cite Jacobs, ajoute : « Quelle transformation! Le juif est devenu romain, sans doute possible. Qu'avons-nous donc prouvé? Qu'il y a bien en réalité un phénomène de nez juif, mais constitué autrement que selon notre première hypothèse [critère de convexité] [1]. »

Est-ce bien vrai? La figure 1 pourrait toujours représenter un nez arménien, italien, grec, espagnol ou peau-rouge, « narinité » comprise. Qu'il soit juif, et non arménien, etc., nous le déduisons immédiatement du contexte d'autres caractéristiques dans lesquelles il faut inclure l'expression, le comportement, le vêtement. Ce n'est pas un processus d'analyse, mais plutôt une perception qui relève de la *Gestalt* psychologique, l'appréhension d'un ensemble, d'une globalité.

Les mêmes considérations s'appliquent à chaque élément du faciès que l'on considère comme typiquement juif : les « lèvres sensuelles », les cheveux noirs, ondulés ou crépus; les yeux tristes, ou fourbes, ou exorbités, ou fendus en amande, etc. Pris séparément, ils appartiennent aux peuples les plus divers; rassemblés comme dans un portrait-robot, ils constituent un prototype juif et, répétons-le, un type particulier de juif originaire de l'Europe de l'Est, celui qu'on connaît le mieux. Mais le portrait-robot ne s'adapterait pas aux autres types de juifs, par exemple aux Sépharades et à leurs descendants anglicisés, ni au type judéo-slave d'Europe centrale, ni au type

---

1. RIPLEY, p. 395.

judéo-teuton, ni aux types mongoloïdes, négroïdes, etc.

En outre, on ne peut même pas être certain de reconnaître ce type bien délimité. Les portraits publiés par Fishberg ou par Ripley peuvent servir à un jeu de devinette si l'on cache les légendes qui identifient les modèles comme juifs ou non-juifs. On peut se livrer au même jeu à une terrasse de café dans n'importe quelle ville méditerranéenne, — sans résultat, naturellement, puisqu'on ne va pas arrêter les sujets d'expérience pour les interroger sur leur religion; mais si l'on joue à plusieurs, on sera surpris des désaccords entre les observateurs. La suggestion a aussi son importance. « Vous saviez que Harold est juif? » — « Non, mais maintenant que vous le dites ça me paraît évident. » « Vous saviez que la famille royale a du sang juif? » — « Non, mais maintenant que vous le dites... » Une illustration de *Races of Mankind,* de Hutchinson, montre trois geishas, avec cette légende : *Japonaises à physionomie juive.* Après avoir lu la légende on se dit : « Mais bien sûr! Comment se fait-il que ça m'avait échappé? » Quand on aura joué assez longtemps on commencera à voir des juifs partout.

5

La confusion vient aussi de ce qu'il est extrêmement difficile de distinguer entre les caractères héréditaires et ceux qui sont façonnés par le milieu, surtout le milieu social. Nous avons rencontré ce problème à propos des mensurations corporelles présentées comme critères raciaux; mais l'influence des facteurs sociaux sur la physionomie, l'attitude, la manière de parler, les gestes,

L'HÉRITAGE

l'habillement, contribuent de manière plus subtile et plus complexe à composer le portrait-robot du juif. Le facteur le plus évident est le vêtement, avec la coiffure. Affublez n'importe qui d'un caftan noir et d'un grand chapeau d'où sortent des boucles en tire-bouchon, et du premier coup d'œil on reconnaîtra le type même du juif orthodoxe; quel que soit son nez, l'homme aura l'air juif. Mais il existe des indicateurs moins radicaux des préférences vestimentaires de certains juifs de certaines classes sociales, préférences qui s'allient à des accents, à des maniérismes de langage, de gesticulation et de comportement.

Ce sera peut-être une diversion agréable que de laisser un moment les juifs de côté, pour écouter un Français décrire la manière dont ses compatriotes reconnaissent un Anglais « au premier coup d'œil ». Michel Leiris, éminent écrivain, est aussi chargé de recherches au C.N.R.S. et attaché au Musée de l'Homme :

> « C'est une absurdité que de parler d'une " race " anglaise, voire même de regarder les Anglais comme étant de " race nordique ". L'histoire nous apprend en effet que, comme tous les peuples de l'Europe, le peuple anglais s'est formé grâce à des apports successifs de populations différentes : Saxons, Danois, Normands venus de France ont tour à tour déferlé sur ce pays celtique et les Romains eux-mêmes, dès l'époque de Jules César, ont pénétré dans l'île. De plus, s'il est possible d'identifier un Anglais à sa façon de se vêtir ou simplement de se comporter, il est impossible de le reconnaître comme tel sur sa seule apparence physique : il y a chez les Anglais, comme chez tous les autres Européens, des blonds et des bruns, des grands et des petits et (pour nous référer à l'un des critères les plus usités en anthropologie) des dolicocéphales (ou gens au crâne allongé dans le sens antéro-postérieur) et des brachycéphales (ou gens au crâne large). D'aucuns peuvent avancer qu'il n'est pas difficile de reconnaître un Anglais d'après certains caractères extérieurs qui lui composent une allure propre : sobriété de gestes (s'opposant à la gesticulation qu'on attribue d'ordinaire aux gens du Midi), démarche, expres-

sions du visage traduisant ce qu'on désigne sous le nom assez vague de " flegme ". Ceux qui hasarderaient, toutefois, une pareille assertion auraient chance d'être pris bien souvent en défaut; car il s'en faut de beaucoup que tous les Anglais présentent ces caractères et, même en admettant qu'ils soient ceux de l'" Anglais typique ", il n'en demeurerait pas moins que ces caractères *extérieurs* ne sont pas des caractères *physiques* : attitudes corporelles, façons de se mouvoir ou de faire jouer les muscles de la face relèvent du comportement : ce sont des habitudes, liées au fait qu'on appartient à un certain milieu social; loin d'être choses de *nature* ce sont choses de *culture* et — si l'on peut à la rigueur les regarder comme des traits non pas " nationaux " (ce qui serait généraliser d'une manière abusive), mais communs dans une certaine classe de la société pour un certain pays ou une certaine région dudit pays — on ne saurait les compter parmi les signes distinctifs des races [1]. »

Toutefois, en disant que les expressions du visage ne sont pas « physiques », et qu'elles « relèvent du comportement », Leiris semble oublier que le comportement peut modifier les caractères et par conséquent laisser sa marque sur le « physique ». Il suffit de penser à certains traits typiques dans la physionomie des vieux comédiens, des prêtres vivant dans le célibat, des militaires de carrière, des condamnés à de longues peines d'emprisonnement, des marins, des paysans, etc. Leurs modes de vie affectent non seulement leurs expressions faciales, mais aussi leurs caractères physiques, donnant ainsi l'impression fausse que ces caractères ont une origine héréditaire ou « raciale [2] ».

Si l'on me permet d'ajouter une observation personnelle, je noterai qu'en voyage aux États-Unis j'ai souvent rencontré des amis de jeunesse originaires d'Europe centrale,

---

[1]. « Race et civilisation », in UNESCO, *op. cit.,* p. 202.
[2]. EMERSON écrivait dans un essai intitulé *English Traits* : Chaque secte religieuse a sa physionomie. Les méthodistes se sont fait une tête, les quakers aussi, les nonnes aussi. Un anglais détectera un dissident d'après ses manières. Métiers et professions sculptent les faces et les formes. »

émigrés avant la Seconde Guerre mondiale, et que je n'avais pas revus depuis trente ou quarante ans. Chaque fois j'ai été étonné de constater non seulement qu'ils s'habillaient, parlaient, mangeaient et se comportaient comme des Américains, mais qu'en outre ils avaient pris une physionomie américaine. Je suis incapable de décrire le changement, mais il est lié à un certain épaississement de la mâchoire, ainsi qu'à une certaine expression dans le regard et autour des yeux. (Un anthropologue de mes amis attribue la première modification à l'exercice intense des maxillaires dans la prononciation américaine, et la seconde à la concurrence infernale ainsi qu'aux ulcères qui en résultent.) J'ai eu plaisir à découvrir que ce n'était pas une fantaisie de mon imagination : Fishberg avait fait les mêmes observations en 1910 : « Les attitudes corporelles changent très facilement avec les changements d'environnement social... J'ai remarqué de ces changements rapides chez les immigrés aux États-Unis... La nouvelle physionomie se remarque encore mieux quand ces émigrés retournent dans leur pays d'origine... Le fait fournit une excellente preuve que les éléments sociaux dans lesquels l'homme évolue exercent une profonde influence sur ses caractères physiques [1]. »

Le creuset proverbial semble produire une physionomie américaine, un phénotype plus ou moins uniforme provenant d'une grande variété de génotypes. Même les citoyens d'hérédité purement chinoise ou japonaise paraissent affectés dans une certaine mesure par ce processus. En tout cas on reconnaît souvent un Américain « au premier coup d'œil », quels que soient ses vêtements ou sa langue, quelles que soient ses origines italiennes, polonaises ou allemandes.

1. FISHBERG, p. 513.

6

Sur toute étude de l'héritage biologique et social des juifs, le ghetto doit projeter son ombre immense. Les juifs d'Europe et d'Amérique, et même d'Afrique du Nord, sont fils du ghetto : ils n'en sont éloignés que de quatre ou cinq générations. Quelle que soit leur origine géographique, derrière les murs ils vécurent à peu près partout dans le même milieu, soumis pendant des siècles aux mêmes influences qui les ont formés ou déformés.

Au point de vue biologique on peut distinguer trois influences principales : la consanguinité, la perte génétique, la sélection.

La consanguinité a pu jouer en son temps un rôle aussi grand dans l'histoire raciale juive que son contraire, l'hybridation. De l'époque biblique à l'ère de la ségrégation obligatoire, puis de nouveau aux temps modernes, la tendance dominante fut au métissage. Dans la période intermédiaire il y eut de trois à cinq siècles (selon les pays) d'isolement et de consanguinité — au sens strict de mariages consanguins et au sens large d'endogamie à l'intérieur de groupes restreints. La consanguinité risque de rassembler des gènes récessifs nuisibles et de leur permettre d'agir. On a reconnu depuis longtemps la fréquence de l'idiotie congénitale chez les juifs [1]; elle était due très probablement à une longue suite de mariages consanguins, et non à une particularité sémitique comme le disaient certains anthropologues. Les difformités mentales et physiques sont manifestement fréquentes dans des vil-

1. FISHBERG, p. 332.

L'HÉRITAGE

lages alpins isolés où les tombes ne portent que cinq ou six noms de famille, et la plupart d'entre elles un seul. On n'y trouve ni Cohen ni Lévy.

Il est vrai que la consanguinité peut produire aussi des chevaux de course champions grâce à des combinaisons de gènes favorables. Elle a peut-être contribué à faire naître des génies aussi bien que des crétins, dans les ghettos. Ce qui rappelle le mot de Chaim Weiczman : « Les juifs sont comme les autres, mais plus. » Cependant la génétique a peu de chose à enseigner dans ce domaine.

Un autre processus a pu affecter profondément les populations des ghettos : la « perte génétique » (connue aussi sous le nom d'effet Sewall Wright). Il s'agit d'une disparition progressive de caractères héréditaires dans de petites populations isolées, soit que par hasard aucun de leurs fondateurs ne possédât les gènes correspondants, soit que ceux qui les possédaient ne pussent les transmettre. La perte génétique peut provoquer des transformations considérables dans les caractères héréditaires de collectivités restreintes.

La sélection, au sein du ghetto, dut être d'une intensité rarement atteinte dans l'Histoire. En premier lieu, l'agriculture leur étant interdite, les juifs, complètement urbanisés, s'entassèrent dans des villes ou *shtetl* de plus en plus surdensifiés. En conséquence, écrit Shapiro, « les terribles épidémies qui dévastaient, au Moyen Age, les villes grandes ou petites ont dû à la longue conférer aux populations juives un degré d'immunité plus élevé qu'à tout autre groupe. Les juifs étant tous exposés à contracter ces maladies, leurs descendants modernes représentent les survivants d'un processus de sélection spécifique particulièrement rigoureux [1] ». C'est ce qui expliquerait la

---

1. « Le peuple de la Terre Promise » in UNESCO, *op. cit.*, p. 192.

rareté de la tuberculose chez les juifs, et leur longévité relative (amplement démontrée par les statistiques de Fishberg).

Autour du ghetto les pressions hostiles allaient du mépris aux violences sporadiques, parfois jusqu'aux pogroms. Des siècles d'existence dans de telles conditions durent favoriser la survivance des plus souples, des plus obséquieux, des mentalités les plus élastiques : en un mot des habitants typiques du ghetto. Ces traits viennent-ils de dispositions héréditaires sur lesquelles jouerait le processus de sélection, ou sont-ils transmis comme héritage social à l'aide d'un conditionnement de l'enfance, les anthropologues en disputent encore âprement. On ne sait même pas dans quelle mesure il convient d'attribuer à l'hérédité ou au milieu un coefficient d'intelligence supérieur à la moyenne. Autre exemple : autrefois les juifs ne buvaient pas d'alcool, et certains spécialistes de l'alcoolisme considéraient cette abstinence comme un caractère héréditaire [1]. Mais on peut tout aussi bien l'interpréter, encore, comme un héritage du ghetto, un résidu inconscient des siècles où l'on vivait dans des conditions si précaires qu'il était dangereux d'abaisser sa garde; une étoile jaune dans le dos, le juif devait rester sobre et attentif, tout en regardant avec un mépris amusé les singeries du « goy saoul ». La répugnance pour l'alcool et pour toute débauche fut inculquée aux enfants pendant des générations; et puis, les souvenirs du ghetto s'effaçant, l'assimilation opérant peu à peu, surtout dans les pays anglo-saxons, la consommation d'alcool s'est mise à augmenter. La fameuse abstinence était donc après tout, comme tant d'autres caractéristiques juives, affaire d'hérédité sociale, et non pas d'hérédité biologique.

---

1. Par exemple KERR et REID, cité par FISHBERG, p. 274.

L'HÉRITAGE

Enfin, un autre processus d'évolution, la sélection sexuelle, a pu contribuer à façonner les traits que l'on regarde aujourd'hui comme typiquement juifs. C'est une idée que Ripley a été le premier, semble-t-il, à suggérer (les italiques sont de lui[1]) : « Le juif est radicalement métissé en ce qui concerne l'*origine raciale;* en revanche il est l'héritier légitime de tout le judaïsme *par choix...* Le judaïsme affectait tous les détails de la vie des juifs. Pourquoi n'aurait-il pas agi aussi sur leur idéal de beauté physique? Pourquoi n'aurait-il pas influencé leurs préférences sexuelles, et déterminé leurs choix matrimoniaux? Ses résultats furent donc renforcés par l'hérédité... »

Ripley ne s'est pas interrogé sur cet « idéal de beauté » dans le ghetto. C'est ce qu'a fait Fishberg, qui propose une hypothèse séduisante : « Pour le juif de stricte observance en Europe orientale, un homme robuste et bien musclé est un Esaü. Pendant des centaines d'années, avant le milieu du XIXe siècle, l'idéal d'un fils de Jacob a été le doux jeune homme bien soigné[2], le garçon délicat, anémique et frêle, au regard languissant, tout dans la tête, rien dans les bras. Mais, dit encore Fishberg, en Europe occidentale et en Amérique il y a à présent une nette tendance en sens contraire. Beaucoup de juifs sont fiers de ne pas avoir l'air juif. Dans ces conditions il faut reconnaître que ce qu'on appelle une allure "juive" n'a pas un avenir très brillant[3]. » On pourrait ajouter : surtout pas chez les jeunes Israéliens.

---

1. RIPLEY, p. 398.
2. FISHBERG, p. 178.
3. *Ibid.*

7

Dans la première partie de ce livre j'ai essayé de retracer l'histoire de l'empire khazar en puisant aux maigres sources qui existent.

Dans la deuxième partie, aux chapitres premier à sept, j'ai rassemblé la documentation historique qui indique que la majorité des juifs d'Europe orientale, et par conséquent des juifs en général, est d'origine turco-khazare, plutôt que d'origine sémitique.

Dans ce dernier chapitre j'ai voulu montrer que les données de l'anthropologie s'accordent avec l'Histoire pour réfuter l'opinion encore courante selon laquelle il existerait une race juive remontant à la tribu biblique.

Au point de vue de l'anthropologie deux séries de faits militent contre cette croyance : l'extrême *diversité* des juifs en matière de caractères physiques, et leur *similitude* avec les populations non juives au milieu desquelles ils vivent. L'une et l'autre se manifestent dans les statistiques concernant la taille, les indices crâniens, les groupes sanguins, la couleur des yeux et des cheveux, etc. Pris pour indicateur, n'importe lequel de ces critères anthropologiques signale une plus grande ressemblance entre les juifs et les non-juifs d'un même pays qu'entre des juifs qui habitent des pays différents. Pour décrire cette situation j'ai proposé les formules : $NJ_a - J_a < J_a - J_b$ et $NJ_a - NJ_b \cong J_a - J_b$.

C'est évidemment le métissage qui explique ces deux phénomènes. Il a revêtu plusieurs formes selon les divers contextes historiques : mariages mixtes, prosélytisme à

L'HÉRITAGE

grande échelle, viol — accompagnement constant (légal ou toléré) des guerres et des pogroms.

Si l'on pense, en dépit des statistiques, qu'il existe un type juif reconnaissable, c'est une opinion qui se fonde en grande partie, mais non entièrement, sur des idées fausses : elle ignore que des traits considérés comme typiquement juifs par comparaison avec des nordiques cessent de paraître tels en milieu méditerranéen; elle ne soupçonne pas l'influence de l'environnement social sur le physique et sur le maintien; elle confond l'hérédité biologique avec l'hérédité sociale.

Néanmoins il y a des traits héréditaires qui caractérisent un certain type de juif contemporain. A la lumière de la génétique des populations on peut dans une grande mesure les attribuer à des processus qui ont opéré pendant des siècles dans la ségrégation des ghettos : la consanguinité, la perte génétique, les pressions sélectives. Ces dernières ont joué de plusieurs façons : sélection naturelle (dans les épidémies par exemple), sélection sexuelle et, moins sûrement, sélection des caractéristiques qui favorisaient la survivance au sein du ghetto.

En outre l'hérédité sociale, par conditionnement de l'enfance, a été un agent très efficace de formation et de déformation.

Chacun de ces processus a contribué à l'élaboration d'un type de juif du ghetto, qui après l'ouverture des ghettos s'est peu à peu dilué. Quant à la composition génétique et à l'apparence physique de la souche d'avant les ghettos, nous n'en savons à peu près rien. Telle que nous la concevons dans le présent ouvrage, cette « souche originelle » était principalement turque et se trouvait mêlée, dans une proportion inconnue, d'éléments divers, palestiniens anciens entre autres. Il n'est pas possible non plus de déterminer quels caractères prétendument typiques, tels que le « nez juif », seraient des produits de la sélection sexuelle dans les ghettos ou des manifestations d'un gène tribal particulièrement « persistent ». Et dans ce cas, puisque cette forme des narines est fréquente dans les peuples du Caucase, alors qu'elle est rare chez les Bédouins sémites, nous aurions un témoignage supplémentaire du rôle dominant que la treizième tribu a joué dans l'histoire biologique des juifs.

Annexes

ANNEXE I

NOTE SUR L'ORTHOGRAPHE

La graphie de certains termes est logiquement illogique dans le livre qu'on vient de lire. Elle est logique dans la mesure où en citant divers auteurs j'ai reproduit, comme il se doit, leur manière d'orthographier les noms propres; mais le résultat donne au texte une allure curieusement illogique puisque les mêmes noms de personne, de ville ou de peuple y paraissent sous des formes différentes en plusieurs endroits. C'est ainsi qu'on trouve Kazar, Khazar, Chazar, Chozar, Chozr, etc; et aussi Ibn Fadlan et ibn-Fadlan, Al Masudi et Al-Masudi, etc. Pour mon propre texte j'ai choisi la graphie qui à mon avis troublerait le moins les lecteurs qui ne sont pas orientalistes de profession.

T. E. Lawrence, brillant orientaliste pourtant, faisait preuve pour mettre l'orthographe d'une désinvolture aussi brutale que pour attaquer des garnisons turques. Son frère, A. W. Lawrence s'en est expliqué dans la préface des *Sept Piliers de la Sagesse* :

> « L'orthographe des noms arabes varie beaucoup dans toutes les éditions, et je n'ai fait aucun changement. Il faut dire qu'on ne reconnaît en arabe que trois voyelles et que certaines consonnes n'ont pas d'équivalent en anglais. La pratique usuelle des orientalistes, depuis quelques années, est d'adopter l'une

des diverses séries de signes conventionnels pour reproduire les lettres et les signes vocaliques de l'alphabet arabe, et d'écrire Muhammad pour Mohamed, mu'edhdhin pour muezzin, Qur'an ou Kur'an pour Coran. C'est une méthode utile pour ceux qui savent ce qu'elle signifie, mais ce livre suit la vieille façon d'écrire les meilleures approximations phonétiques d'après l'orthographe anglaise ordinaire. »

Il reproduit ensuite une liste de questions posées par un éditeur à propos de l'orthographe, avec les réponses de T. E. Lawrence. Par exemple :

« *Question* : Feuillet 20. Nuri, émir des Ruwalla, appartient à la « première famille des Rualla ». Feuillet 23 « cheval rualla », feuillet 38 « tua un Rueli ». Dans les autres feuillets « Rualla ».
Réponse : Aurais dû employer aussi Ruwala et Ruala.
Question : Feuillet 47 Jedha, la chamelle, était Jedhah au feuillet 40.
Réponse : C'était une bête magnifique.
Question : Feuillet 78. Le chérif Abd el Mayin du feuillet 68 devient el Main, el Mayein, el Muein, el Mayin et el Muyein.
Réponse : Bravo! Je trouve ça vraiment ingénieux. »

S'il est si difficile de transcrire l'arabe moderne la confusion devient abominable quand les orientalistes s'occupent de textes arabes ou persans du moyen-âge d'autant plus ardus qu'ils ont été souvent mutilés par des copistes négligents. La première traduction anglaise d'Ebn Haukal ou ibn-Hawkal a été publiée en 1800 par Sir William Ouseley, éminent orientaliste, qui ne put s'empêcher d'exhaler ce cri du cœur dans la préface[1] :

« Des difficultés provenant d'une combinaison irrégulière de lettres, de la confusion d'un mot avec un autre, et dans certaines

---

1. Ibn Hawkal avait écrit en arabe, mais Ouseley travailla sur une traduction persane.

lignes de l'omission totale des points diacritiques, je ne devrais pas me plaindre, car l'habitude et une attention persévérante m'ont permis de les surmonter dans les passages de description générale ou dans les phrases communément construites; mais dans les noms de personne ou de lieu qui n'ont jamais été rencontrés auparavant et que le contexte ne peut aider à déchiffrer, quand les points diacritiques sont omis seule peut y suppléer la conjecture ou le rapprochement avec un meilleur manuscrit...

... Malgré ce que je viens de dire, et bien que les auteurs les plus savants en littérature hébreue, arabe et persane aient fait des observations sur le même sujet, il est peut-être nécessaire de démontrer sur un exemple particulier l'influence extraordinaire de ces points diacritiques...

Un exemple suffira. Supposons que les trois lettres qui [en persan] forment le mot Tibet soient privées de leurs points diacritiques. La première lettre peut se rendre par un N si l'on applique un point au-dessus; par T si l'on met deux points; par TH ou S si l'on en met trois; si l'on place un point au-dessous la lettre devient B, deux points, Y, trois points, P. La deuxième lettre peut-être affectée de la même manière, et la troisième, selon les points ajoutés, peut devenir B, P, T, TH ou S. »

ANNEXE II

NOTE SUR LES SOURCES

(A) SOURCES ANCIENNES

Ce que nous savons de l'histoire des Khazars provient surtout de sources arabes, byzantines, russes et hébraïques, corroborées par des témoignages d'origine persane, syriaque, arménienne, géorgienne et turque. Je ne parlerai que de quelques-uns des principaux documents.

1. *Arabes*

« Les anciens historiens arabes diffèrent de tous les autres par la forme singulière de leurs compositions. Chaque événement est relaté d'après les dires de témoins oculaires ou de contemporains, transmis au dernier narrateur par une chaîne d'intermédiaires qui se sont passé successivement la relation originale. Souvent le même récit est donné sous deux ou plusieurs formes légèrement divergentes, qui se sont transmises par des séries différentes de témoins. Souvent aussi un événement ou un détail important est raconté de plusieurs manières sur la base de plusieurs témoignages transmis au dernier narrateur par des lignées de tradition distinctes... Le principe est toujours que ce qui a été bien dit une fois n'a pas besoin d'être redit autrement. L'écrivain reste donc aussi près que possible de ses sources, de sorte qu'un écrivain très récent reproduit souvent les paroles mêmes du premier narrateur... »

Ainsi parlent deux historiens qui font autorité dans leur discipline, H. A. R. Gibb et M. J. de Gœje, dans l'article consacré à l'historiographie arabe par les anciennes éditions de l'*Encyclopaedia Britannica*[1]. On comprend qu'il soit si difficile d'identifier une source originale (qui a pu se perdre) à travers les versions successives d'historiens ultérieurs, de compilateurs et de plagiaires. Il devient souvent impossible de dater un épisode, ou la description d'une situation dans un pays donné; et quant aux dates l'incertitude peut porter sur tout un siècle lorsque l'auteur fait un récit au présent sans indiquer clairement qu'il cite une source ancienne. Si l'on ajoute les difficultés d'identifier les personnes, les peuples, les lieux, en raison des obscurités orthographiques et des erreurs de copistes, on voit que l'on aboutit à un puzzle dont il manque la moitié des pièces, quelques-unes, dans ce qui reste, venant d'un autre jeu, et dont on n'a plus pour finir que les contours.

Les principales relations arabes concernant les Khazars — les plus fréquemment citées dans les pages qui précèdent — sont d'Ibn Fadlan, d'al-Istakhri, d'Ibn Hawkal et d'al-Masudi. Il y en a peu que l'on puisse qualifier d'originales, comme le récit d'Ibn Fadlan qui parle d'expérience. Celle d'Ibn Hawkal, par exemple, composée probablement en 977, se fonde presque entièrement sur celle d'Istakhri, rédigée en 932; et celle-ci à son tour serait tirée d'un ouvrage perdu du géographe el-Balkhi qui écrivait vers 920.

Sur la vie de ces historiens et sur la valeur de leurs travaux nous savons fort peu de chose. Le personnage d'Ibn Fadlan, diplomate et observateur pénétrant est

[1]. Vol. II, p. 195, dans l'éd. de 1955.

certainement le plus vivant. Cependant en descendant la chaîne d'un bout à l'autre du Xe siècle on peut suivre les étapes de l'évolution de la jeune science appelée historiographie. El-Balkhi, le premier de la série, marque le début de l'école classique de géographie arabe, qui insiste avant tout sur les cartes, le texte descriptif étant d'importance secondaire. Istakhri manifeste un net progrès en donnant la priorité au texte. (On ne sait rien de sa biographie; et ce qui a survécu de ses écrits n'est apparemment qu'un abrégé d'une œuvre considérable.) Avec Ibn Hawkal (dont on sait seulement qu'il était marchand et missionnaire) on atteint un palier décisif : le texte n'est plus un commentaire de cartes (comme chez Balkhi, et encore partiellement chez Istakhri) il devient narration de plein droit.

Enfin avec Yakut (1179-1229) on arrive, deux siècles plus tard, à l'âge des compilateurs et des encyclopédistes. Nous savons au moins qu'il était né en Grèce, que très jeune il avait été vendu, à Bagdad, à un marchand qui le traita avec bonté et en fit une sorte de voyageur de commerce. Affranchi, il devint colporteur de livres et finit par s'installer à Mossoul où il composa sa grande encyclopédie de géographie et d'histoire. Cet important ouvrage reprend les deux écrits d'Ibn Fadlan et d'Istakhri sur les Khazars. Malheureusement Yakut commet l'erreur d'attribuer à Ibn Fadlan la relation d'Istakhri. Comme les deux récits diffèrent sur des points importants, leur attribution à un seul auteur entraîne plusieurs absurdités, de sorte qu'Ibn Fadlan s'en est trouvé passablement discrédité aux yeux des historiens modernes.

Mais tout changea lorsqu'on découvrit le texte complet de la relation d'Ibn Fadlan dans un vieux manuscrit conservé à Mechhed, en Iran. La découverte, qui fit sensation chez les orientalistes, fut faite en 1923 par Zeki

ANNEXES

Validi Togan (dont nous parlerons plus loin). Non seulement elle confirma l'authenticité des parties du récit concernant les Khazars, que cite Yakut, mais elle révélait des passages omis par ce dernier, et par conséquent inconnus jusqu'alors. De plus, après la confusion provoquée par le compilateur, on put reconnaître en Ibn Fadlan et Istakhri-Ibn Hawkal des sources indépendantes qui se renforcent mutuellement.

La même valeur de témoignages probants s'attache aux relations d'Ibn Rusta, d'al-Bekri ou de Gardezi, que j'ai eu peu d'occasions de citer, précisément parce que leur contenu est semblable, pour l'essentiel, à celui des sources principales.

Il existe une autre source, apparemment indépendante, dans les écrits d'al-Masudi (mort en 956) connu comme « l'Hérodote des Arabes ». Voyageur infatigable, d'une perpétuelle curiosité, il n'est pas toujours prisé des historiens modernes. L'Encyclopédie de l'Islam juge que ses voyages furent motivés par une soif de connaissance qui malheureusement « était très superficielle. Il ne remontait jamais aux sources et se contentait d'enquêtes superficielles et enregistrait des contes et des légendes sans aucune critique ».

Mais on pourrait en dire autant de bien d'autres chroniqueurs du Moyen Age, musulmans ou chrétiens.

2. *Byzantines*

Le document byzantin le plus précieux est de loin *L'Administration de l'Empire,* de Constantin VII Porphyrogénète. L'ouvrage est important non seulement en raison de l'information qu'il contient sur les Khazars eux-mêmes (et particulièrement sur leurs relations avec les Magyars), mais aussi pour les renseignements qu'il procure sur les Rhus et les peuples des steppes nordiques.

Constantin (904-959) fut un personnage passionnant, et il n'est pas étonnant qu'Arnold Toynbee ait avoué lui avoir « donné son cœur [1] ». Cette liaison sentimentale avait commencé quand il était étudiant, et elle eut pour résultat un ouvrage monumental, *Constantine Porphyrogenitus and his World,* que l'historien publia en 1973 à l'âge de quatre-vingt-quatre ans. Comme le titre l'indique, l'accent est mis sur la personnalité et l'œuvre de Constantin autant que sur la situation et les événements du monde où il vécut, et où vivaient les Khazars.

Cependant l'admiration de Toynbee ne l'a pas empêché de signaler les limites de l'empereur-historien : « Les renseignements rassemblés dans l'*Administration de l'Empire* ont été tirés de sources différentes à différentes dates, et le produit n'est pas un livre dont les matériaux auraient été digérés et mis en ordre par un auteur; c'est une collection de fiches assez négligemment mises en forme [2]. » Et plus loin : « Les livres *De l'Administration de l'Empire* et *Des Cérémonies,* dans l'état où Constantin les a légués à la postérité, paraîtront d'une confusion lamentable à la plupart des lecteurs [3]. » (Le pauvre Constantin était pourtant bien convaincu d'avoir réussi, avec les *Cérémonies,* un « chef-d'œuvre technique » en même temps qu'un « monument d'érudition et de dévouement à la tâche [4] ». Des critiques analogues avaient été faites auparavant par Bury [5] et par Macartney, quand ils essayaient de trier les

1. Toynbee, 1973, p. 24.
2. Toynbee, 1973, p. 465.
3. *Ibid.* p. 602.
4. *Loc. cit.*
5. *Byzantinische Zeitschrift,* XIV, p. 511-570.

ANNEXES

renseignements contradictoires de Constantin à propos des migrations magyares :

« On fera bien de se rappeler la composition *De l'Administration de l'Empire :* une série de notes provenant des sources les plus diverses, faisant souvent double emploi ou se contredisant, et empilées avec la plus rudimentaire révision[1]. »

Mais prenons garde de ne pas jeter le bébé avec l'eau du bain, comme les érudits ont quelquefois tendance à le faire. Constantin avait le privilège, généralement refusé aux historiens, de compulser les archives impériales et de recevoir sans intermédiaires les rapports de ses fonctionnaires ou de ses ambassadeurs à leur retour de mission. Manié avec précaution et en conjonction avec d'autres sources, *l'Administration* éclaire très utilement cette obscure période.

3. *Russes*

A part le folklore, les légendes et les chansons de la littérature orale (comme le *Dit de la Bataille d'Igor*), le premier document écrit en russe est le *Povezt Vremennikh Let,* littéralement *Conte du Temps passé,* connu sous les noms de *Première Chronique russe, Vieille Chronique russe, Chronique russe, Pseudo-Nestor,* et *Livre des Annales.* C'est une compilation, rédigée dans la première moitié du XIIe siècle, de résumés ou de révisions de chroniques plus anciennes, remontant au début du XIe siècle, et incorporant des traditions et des documents encore plus anciens. Il se peut donc, remarque Vernadsky[2] qu'elle contienne « des fragments d'information authen-

1. MACARTNEY, *op. cit.,* p. 98.
2. VERNADSKY, 1943, p. 178.

tique même pour ce qui concerne la période qui va du VIIe au Xe siècle » — période capitale de l'histoire khazare. Le principal compilateur de cet ouvrage fut probablement le savant moine Nestor (né en 1056), du monastère de la Crypte de Kiev, mais cette attribution est contestée (d'où le « Pseudo-Nestor »). Quel que soit l'auteur, le *Povezt* est un guide inestimable (mais non tout à fait infaillible) pour la période qu'il couvre. Malheureusement il s'arrête à l'an 1112, juste au commencement de la disparition mystérieuse des Khazars.

Les sources hébraïques du Moyen Age sont examinées à l'annexe III.

(B) ÉRUDITION MODERNE

Il serait présomptueux de présenter les historiens bien connus qui ont écrit sur certains aspects de l'histoire des Khazars, et que j'ai cités dans les pages précédentes : Toynbee, Bury, Vernadsky, Baron, Macartney, etc. Les remarques qui suivent se bornent à des auteurs dont les œuvres sont de la plus haute importance dans l'étude de notre thème, mais qui ne sont guère connus que des spécialistes.

C'est d'abord le regretté professeur Paul-E. Kahle et son ancien élève, Douglas Morton Dunlop, aujourd'hui professeur d'Histoire du Moyen-Orient à l'Université Columbia.

Paul-Éric Kahle (1875-1965) fut un grand orientaliste, un des meilleurs spécialistes européens de la critique biblique. Né en Prusse-Orientale, il fut ordonné ministre du culte luthérien et travailla six ans comme pasteur au Caire. Il enseigna ensuite dans diverses universités allemandes et en 1923 fut nommé directeur du célèbre séminaire oriental de l'université de Bonn, centre d'études international qui attirait les orientalistes du monde entier. « Il n'est pas douteux que le caractère international du séminaire, de son corps enseignant, de ses étudiants et de ses visiteurs, fut la meilleure protection contre l'influence nazie et nous permit de continuer à travailler sans être dérangés pendant près de six ans de régime nazi... Je fus pendant des années le seul professeur en Allemagne à avoir un juif pour assistant, un rabin polonais [1]. »

Il n'est pas surprenant qu'en dépit de son impeccable origine aryenne Kahle fût finalement obligé d'émigrer, en 1938. Il s'installa à Oxford où on lui décerna deux doctorats supplémentaires (de philosophie et de théologie). En 1963 il rentra à Bonn, et y mourut deux ans plus tard. Le catalogue du British Museum cite de lui vingt-sept ouvrages dont je mentionnerai ici ses études sur la Geniza du Caire et sur les Manuscrits de la mer Morte.

Parmi les étudiants de Kahle se trouvait à Bonn avant la guerre le jeune orientaliste D. M. Dunlop.

Kahle s'intéressait extrêmement à l'histoire des Khazars. L'historien belge Henri Grégoire ayant publié en 1937 un article qui mettait en doute l'authenticité de la « correspondance khazare [2] » il le prit aussitôt à partie. « J'indiquai à Grégoire un certain nombre de points sur lesquels il ne pouvait pas avoir raison, et j'eus la chance de discuter tous les problèmes avec lui quand il vint me voir à Bonn en décembre 1937. Nous décidâmes de publier une grande étude ensemble, — mais les événements politiques rendirent ce plan impraticable. Je proposai donc à un de mes anciens élèves, D. M. Dunlop, de se charger de l'entreprise. C'était un historien en mesure d'utiliser aussi bien les sources hébraïques que les sources

1. P.-E. KAHLE, 1945.
2. H. GRÉGOIRE, 1937.

arabes, qui connaissait plusieurs autres langues et qui avait la formation critique nécessaire à une tâche aussi difficile [1]. » L'aboutissement de cette transaction universitaire fut le grand ouvrage de Dunlop, *The History of the Jewish Khazars*, publié en 1954 par Princeton University Press. Cet indispensable manuel d'histoire khazare apporte aussi des preuves en faveur de l'authenticité de la correspondance (voir annexe III) qui furent pleinement cautionnées par Kahle [2]. Ajoutons que le professeur Dunlop, né en 1909, est fils d'un pasteur écossais, et que, d'après le *Who's Who* il a pour violons d'Ingres « les promenades en montagne et l'histoire d'Écosse ». Il se trouve donc que le judaïsme khazar a été surtout défendu à notre époque par de bons protestants de famille nordique et ecclésiastique.

Autre élève de Kahle, Ahmed Zeki Validi Togan, découvreur du manuscrit d'Ibn Fadlan à Mechhed, venait d'un milieu fort différent. Pour présenter convenablement ce pittoresque personnage mieux vaut citer les mémoires de Kahle [3] :

> « ... Plusieurs Orientaux très éminents faisaient partie du personnel du Séminaire. Parmi eux j'aimerais citer le docteur Zeki Validi, un protégé de Sir Aurel Stein; c'était un Bachkire qui avait fait ses études à l'université de Kazan, et qui déjà avant la Première Guerre avait commencé des recherches à l'académie de Petersbourg. Pendant et après la guerre il a été un dirigeant actif de " l'armée bachkire " [alliée aux bolcheviks] qui était en grande partie son œuvre. Il avait été membre de la Douma et avait fait partie pendant quelque temps du Comité des Six avec Lénine, Trotski et Staline. Plus tard il entra en conflit avec les bolcheviks et se réfugia en Perse. Expert en linguistique turque (le bachkire est une langue turque), il fut nommé à Ankara conseiller au ministère

1. KAHLE, 1959, p. 33.
2. *Ibid.*
3. KAHLE, 1945, p. 28.

de l'Éducation du gouvernement de Mustafa Kemal, et ensuite professeur de turc à l'université d'Istanbul. Sept ans plus tard, quand on lui demanda comme aux autres professeurs d'enseigner que toute la civilisation mondiale vient des Turcs, il démissionna, se rendit à Vienne et étudia l'histoire du Moyen Age avec le professeur Dopsch. Au bout de deux ans, il obtint son doctorat avec une thèse excellente sur le voyage d'Ibn Fadlan chez les Bulgares, les Turcs et les Khazars, dont il avait découvert le texte arabe dans un manuscrit à Mechhed. J'ai publié ce livre dans les " Abhandlungen für die Kunde des Morgenlandes ". Je le fis venir de Vienne comme maître de conférence, puis professeur honoraire à Bonn. C'était un vrai savant, homme de vaste culture, toujours prêt à apprendre et dont la collaboration fut très féconde. En 1938 il retourna en Turquie et redevint professeur de turc à l'université d'Istanbul. »

Autre personnalité d'envergure, dans un autre genre encore : le Freiherr (baron) Hugo von Kutschera (1847-1910), l'un des premiers avocats de la théorie de l'origine khazare des juifs de l'Est. Fils d'un haut fonctionnaire autrichien, et destiné à la carrière diplomatique, il étudia à l'Académie orientale de Vienne, où il apprit à fond le turc, l'arabe et le persan. D'abord attaché d'ambassade à Constantinople, il fut nommé à Sarajevo en 1882 à la tête de l'administration des provinces de Bosnie-Herzégovine que l'Autriche-Hongrie venait d'occuper. Sa connaissance de la vie orientale le rendit sympathique aux musulmans de Bosnie et contribua à la pacification (relative) de la province — ce qui lui valut son titre et divers honneurs.

En prenant sa retraite en 1909 il voulut se consacrer à un problème qui l'avait toujours intéressé : celui des rapports entre les juifs européens et les Khazars. Très jeune il avait été frappé par le contraste entre juifs sépharades et askénazes, en Turquie et dans les Balkans; en étudiant les sources anciennes de l'histoire des Khazars il se convainquit peu à peu que cette histoire donnait une réponse au moins partielle à ce problème. Historien amateur (mais linguiste quasi professionnel), son érudition était remarquable; son livre utilise à peu près toutes les sources arabes connues avant 1910. Il n'eut pas le temps malheureusement de donner ses références et sa bibliographie : *Die Chasaren — Historische Studie* fut publié après sa mort. Il y eut très vite une seconde édition, mais les historiens le citent rarement.

Abraham N. Poliak est né à Kiev en 1910; il a émigré en Palestine avec sa famille en 1923. Il a occupé la chaire d'histoire juive du Moyen Age à l'université de Tel Aviv et a publié de nombreux ouvrages en hébreu, parmi lesquels une *Histoire des Arabes, Le Féodalisme en Égypte 1250-1900, Géopolitique d'Israël et du Moyen-Orient,* etc. Son essai sur *La Conversion des Khazars au judaïsme* parut en 1941 dans la revue *Zion* et souleva de vives controverses, — moins cependant que son livre intitulé *Khazaria* qui, publié en 1944 à Tel Aviv (en hébreu également), fut accueilli avec une véritable hostilité (peut-être compréhensible) comme une attaque contre la tradition sacrée qui fait remonter les juifs modernes à la tribu biblique d'Israël. On ne trouve pas le nom de cet auteur dans l'*Encyclopaedia Judaica,* édition de 1971-1972.

En revanche Mathias Mieses, dont j'ai cité les thèses sur l'origine des juifs de l'Est et de la langue yiddish, est fort estimé dans les milieux académiques. Né en Galicie en 1885, il fit des études de linguistique et devint un pionnier de la philologie yiddish (bien qu'il écrivît surtout en allemand, en polonais et en hébreu). Il se rendit célèbre lors de la première Conférence sur le yiddish, qui se tint à Czernowitz en 1908 et l'on considère comme des classiques ses deux grands livres : *Die Entstehungsursache der jüdischen Dialekte* (1915) et *Die Yiddische Sprache* (1924).

Mieses passa ses dernières années à Cracovie, fut déporté en 1945 à destination d'Auschwitz et mourut en route.

ANNEXE III

LA « CORRESPONDANCE KHAZARE »

1

L'échange de lettres entre l'homme d'État espagnol Hasdai Ibn Shaprut et le roi Joseph de Khazarie a longtemps passionné les historiens. Il est vrai, comme l'a dit Dunlop, qu' « il ne faut pas exagérer l'importance de la correspondance khazare. Aujourd'hui il est possible de reconstituer assez en détail l'histoire des Khazars sans recourir aux lettres de Hasdai et de Joseph [1] ». Néanmoins il n'est sans doute pas sans intérêt de résumer brièvement ce que l'on sait de l'histoire de ces documents.

La lettre de Hasdai fut écrite apparemment entre 954 et 961 car on pense que l'ambassade d'Europe orientale dont elle parle (v. chap. III, 3-4) vint à Cordoue en 954, et le calife Abd er-Rahman qu'elle cite également, régna jusqu'en 961. La lettre est de la main du secrétaire de Hasdai, Menahem ben-Sharuk, dont le nom se lit en acrostiche après celui de Hasdai — c'est ce qui a été établi par Landau [2] grâce à d'autres travaux connus de Menahem, avec lesquels on a pu faire la comparaison. L'authenticité de la lettre de Hasdai n'est donc plus discutée, alors qu'en ce qui concerne la réponse de Joseph, les preuves sont nécessairement moins directes et plus complexes.

1. DUNLOP, 1954, p. 125.
2. LANDAU, 1942.

Les premières mentions connues de la Correspondance datent des XIᵉ et XIIᵉ siècles. Vers 1100 le rabbin Jehudah Ben Barzillai, de Barcelone, écrivit en hébreu un *Livre des Fêtes — Sefer ha-Ittim —* qui contient une longue référence, accompagnée de citations textuelles, à la réponse de Joseph. Le passage en question commence ainsi :

> « Nous avons vu parmi d'autres manuscrits la copie d'une lettre que le roi Joseph, fils d'Aaron, le prêtre khazar, a écrite à R. Hasdai Bar Isaac [1]. Nous ne savons pas si la lettre est authentique ou non, et s'il est vrai que les Khazars, qui sont des Turcs, sont devenus des prosélytes. Il n'est pas sûr que tout ce qui est contenu dans la lettre soit réel et véridique. Il peut y avoir des choses fausses, ou des gens ont pu y ajouter, ou bien il peut y avoir eu erreur de la part du scribe... La raison pour laquelle nous devons transcrire dans notre présent ouvrage des choses qui paraissent être exagérées est que nous avons trouvé dans la lettre de ce roi Joseph à R. Hasdai que R. Hasdai lui avait demandé de quelle famille il était, la condition du roi, comment ses pères avaient été rassemblés sous les ailes de la Présence [c'est-à-dire convertis au judaïsme] et quelle était la grandeur de son royaume et de ses domaines. Il lui répondit sur tous les sujets, donnant tous les détails dans la lettre [2]. »

Ensuite Barzillai cite ou paraphrase plusieurs passages de la réponse de Joseph, ce qui ne permet pas de douter de l'existence de ce texte en l'an 1100. Son savant scepticisme ajoute d'ailleurs une note particulièrement convaincante. Dans le milieu provincial de Barcelone le rabbin ne savait évidemment rien, ou fort peu de chose, des Khazars.

Vers le même temps le chroniqueur arabe Ibn Hawkal entendit parler aussi de relations entre Hasdai et les Khazars. On a conservé une note énigmatique qu'il grif-

---

1. Nom hébreu : Isaac bar Shaprut. Le R (pour Rabbi) est employé par respect.
2. Cité par DUNLOP, 1954, p. 132.

fonna sur une carte manuscrite datée de 479 de l'hégire (1086) :

> « Hasdai ibn-Ishaq [1] pense que cette longue chaîne de montagne [le Caucase] est reliée aux monts d'Arménie et traverse le pays des Grecs pour s'étendre jusqu'à Khazaran et aux monts d'Arménie. Il était bien informé sur ces régions, car il les visita et rencontra leurs rois et chefs principaux [2]. »

Il paraît bien peu vraisemblable que Hasdai ait vraiment voyagé en Khazarie; mais on se rappelle que dans sa lettre il faisait une proposition à ce sujet et que le roi Joseph accueillit avec enthousiasme la perspective de cette visite; il se peut que le diligent Ibn Hawkal ait entendu parler de la correspondance et ait extrapolé à partir de là, pratique qui n'était pas rare chez les chroniqueurs de l'époque.

Une cinquantaine d'années plus tard (en 1140) Jehudah Halevi écrivit son traité philosophique intitulé *Les Khazars (Kuzri)*. Nous l'avons dit : ce livre contient très peu de faits, mais ce qu'on y trouve sur la conversion des Khazars au judaïsme concorde en général avec les indications données par la réponse de Joseph. Halevi ne cite pas explicitement la correspondance : il s'intéresse surtout à la théologie et néglige toute référence aux faits et à l'histoire. Il avait probablement lu une copie de la correspondance, comme avant lui le rabbin moins abscons de Barcelone; toutefois on ne peut en être sûr.

En revanche la certitude est absolue dans le cas d'Abraham Ben Daud (v. ci-dessus II, 8) dont le fameux *Sefer ha-Kabbalah,* composé en 1161, contient le passage suivant :

> « Vous trouverez des congrégations d'Israël répandues depuis la ville de Sala à l'extrémité du Maghreb jusqu'à Tahart à son

1. Le nom de Hasdai en arabe.
2. Cité par Dunlop, p. 154.

commencement, à l'extrémité de l'Ifriqiya [Tunisie], dans toute l'Ifriqiya, en Égypte, au pays des Sabéens, en Arabie, Babylone, Elam, Perse, Dedan, au pays des Girgachites qui est appelé Djurdjan, au Tabaristan, jusqu'à Daylam et au fleuve Itil où vivent les Khazars qui devinrent prosélytes. Leur roi Joseph envoya une lettre à R. Hasdai, prince bar Isaac ben-Shaprut et l'informa qu'ils observaient, lui et son peuple, la foi divine. Nous avons vu à Tolède certains de leurs descendants, disciples des sages, qui nous dirent que tous chez eux obéissaient à la foi divine [1]. »

2

La première version *imprimée* de la correspondance khazare parut dans une brochure en hébreu, *Kol Mebasser, La Voix du Porteur de Bonnes Nouvelles,* publiée à Constantinople vers 1575, probablement en 1577 [2]. L'auteur, Isaac Abraham Akrish, relate dans la préface qu'au cours de ses voyages en Égypte quinze ans auparavant il avait entendu parler d'un royaume juif indépendant (la rumeur se rapportait probablement aux Falachas d'Éthiopie), et qu'ensuite il se procura « une lettre qui fut envoyée au roi des Khazars, avec la réponse du roi ». Il décida alors de publier cette correspondance afin de rendre courage à ses coreligionnaires. Croyait-il que la Khazarie existait encore? Ce n'est pas clair. En tout cas sa préface est suivie du texte des deux lettres, sans autre commentaire.

Mais la correspondance ne resta pas enterrée dans

---

1. Cité par DUNLOP, p. 127.
2. Deux exemplaires de cette brochure, dans deux éditions différentes sont conservés à la Bodléienne.

l'obscur opuscule d'Akrish, car soixante ans environ après la publication un exemplaire de la brochure fut expédié à un savant, Johannes Buxtorf le jeune, calviniste fort érudit, bon hébraïsant, auteur de nombreuses études d'exégèse biblique et de littérature rabbinique. Buxtorf fut d'abord aussi sceptique que Barzillai cinq cents ans plus tôt quant à l'authenticité de la correspondance. Mais finalement en 1660 il publia le texte original des deux lettres avec leur traduction en latin, en guise d'annexe au livre de Jehudah Halevi sur les Khazars. Mauvaise idée, même si elle paraissait logique, car le voisinage du récit légendaire de Halevi n'aidait guère la correspondance à se faire prendre au sérieux par les historiens. Ces derniers ne changèrent d'attitude qu'au XIXe siècle lorsque d'autres sources eurent procuré des renseignements sur les Khazars.

3

La seule version *manuscrite* contenant *à la fois* la lettre de Hasdai et la réponse de Joseph se trouve à la bibliothèque de Christ Church à Oxford. D'après Dunlop et le spécialiste russe Kokovtsov[1] le manuscrit « manifeste une similitude remarquable avec le texte imprimé » auquel « il a servi de source directement ou indirectement[2] ». Il date probablement du XVIe siècle, et l'on pense qu'il a appartenu au doyen de Christ Church, John Fell (immortalisé dans le quatrain du poète Thomas Brown, qui fut son élève : « Je ne t'aime pas, docteur Fell... »).

Un autre manuscrit, qui contient la réponse de Joseph,

1. KOKOVTSOV, 1932.
2. DUNLOP, 1954, p. 230.

mais non la lettre de Hasdai, est conservé à la Bibliothèque publique de Leningrad. Il est nettement plus long que le texte imprimé d'Akrish et que le manuscrit de Christ Church; on le désigne donc généralement sous le nom de Version longue, par opposition à la « Version courte » d'Akrish et de Christ Church, qui paraît en être un abrégé. La Version longue est aussi plus ancienne : elle date probablement du XIIIe siècle, alors que la courte est du XVIe. L'historien soviétique Ribakov [1] a émis l'hypothèse vraisemblable que la version courte de la réponse de Joseph est un condensé réalisé au Moyen Age par des copistes espagnols sur la base de la Version longue ou peut-être même d'un texte plus ancien.

C'est ici qu'une fausse piste risque de mettre en défaut les limiers de l'Histoire. La Version longue fait partie, à la bibliothèque de Leningrad, d'une collection de manuscrits et d'épitaphes hébreux, dite « collection Firkowitch ». Elle est venue probablement de la Geniza du Caire, comme la plus grande partie de ce fonds. Or Abraham Firkowitch, pittoresque savant du XIXe siècle qui mériterait une annexe à lui seul, faisait autorité dans sa discipline; mais c'était aussi un karaïte militant qui voulait prouver au gouvernement tsariste que ses coreligionnaires ne ressemblaient pas aux juifs orthodoxes et ne devaient pas être traités comme ceux-ci par les chrétiens. Dans cette louable intention il se mit à falsifier certains de ses vieux textes authentiques, manuscrits ou inscriptions funéraires, en ajoutant ou interpolant çà et là des mots qui leur donnaient une allure karaïte. C'est ainsi que pour avoir passé par les mains de Firkowitch la Version longue fut accueillie avec une certaine méfiance lorsque après la mort de l'érudit trop zélé, elle fut découverte dans un paquet de manuscrits

---

1. Cité in *Enc. Judaica*, art. « The Khazar Correspondence ».

par l'historien russe Harkavy. Ce dernier ne se faisait pas d'illusions sur la rigueur de Firkowitch dont il avait dénoncé lui-même certaines contrefaçons [1]. Cependant il ne mit jamais en doute l'antiquité du manuscrit; il le publia en 1879 dans l'original, et en donna des traductions en russe et en allemand [2], en la présentant comme une version ancienne de la lettre de Joseph, d'où aurait été tirée la Version courte. Chwolson, confrère (et rival) de Harkavy confirma que le document avait été entièrement écrit par un seul copiste et qu'il ne contenait aucune espèce d'addition [3]. Finalement en 1932 parut à Leningrad sous les auspices de l'Académie l'ouvrage de Paul Kokovtsov *La Correspondance hébraïque — khazare du Xe siècle* [4] contenant des fac-similés de la Version longue, conservée à Leningrad et de la Version courte provenant de Christ Church ainsi que de l'opuscule d'Akrish. Au terme d'une analyse critique des trois textes la conclusion était que les deux Versions, longue et courte, ont pour fondement un même texte original, qui est généralement, mais pas toujours, mieux respecté dans la Version longue.

4

L'analyse de Kokovtsov, renforcée par la publication des fac-similés, mit fin, à peu près, à la controverse — qui d'ailleurs n'affectait que la Version longue, et non la lettre de Hasdai ni la Version courte de la réponse.

1. A.E. HARKAVY, 1877.
2. HARKAVY, 1875.
3. D.A. CHOWLSON (1882).
4. KOKOVTSOV, *op. cit.*

Pourtant une voix discordante s'éleva là où on ne l'attendait pas. En 1941 Poliak avança que la correspondance khazare était, sinon un faux, du moins un ouvrage de fiction composé au Xe siècle pour faire connaître le royaume juif, à des fins d'information ou de propagande [1]. (La date pouvait être ramenée au XIe siècle au plus tard, Rabbi Barzillai ayant lu la correspondance en 1100, Ibn Daud l'ayant citée en 1161.) Mais cette théorie, vraisemblable à première vue, fut réduite à néant par Landau et Dunlop. Landau put démontrer que la lettre de Hasdai fut bel et bien rédigée par le secrétaire Menahem ben-Sharuk. Et Dunlop fit remarquer que la lettre de Hasdai pose plusieurs questions à propos de la Khazarie auxquelles Joseph ne répond pas — ce qui n'est certainement pas la façon d'écrire une brochure d'information :

« Aucune réponse n'est fournie par Joseph aux questions qui concernent sa manière de se rendre à son lieu de culte ainsi que la trêve qui serait imposée par le sabbat... Il y a une nette absence de correspondance entre les questions de la lettre et les renseignements donnés par la réponse. Cela devrait indiquer probablement que les documents sont ce qu'ils prétendent être, et non pas une invention littéraire [2]. »

Et plus loin Dunlop interroge à juste titre :

« Pourquoi une lettre de Hasdai qui, nettement plus longue que la réponse de Joseph, renseigne extrêmement peu sur les Khazars, si elle a été écrite, comme Poliak le suppose, à seule fin de fournir une relation populaire de la Khazarie? Si la lettre sert à introduire les informations sur les Khazars contenues dans la réponse, c'est vraiment une bien curieuse introduction, pleine de renseignements sur l'Espagne et les Omeyades qui n'ont rien à voir avec la Khazarie [3]. »

1. POLIAK, 1941.
2. DUNLOP, 1954, p. 143.
3. *Ibid.*, p. 137.

Pour donner le coup de grâce Dunlop ajoute un examen linguistique qui prouve que la lettre et la réponse ont eu des auteurs différents. La démonstration concerne une caractéristique de la grammaire hébraïque, l'emploi du *waw* conversif pour définir le temps. Je n'essaierai pas d'expliquer ce mécanisme grammatical; je me bornerai à reproduire, d'après Dunlop, le tableau des différentes méthodes utilisées dans la lettre, et dans la Version longue, pour désigner des actions dans le passé[1] :

	waw conversif à l'imparfait	*waw simple au parfait*
Lettre de Hasdai	48	14
Réponse (Version longue)	1	95

Dans la Version courte, la première méthode (celle de Hasdai) est employée 37 fois, la seconde 50 fois. Mais la Version courte emploie surtout la première méthode dans les passages qui diffèrent de la Version longue. Pour Dunlop la chose est due aux scribes espagnols qui ont paraphrasé la Version longue. De même la lettre de Hasdai, écrite dans l'Espagne mauresque, contient de nombreux arabismes (par exemple, al-Khazar pour les Khazars), alors que la réponse n'en a aucun. Enfin, quant à la teneur de la correspondance en général, Dunlop écrit :

> « Il semble que l'on n'ait rien allégué de décisif contre le contenu de la réponse de Joseph dans sa forme la plus originale, la Version longue. La différence stylistique en confirme l'authenticité. Elle est ce qu'on attendrait de documents émanant de parties du monde juif séparées par de vastes distances, et où le niveau culturel n'était le même en aucune façon. On permettra peut-être ici de noter pour ce qu'elle vaut, l'impression qu'en général la

---

1. DUNLOP, p. 152.

langue de la réponse est moins artificielle, plus naïve, que celle de la lettre¹. »

Pour résumer, on comprend mal que des historiens aient tellement hésité à croire que le kagan des Khazars ait pu dicter une lettre, alors que l'on savait qu'il correspondait avec l'empereur de Byzance (que l'on se rappelle les sceaux d'or!), ou que des juifs pieux en Espagne et en Égypte aient avec diligence copié et conservé un message provenant du seul royaume juif qui eût existé depuis les temps bibliques.

---

1. *Ibid.*, p. 153.

ANNEXE IV

QUELQUES CONSÉQUENCES : ISRAEL ET LA DIASPORA

Bien que ce livre traite d'Histoire, bien qu'il soit consacré au passé, il implique inévitablement certaines conséquences pour le présent et pour l'avenir.

En premier lieu je n'ignore pas qu'on pourrait l'interpréter avec malveillance comme une négation du droit à l'existence de l'État d'Israël. Mais ce droit n'est pas fondé sur les origines hypothétiques des juifs ni sur l'alliance mythologique entre Abraham et Dieu; il est fondé sur la législation internationale, et précisément sur la décision prise par les Nations unies en 1947 de diviser la Palestine, autrefois province turque, alors territoire sous mandat britannique, en un État arabe et un État juif. Quelles que soient les origines raciales des citoyens d'Israël et quelles que soient les illusions qu'ils nourrissent à leur propos, leur État existe *de jure* et *de facto,* et il est impossible de le supprimer, sinon par génocide. Sans entrer dans les controverses on peut ajouter, puisque c'est un fait, que le partage de la Palestine fut le résultat d'un siècle d'immigration pacifique et de travaux de pionniers, de la part des juifs, ce qui procure une justification éthique à l'existence légale de l'État. Que les chromosomes de sa population contiennent des gènes d'origine khazare, sémite, romaine ou espagnole, la question est sans intérêt, elle ne peut affecter le droit à l'existence d'Israël ni l'obligation morale de tout être civilisé, juif ou non juif, de défendre ce droit. Même l'origine ethnique récente des parents ou des grands-parents des natifs d'Israël perd de son importance, elle tend à se faire oublier dans le bouillonnement du creuset racial. Le lointain problème de la transfusion khazare, si passionnant qu'il soit, ne concerne pas l'État moderne d'Israël.

Les juifs qui habitent ce pays, quelle que soit la multiplicité de leurs origines, rassemblent les conditions essentielles d'une nation : une patrie, une langue commune, un gouvernement, une armée. Les juifs de la diaspora ne possèdent aucun de ces éléments. Ce qui fait d'eux une catégorie à part, dans les pays où ils vivent, c'est leur religion déclarée, qu'ils la pratiquent ou qu'ils ne la pratiquent pas. Telle est la différence fondamentale entre Israéliens et juifs de la diaspora. Les premiers ont acquis une identité nationale; les seconds sont étiquetés juifs du seul fait de leur religion, et non pas du fait de leur nationalité, ni de leur race.

Cela suscite néanmoins un paradoxe tragique, car la religion israélite (à la différence du christianisme, de l'Islam, du bouddhisme) suppose l'appartenance à une nation historique, à un peuple élu. Toutes les fêtes israélites commémorent des événements de l'histoire nationale : la sortie d'Égypte, la révolte des Macchabées, la mort de l'oppresseur Aman, la destruction du Temple. L'Ancien Testament est avant tout un livre d'histoire nationale; s'il a donné au monde le monothéisme, son credo est pourtant plus tribal qu'universel. Chaque prière, chaque rite, proclame l'appartenance à une ancienne race, ce qui place automatiquement les juifs en dehors du passé racial et historique des peuples au milieu desquels ils vivent. La religion israélite, comme le montrent deux mille ans de tragédies, engendre nationalement et socialement sa ségrégation. Elle met le juif à part, elle invite à le mettre à part. Elle crée automatiquement des ghettos matériels et culturels. Elle a fait des juifs de la diaspora une *pseudo-nation* dépourvue de tous les attributs et privilèges de la nationalité, mollement rassemblée par un système de croyances traditionnelles fondées sur des postulats raciaux et historiques qui se révèlent illusoires.

Les juifs orthodoxes sont une minorité en voie de disparition. Ils étaient retranchés dans l'Europe orientale où se déchaîna la fureur nazie qui les élimina presque complètement. Les survivants épars dans le monde occidental n'ont guère d'influence, et la majeure partie des communautés orthodoxes d'Afrique du Nord, du Yémen, de Syrie, d'Irak, a émigré en Israël. Dans la diaspora le judaïsme orthodoxe s'éteint, et c'est l'immense majorité des juifs éclairés ou agnostiques qui perpétuent le paradoxe en s'accrochant loyalement à leur statut pseudo-national parce qu'ils se croient tenus de conserver la tradition juive.

Mais il n'est pas facile de définir ce que signifie cette expression de « tradition juive » pour la majorité cultivée qui rejette la doctrine du Peuple élu. Cette doctrine mise à part, les messages universels de l'Ancien Testament (avènement du Dieu unique et indivisible, Dix Commandements, ethos des prophètes, proverbes et psaumes) sont passés dans les grands courants de la tradition judéo-hellénico-chrétienne, et ils appartiennent à tous, juifs et non juifs.

Après la destruction de Jérusalem les juifs cessèrent d'avoir en propre une langue et une culture profane. Comme langue parlée l'hébreu avait déjà cédé la place à l'araméen avant l'ère chrétienne; en Espagne les savants et les poètes juifs se servaient de l'arabe; plus tard leurs successeurs écrivirent en allemand, en polonais, en russe, en anglais, en français. Des communautés juives se donnèrent des dialectes comme le yiddish et le ladino, dont aucun ne produisit d'œuvres comparables aux remarquables contributions juives à la littérature allemande, austro-hongroise ou américaine.

La principale activité littéraire *spécifiquement* juive de la diaspora s'exerça dans le domaine de la théologie. Mais le Talmud, la Kabbale et les gros tomes d'exégèse biblique sont à peu près inconnus du public juif contemporain, bien qu'ils soient, encore une fois, les seules reliques d'une tradition spécialement juive (si l'on veut donner un sens concret à ce terme) au cours des deux derniers millénaires. Autrement dit, dans tout ce qu'a pu produire la diaspora il y a soit des œuvres qui ne sont pas particulièrement juives, soit des œuvres qui ne font pas partie d'une tradition vivante. Des juifs ont fourni à la culture de leurs pays-hôtes des contributions philosophiques, scientifiques ou artistiques, qui ne constituent ni un patrimoine culturel ni un ensemble de traditions autonome.

En somme, les juifs d'aujourd'hui n'ont pas de tradition culturelle en commun; ils ont seulement des habitudes et des comportements qui, par transmission sociale, proviennent de l'expérience traumatisante du ghetto, ainsi que d'une religion qu'en général ils ne pratiquent pas, à laquelle ils ne croient plus, mais qui leur confère cependant un statut pseudo-national. Il est clair qu'à long terme (j'ai essayé de le montrer ailleurs [1]) la solution du paradoxe ne peut être que l'émigration en Israël ou l'assimilation progressive aux pays hôtes. Avant l'holocauste nazi ce dernier processus battait son plein; et en 1975 on pouvait lire dans *Time Magazine*[2] que les juifs américains

---

1. Dans *L'ombre du Dinosaure*.
2. 10 mars 1975.

« tendent de plus en plus à épouser hors de leur religion; il y a presque un tiers de mariages mixtes ».

Et pourtant l'influence persistante du message racial et historique du judaïsme, bien qu'il soit fondé sur des illusions, sert de frein affectif puissant en faisant appel au loyalisme tribal. C'est dans ce contexte que le rôle joué par la treizième tribu dans l'histoire de leurs ancêtres peut concerner les juifs de la diaspora. Mais encore une fois il ne concerne pas les modernes Israéliens, qui ont acquis une authentique identité nationale. Une des principales contributions à la connaissance de l'héritage khazar des juifs, qui sape la légende du Peuple élu, est due à Abraham Poliak, professeur d'Histoire à l'université de Tel Aviv et sans doute bon patriote : cela peut paraître symbolique. Il est peut-être significatif aussi que le « sabra » né en Israël représente physiquement et mentalement tout l'opposé du « juif typique » élevé dans le ghetto.

Éléments de bibliographie

ALFÖLDI, « La Royauté Double des Turcs », 2ᵉ Congrès turc d'Histoire, Istanbul, 1937.
ALLEN, W.E.D., *A History of the Georgian People*, Londres, 1932.
Annals of Admont, KLEBEL, E., « Eine neu aufgefundene Salzburger Geschichtsquelle », *Mitteilungen der Gesellschaft für Salzburger Landeskunde*, 1921.
ARNE, T.A.J., « La Suède et l'Orient », *Archives d'Études orientales*, 8°, v. 8, Upsal, 1914.
ARTAMONOV, M. I., *Études d'Histoire Khazare*, en russe, Leningrad, 1936.
ARTAMONOV, M. I., *Histoire Khazare*, en russe, Leningrad, 1962.
BADER, O. H., *Études de l'expédition archéologique de la Kama*, en russe, Kharkhov, 1953.
AL-BAKHRI, *Livre des royaumes et des routes*, trad. franç. DÉFREMÉRY, *J. Asiatique* 1849.
BALLAS, J. A., *Beiträge zur Kenntnis der Trierischen Volkssprache*, 1903.
BAR HEBRAEUS, *Chronography*, Oxford, 1932.
BARKER, F., « Crusades » in *Enc. Britannica*, 1973.
BARON, S. W., *A Social and Religious History of the Jews*, vol. III et IV, New York, 1957.
BARTHA, A., *A IX-X Szazadi Magyar Tarsadalom*, La Société hongroise aux IXᵉ et Xᵉ siècles, Budapest, 1968.
BARTHOLD, V., voir GARDEZI et *Hudud al Alam*.
BEDDOE, J., « On the Physical Characters of the Jews », *Trans. Ethn. Soc.*, vol. I, p. 222-237, Londres, 1861.
BEN BARZILLAI, JEHUDAH, *Sefer ha-Ittim*, Livre des Fêtes, vers 1100.
BEN-DAUD, IBRAHIM, « Sefer ha-Kabbalah », in *Mediaeval Jewish Chronicles*, éd. Neubauer, I, 79.
BENJAMIN DE TUDÈLE, *The Itinerary of Rabbi Benjamin of Tudela*, éd. et trad. Asher, A., 2 vols, Londres et Berlin, 1841.
BLAKE, R. P. et FRYE, R. N., « Notes on the Risala of Ibn Fadlan », in *Byzantina Metabyzantina*, vol. I, partie II, 1949.
BRUTZKUS, J., « Chasaren » in *Jewish Enc.*, New York, 1901-1906.
BURY, J. B., *A History of the Eastern Roman Empire*, Londres, 1912.

Bury, J. B., *Byzantinische Zeitschrift XIV*, p. 511-570.
Buxtorf, J. fil., *Liber Cosri*, éd. Jehuda Halevi, Bâle, 1660.
Carpini, *The Texts and Versions of John de Plano Carpini*, éd. Hakluyt Hakluyt Soc., 1903.
Cassel, Paulus (Selig), *Magyarischer Alterthümer*, Berlin, 1847.
Cassel, Paulus (Selig), *Der Chasarische Königsbrief aus dem 10. Jahrhundert*, Berlin, 1876.
Cedrenus, Georgius, éd. Bekker, Bonn, 1839.
Chwolson, D. A., *Dix-huit Inscriptions Funéraires de Crimée*, en allemand : Saint-Petersbourg, 1865; en russe : Moscou, 1869.
Chwolson, D. A., *Corpus des Inscriptions Hébraïques* éd. allem., Saint-Petersbourg, 1882.
Comas, J., « Les mythes raciaux », in *Le Racisme devant la Science*, UNESCO, Paris, 1960.
Constantin Porphyrogénète, « De l'Administration de l'Empire », *De Administrando Imperio*, éd. du texte de Moravcsik et Jenkins, Washington, 1967.
Constantin Porphyrogénète, *De Cerimoniis*, éd. avec commentaire A. Vogt, Paris, 1935-1940.
Dimaski, Muhammad, *Manuel de la Cosmographie du Moyen Age*, Copenhague, 1874.
Disraeli, B., *The Wondrous Tale of Alroy*, Londres, 1833.
Druthmar d'Aquitaine, Christian, « Expositio in Evangelium Mattei », in *Migne*, Patrologie latine, Paris, 1845.
Dubnow, S., *Weltgeschichte des jüdischen Volkes, Band IV*, Berlin, 1926.
Dunlop, D. M., *The History of the Jewish Khazars*, Princeton, 1954.
Dunlop, D. M., « The Khazars », in *The World History of the Jewish People*, voir Roth.
Dunlop, D. M., « Khazars », in *Enc. Judaica*, éd. 1971.
Eldad ha-Dani, *Relations d'Eldad le Danite, Voyageur du IXe siècle*, Paris, 1838.
Fishberg, M., *The Jews – A Study of Race and Environment*, Londres, 1911.
Fraehn, *Khazars*, Mémoires de l'Académie russe, 1822.
Frazer, Sir James, « The Killing of the Khazar Kings » in *Folklore*, XXVIII, 1917.
Frye, R. N., voir Blake, R. P.
Fuhrmann, *Alt-und Neuösterreich*, Vienne, 1737.
Gardezi, trad. russe, Barthold, Académie impériale des Sciences, série VIII, vol. I, n° 4, Saint-Petersbourg, 1897.
Gibb, H. A. R., et de Goeje, M. J., art. « Historiographie Arabe », in *Enc. Britannica*, éd. 1955.
Gibbon, E., *The History of the Decline and Fall of the Roman Empire*, trad. fr. Delagrave, Paris, 1880.
Goeje, de, éd. *Bibliotheca Geographorum Arabicorum*, Bonn.
Goeje, de, voir Gibb.
Graetz, H. H. *History of the Jews*, Philadelphie, 1891-1998.
Grégoire, H., Le « Glozel Khazare », *Byzantion*, 1937, p. 225-266.
Halevi, Jehuda, *Kitab al Khazari*, trad. Hirschfeld, éd. révisée, Londres, 1931. Voir aussi Buxtorf.
Harkavy, A. E., « Ein Briefwechsel zwischen Cordova und Astrachan zur Zeit

ÉLÉMENTS DE BIBLIOGRAPHIE 287

Swyatoslaws (um 960), als Beitrag zur Alten Geschichte Süd-Russlands », in *Russische Revue*, vol VI, 1875, p. 69-97.
HARKAVY, A. E., *Altjüdische Denkmäler aus der Krim*, Mémoires de l'Académie russe, 1876.
HERZOG, E., voir ZBOROWSKI, M.
Hudud al Alam Régions du Monde, Barthold, éd., Leningrad, 1930, trad. et explic. Minorski, Londres, 1937.
HUSSEY, J. M., *Cambridge Mediaeval History*, vol. III, 1966.
Ibn FADLAN, voir Zeki Validi TOGAN; et aussi BLAKE et FRYE.
Ibn HAWKAL, *Bibliotheca Geographorum Arabicorum*, 2e éd. Kramers, 1939, voir OUSELEY.
Ibn JAKUB, IBRAHIM, Spuler, B., in *Jahrbücher fur die Geschichte Osteuropas*, III, 1-10.
Ibn NADIM, *Kitab al Fihrist*, éd. Flügel.
Ibn RUSTA, éd. de Goeje, *Bibliotheca Geographorum Arabicorum*, VII.
Ibn SAID al MAGHRIBI. Manuscrit de la Bodléienne, cit. par Dunlop, 1954, p. 11.
ISTAKHRI, éd. de Goeje, *Bibliotheca Geographorum Arabicorum*, pars 1.
JACOBS, J., « On the Racial Characteristics of Modern Jews », *J. Anthrop. Inst.*, vol. XV, p. 23-62, 1886.
KAHLE, P. E., *Bonn University in pre-Nazi and Nazi Times : 1923-1939. Experiences of a German Professor*, Londres, 1945.
KAHLE, P. E., *The Cairo Geniza*, Oxford, 1959.
KARPOVICH, M., voir VERNADSKY.
KERR, N., *Inebriety*, Londres, 1889.
KNIPER, A. H., « Caucasus, People of », in *Enc. Brit.*, éd 1973.
KOESTLER, A., *L'ombre du dynosaure*, éd. Calmann-Lévy, 1956.
KOKOVSTSOV, P., *La Correspondance hébraïque khazare au Xe Siècle*, en russe, Leningrad, 1932.
KUTSCHERA, Hugo FREIHERR von, *Die Chasaren*, Vienne, 1910.
LANDAU, « Situation actuelle du problème khazar », en hébreu, *Zion*, Jérusalem, 1942.
LÀSZLÔ, G., *The Art of the Migration Period*, Londres, 1974.
LAWRENCE, T. E., *Les Sept Piliers de la Sagesse*.
LEIRIS, M., « Race et Civilisation », in *Le Racisme devant la science*, UNESCO, Paris, 1960.
LUSCHAN, F. von, « Die anthropologische Stellung der Juden », *Correspondenzblatt der deutschen Gesellschaft fur Anthropologie*, vol. XXIII, 1891.
MACARTNEY, C. A., *The Magyars in the Ninth Century*, Cambridge, 1930.
McEVEDY, C., *The Penguin Atlas of Mediaeval History*, 1961.
MARQUAT, J., *Osteuropäische und ostasiatische Streifzüge*, Hildesheim, 1903.
Al-MASUDI, *Muruj udh-Dhahab wa Maadin ul-Jawahir*, « Les Prairies de Mines d'Or et de Pierres Précieuses », trad. Fr. 9 vol., Paris, 1861-1877.
MIESES, M.,*Die Entstehungsuhrsache der jüdischen Dialekte*, Berlin-Vienne, 1915.
MIESES, M., *Die Jiddische Sprache*, Berlin-Vienne, 1924.
MINORSKY, V. voir Hudud al ALAM.
MUQUADASSI, *Descriptio Imperii Moslemici*, Bibl. Geog. Arab., III, 3, Bonn.
NESTOR et PSEUDO-NESTOR, voir *Russe, Chronique*.

OBOLENSKY, D., *The Byzantine Commonwealth – Eastern Europe 500-1453*, Londres, 1971.
OUSELEY, D., *The Oriental Geography of Ebn Haukal*, Londres, 1800.
PATAI, R., art. « Jews », in *Enc. Brit.*, vol. XII, 1054, éd. 1973.
PHOTIUS, *Homilies*, trad. et éd. par C. Mango, Cambridge, Mass., 1958.
POLIAK, A. N., « La Conversion des Khazars au Judaïsme », en hébreu, *Zion*, Jérusalem, 1941.
POLIAK, A. N., *Khazarie : Histoire d'un Royaume juif en Europe*, en hébreu, Mossad Bialik, Tel Aviv, 1951.
Provezt Vremennik Let, voir *Russe (Ancienne Chronique)*.
PRISCUS, *Corpus Scriptorum Historiae Byzantinae*, Bonn.
REID, G. A., *Alcoholism*, Londres, 1902.
REINACH, Th., « Judaei », in *Dictionnaire des Antiquités*.
REINACH, Th., article « Diaspora », in *Jewish Enc.*
RENAN, ERNEST, *Le Judaïsme comme race et religion*, Paris, 1883.
RIPLEY, W., *The Races of Europe*, Londres, 1900.
Russe, Ancienne Chronique, trad. et éd. par Cross, S. H. et Sherbowitz-Wetzor, C.P. Cambridge, Mass., 1953.
ROTH, C. éd., *The World History of the Jewish People*, vol. II : *The Dark Ages* Londres, 1966.
ROTH, C., article « Jews », in *Enc. Brit.*, éd. 1973.
SAVA, G., *Valley of the Forgotten People*, Londres, 1946.
SCHRAM, ANSELMUS, *Flores Chronicorum Austriae*, 1702.
SCHULTZE, « Das Martyrium des heiligen Abo von Tiflis », *Texte und Untersuchungen für Geschichte des altchristlichen Literatur*, XIII, 1905.
SHAPIRO, H., « Le Peuple de la Terre Promise », in *Le Racisme devant la science*, UNESCO, Paris, 1960.
SHARF, A., *Byzantine Jewry – From Justinian to the Fourth Crusade*, Londres, 1971.
SINOR, D., « Khazars », in *Enc. Brit.*, 1973.
SMITH, H., in *Proc. Glasgow University Oriental Society*, V.
TOGAN, voir ZEKI VALIDI.
AL-TABARI, *Geschichte der Perser und Araber zur Zeit der Sasaniden*, Leyde, 1879-1901.
TOYNBEE, A., *Une Étude de l'Histoire*, abr. des vol. I-VI par D. C. Somervell.
TOYNBEE, A., *Constantine Porphyrogenitus and his World*, Londres, New York, Toronto, 1973.
VASILIEV, A. A., *The Goths in the Crimea*, Cambridge, Mass., 1936.
VERNADSKY, G., « Ancient Russia », in Vernadsky et Karpovitch, *A History of Russia*, vol. I, New Haven, 1943.
VERNADSKY, G., *Kievan Russa*, même série vol. II, New Heaven, 1948.
VETULANI, A., « The Jews in Mediaeval Poland », *Jewish J. of Sociology*, décembre 1962.
VIRCHOW, R., « Gesamtbericht... über die Farbe der Haut, der Haare und der Augen der Schulkinder in Deutschland », *Archiv für Anthropologie*, vol. XVI, 1886.
WEINGREEN, J., *A Practical Grammar for Classical Hebrew*, 2ᵉ éd. Oxford, 1959.
WILLIAM of MALMESBURY, *De gestis regum Anglorum*.

YAKUBI, *Buldan, Bibl. Georg. Arab.*, VII, Bonn.
YAKUT, *Mujam al-Buldan*, éd. Wüstenfeld, Leipzig, 1866-1870.
ZAJACZKOWSKI, *La Civilisation khazare et ses héritiers*, en polonais, Wroclaw, 1946.
ZAJACZKOWSKI, « Le Problème de la Langue des Khazars », *Actes de la Soc. des Sciences de Wroclaw*, 1946.
ZBOROWSKI, M., et HERZOG E., *Life Is With People — The Jewish Little-Town of Eastern Europe*, New York, 1952.
ZEKI VALIDI TOGAN A., « Ibn Fadlans Reisebericht », in *Abhandlungen für die Kunde des Morgenlandes, Band 24, Nr. 3*, Leipzig, 1939.
ZEKI VALIDI TOGAN, A., « Völkerschaften des Chasarenreiches im neunten Jahrhundert », *Körösi Csoma-Archivum*, 1940.

Index

AARON LE BÉNI, 89, 93.
Abbassides, 34, 36.
ABD-AL-RAHMAN III, 78, 83, 270.
ABD-AL-RAHMAN IBN-RABIAH, 31.
Ak-Khazars, 22, 25, 72.
AKRISH, I.A., 273, 275 sq.
Alains, 23, 95, 115, 152, 163, 178.
Alexandrie, 56, 96.
ALLEN, W.E.O., 20.
AL TABARI, 102.
ANDRÉ II (roi), 175.
Antisémitisme, 18, 239.
Arabes : guerres, conquêtes, invasions, 14 sq., 31-36, 60, 71, 75, 104 sq., 118, 152 sq.; sources, 15, 19 sq., 24 sq., 40, 47, 54, 56, 61 sq., 63 sq., 70, 73, 76, 80 sq., 89, 95, 97, 102, 106, 108, 111, 113, 139, 144, 148, 156-160, 166 sq., 185, 258-261, 265 sq.; Espagne, 78, 278, 282.
Ardabil, 33, 81, 101, 141.
Arménie, Arméniens, 20 sq., 26, 30, 33 sq., 55 sq., 81 sq., 102, 182 sq., 192, 227, 240 sq., 258, 272.
ARNE, T.J., 57.
ARTAMONOV, M.I., 20, 35, 66 sq., 88, 114, 123, 165.
Askénazes, 216, 227 sq., 231, 237, 267.

ATTILA, 18, 23, 25 sq., 39, 102.
Avars, empire avar, 21, 23, 26, 29, 87, 127.

Bab al Abwab, voir Darband.
Bachkires, 23, 40, 45 sq.
BADER, O.H., 57.
Bagdad, 36, 40 sq., 45, 48, 56, 66, 78, 91, 96, 144, 168, 200, 228, 260.
AL-BAKRI, 76, 261.
Balanjar, Balanjars, 26, 31, 33, 60.
EL-BALKHI, 260.
BALLAS, J.A., 216.
BARBARO, J., 222.
BAR HEBRAEUS, 164.
BARKER, F., 202.
BARON, S.W., 99, 167 sqq., 173, 178, 198, 203, 264.
BARTHA, A., 15, 58, 123.
BASILE Ier (empereur), 71 sq.
BASILE II (empereur), 150.
BEDDOE, J., 240.
BENJAMIN DE TUDÈLE, 96, 168.
BIRUNI, 158.
BOLESLAV LE PIEUX (roi), 184.
Bourtes, 20, 23, 55.
BULAN (roi), 79 sqq., 87 sq., 101, 148.
Bulgares, 14, 20, 23, 26, 32, 38, 40, 53 sqq., 57 sq., 87, 108, 111, 115,

128 sq., 142, 154, 267; Bulgares du Danube, 27, 118, 126, 128, 146; Bulgares de la Volga, 27, 40, 45-51, 118, 148, 152, 157, 178, 185.
BURY, J.B., 13, 63, 67, 69 sq., 77, 108, 123, 130, 132, 138, 153, 262, 264.
BUSBECK, G. de, 222.
BUSIR (roi), 37.
BUXTORF, J., 274.
Byzantin (empire), Byzantins, Byzance, 13-16, 25, 27, 55, 58 sq., 70-73, 78 sq., 82, 84, 86, 91, 93, 101, 103 sq., 106, 109 sq., 112, 131-139, 144, 146, 149-155, 159 sqq., 164, 182, 185, 212, 258, 261, 279.

Cambridge (manuscrit de), 92, 94.
Canaan, 18.
CARPINI, J. de Plano, 163.
CASIMIR LE GRAND (roi), 184, 218, 224.
Caspienne, mer, 14, 18, 20 sq., 31, 48 sq., 61, 98, 106 sq., 109, 140, 142 sqq., 146, 193.
CASSEL, P., 18, 27, 86.
Caucase, Caucasiens, 13 sqq., 18, 20, 25 sq., 31 sqq., 35, 39, 48, 54 sq., 60, 81, 146, 153, 162, 178, 180, 212, 225, 240, 252, 272.
CEDRENUS, Georges, 160.
CHAGALL, Marc, 194.
CHARLEMAGNE, 13, 200.
CHERSON, 37 sq., 98, 137 sq., 149-152, 161.
Chine, Chinois, 23, 27, 66, 163, 235, 245.
CHOSROÈS, *voir* KHRUSRAW.
Christianisme, chrétiens, 15 sq., 61, 69-73, 76, 82, 88, 90, 98, 118, 131 sq., 135 sq., 142, 148-151, 160 sq., 164, 168, 190, 204, 207, 213 sq., 219 sq., 235 sq., 261, 275, 281 sq.
CHWOLSON, D.A., 74, 276.
CINNAMUS, John, 175, 215.
CLÉMENT IV (pape), 184.
COMAS, Juan, 229, 232.
CONSTANTIN V (empereur), 15, 56.
CONSTANTIN VII PORPHYROGÉNÈTE (empereur), 13, 28, 60, 67, 84, 93, 104, 108, 120 sqq., 124-127, 133 sqq., 139, 152 sq., 175, 261 sqq.
CONSTANTIN VIII (empereur), 150.
Constantinople, 18, 32 sq., 38 sq., 56, 66, 84, 92, 96, 105 sq., 108 sq., 130-134, 137, 150, 161, 267, 273.
Cordoue, 77 sqq., 85, 91 sq., 176, 270.
Crimée, 16 sq., 20, 28, 37 sq., 74, 88, 95, 98, 137, 160, 162, 179, 182, 207, 222.
Croisades, 168 sq., 202-205.
CYRIL, saint, 98 sq., 125, 130.
Cyrillique, 74, 98 sq.

Danube (fleuve), 26, 35, 38, 87, 126, 128, 214.
Darband, défilé de, 31 sq., 54, 56, 162.
Dariel, passage de, 31 sq.
DAVID AL-ROY, 168 sq.
Diaspora, 97, 174, 176, 189, 197, 201, 235, 281 sq., 284.
DIMASKI, 75.
Dniepr (fleuve), 20, 89, 105, 107, sq., 116, 119, 125, 130 sq., 139, 142, 153, 163, 185.
Don (fleuve), 20, 84, 98, 104, 108, 112, 118 sqq., 126, 146, 177 sq., 222.
DRUTHMAR, Christian, 97.
DUBNOV, Simon, 204.
DUNLOP, D.M., 14, 16, 25, 35, 39, 64, 88 sq., 101, 157 sq., 165, 264 sqq., 270, 274, 277.

INDEX

ELDAD HA-DANI, 86, 89.
Encyclopaedia Britannica, 202, 259.
Encyclopaedia Judaica, 16, 62, 268.
EPHRAÏM BAR JACOB, 205.
ETIENNE BATHORY (roi), 184.
Eudoxie, 29.

Finlande, Finnois, 117 sq.
FIRKOWITCH, A., 275 sq.
FISHBERG, M., 230, 234, 238 sq., 242, 245, 248 sq.
FRAZER, J., 63.

GARDEZI, 67, 111, 123, 261.
GENGIS KHAN, 163, 173, 177.
Géorgie, Géorgiens, 26, 29, 33 sq., 55, 162, 240, 258.
Germinica Judaica, 201.
GERSHOM BEN YEHUDA (rabbi), 201, 203.
Ghuzz, 20, 23, 43 sqq., 48 sq., 93, 115, 118, 125, 129, 154, 164 sq.
GIBB, H. A. R., 259.
GIBBON, E., 29, 36.
GOEJE, M. J. de, 259.
GRAETZ, H. H., 238.
GRÉGOIRE, H., 265.
GUNDELFINGUS, H., 214.
Gurganiya, 41, 55.

HARKAVY, A. E., 276.
HAROUN AL-RACHID, 36, 66, 72, 75, 200.
HASDAI IBN SHAPRUT, 77 sqq., 83-86, 89-92, 94, 106, 144, 176, 270-273, 275-278.
Hébreux, 15, 70, 73 sqq., 78, 83, 87, 92, 97, 99, 148, 168, 188 sq., 191, 202 sq., 217, 220, 222, 227, 257 sq., 264, 268, 271, 273-276, 278.

HÉRACLIUS (empereur), 28 sqq., 71, 153.
Huns (empire des), Huns, 18 sq., 21 sqq., 25 sqq., 87, 127.
Hongrie, Hongrois, 15 sq., 20, 59, 118, 120-123, 125 sq., 128, 137, 139, 154, 163, 174-177, 186 sqq., 194, 211, 213 sqq., 223 sq., 230, 236.
Horde d'Or, 163, 173, 178, 182 sq., 193.

IBN AL-ADIM, 164.
IBN FADLAN, 40-43, 45-55, 62, 89, 93, 111, 113, 125, 133, 154, 165, 185, 255, 259 sqq., 266 sq.
IBN HASSUL, 164.
IBN HAWKAL, 54, 60, 65, 67, 89, 156 sq., 256, 259 sqq., 271 sq.
IBN MISKAWAYH, 156 sqq.
IBN NADIM, 73.
IBN RUSTA, 54, 67, 111, 113, 124, 261.
IBRAHIM BEN DAUD, 96, 272, 277.
IBRAHIM IBN JAKUB, 159.
INNOCENT IV (pape), 163.
ISAAC BAR NATHAN, 84, 92.
Islam, musulmans, 14 sqq., 20, 28, 30, 33, 35, 39 sq., 50, 53 sqq., 60 sqq., 66, 69-72, 75 sq., 78, 82, 88, 91, 101 sq., 140-144, 148 sq., 151, 155, 157 sq., 160, 166, 168, 186, 190, 267, 281.
Israël, Israéliens, 17, 224 sq., 249, 280, 282, 284.
Istakhri, 22, 54 sq., 59, 62, 65, 67, 259 sqq.
Itil, 19, 53, 61, 72, 84, 90, 98, 113, 115, 137, 139-143, 146, 154, 156 sqq., 163, 167.

JACOB BEN REUBEN, 97.

JACOBS, J., 199, 240 sq.
JANIBEG, 207.
JAPHET IBN ALI, 97.
Japhet, 17, 25, 87, 174, 228.
JEHUDA HALEVI, 94 sqq., 272, 274.
JEHUDAH BEN BARZILLAI (rabbi), 271 sq., 274, 277.
Jérusalem, 75, 90, 94, 148, 168, 174, 198, 224, 238.
Jewish Encyclopaedia, 62, 186.
Jourdain (fleuve), 18, 174.
Jordanes, 25.
JOSEPH (roi des Khazars), 77-95, 101, 106, 116 sq., 144, 228, 270-279.
Judaïsme, 15, 34, 39, 62, 64, 67-71, 73, 75, 88, 94, 98, 101, 115, 124, 147, 151, 161, 163, 169, 173, 186, 215, 220, 235-238, 249, 266, 268, 271 sq., 282 sqq.
Juifs : d'Europe de l'Est, 16 sq., 173, 178-195, 199 sq., 208, 211 sq., 217, 224, 250 sq.; khazars, 50, 53, 56, 66, 75 sqq., 79, 82-88, 97-101, 129, 143, 148 sq., 159, 161-168, 174 sqq., 211, 228, 250, 267; byzantins, 71 sqq., 78, 185, 212; italiens, 61, 198, 212, 224; espagnols, 78, 85 sq., 92, 198, 200, 208, 227, 236 sq., 279; du Moyen-Orient : 96, 168; kabares, 123; hongrois, 176 sq., 2.5, 224; français, 198-208, 237; allemands, 198-209, 216 sq., 220, 224, 236, 238; anglais, 198 sqq., 208, 237; autrichiens, 211-214; américains, 224, 227; caractéristiques physiques, 228-233, 239-243; ghetto, 246-248; Diaspora, 280-284. *Voir aussi* Diaspora, Israël, Judaïsme, Karaïtes.
JULIEN, S., 63.
JUSTINIEN Ier (empereur), 71, 73.
JUSTINIEN II (empereur), 36 sqq.

KAHLE, P. E., 264 sqq.
KALONYMOUS, 201.
Karaïtes, 17, 85, 88, 97, 124, 182 sq., 188, 194, 221, 275.
Kara-Khazars, 22, 25.
KARIDACH, 26.
Khabars, 23, 59, 122-129.
Khazaran, 61, 72, 156 sqq.
Khazare (correspondance), 77, 83, 91, 94, 266, Appendice III.
Khazars : origines ethniques, 13 sq., 18, 22-26, 86 sq.; guerres, 14 sq., 20 sq., 26, 28-36, 38 sq., 125 sq., 160 sq.; judaïsme, 15 sq., 34, 39, 62, 67-82, 87 sqq., 94, 97 sq., 166-170; chute de l'empire, 16, 114-118, 139-146, 155-164; dispersion, 16, 173-181, 185-189, 194-197; descendants, 16 sqq., 164 sq., 250 sq., mode de vie, 19 sq., 39-48, 51-57, 60 sqq.; langue, 23 sq., 221 sq.; arts et métiers, 56-59, 191 sqq.; autorités modernes, 113 sqq., 146, 152 sq., 265-269.
KHRUSRAW (roi), 27, 29.
Khwarism, 41, 60.
Kiev, 20, 108, 114-117, 129, 133, 136 sq., 139 sq., 142, 146, 148, 153 sq., 159, 161, 166, 178, 187, 264, 268.
Kipchaks, 23, 161, 180.
KNIPER, A. H., 180.
KOKOVTSOV, P., 274, 276.
Kumans, 23, 127, 154, 161 sqq., 165, 177 sq.
KUTSCHERA, H. von, 186, 207, 211, 231, 267.

Landau, 270, 277.
LÂZSLÔ, G., 59.
LAWRENCE, A. W., 255.
LAWRENCE, T. E., 255 sq.

INDEX

Lébédias, 120 sq.
LÉON III (empereur), 71.
LÉON IV (empereur), 15, 33, 71, 83.
LÉONCE (empereur), 36 sq.
Lituanie, Lituaniens, 16, 181-186, 190, 194, 217-220, 222.

MACARTNEY, C. A., 117, 128, 262.
MCEVEDY, C. 109.
Magyars, 14, 18, 20-23, 26, 32, 55, 57 sqq., 115, 117-129, 139, 175, 117, 187, 192, 194, 214, 292.
MARQUART, J., 25, 156.
Marranes, 237.
MARWAN II (calife), 33-35, 158.
MASLAMAH IBN ABD AL-MALIK, 33.
AL-MASUDI, 54, 60 sq., 67, 72 sq., 75, 77, 82, 89, 108, 140, 142 sq., 184, 255, 259, 261.
Mayence, 201-205, 238.
MENAHEM IBN SHARUK, 83, 270, 277.
MÉTHODE, saint, 98.
MICHEL III (empereur), 98, 130.
MIESES, M., 205 sq., 208, 211 sq., 214-217, 268 sq.
MINORSKI, V., 67, 158.
MOHAMMED, 14, 31, 256.
Mongol (empire), Mongols, 21, 66, 154 sq. 159, 163, 173 sq., 176 sq., 185, 193 sq., 241.
Mossoul, 20, 33, 168.
MUQADASSI, 56, 157.
Musulmans *voir* Arabes, Islam.

NESTOR, 264.
NIZÂMI, 162.
Noire, mer, 14, 20, 32, 38, 84, 104, 107, 109, 130, 140, 162, 182 sq.
Novgorod, 107 sq., 113, 116, 131, 154.

OBADIAH (roi), 87, 89, 101, 123.
OBOLENSKY, D., 35.
OLGA, princesse de Kiev, 110, 134 sqq., 145, 147.
Omeyades, 34, 78.
Ouïgours, 18, 23, 26, 87.
Oural, montagnes de l', 20 sq., 55, 118, 129.
OUSELEY, W., 256.

Palestine, 79, 167, 237, 251, 268, 280.
PASZKIEVICZ, H., 131.
PATAI, R., 228.
Peste noire, 178, 206 sqq., 223 sq.
Petchénègues, 14, 23, 49, 115, 118, 124-129, 146, 154, 156, 177.
Perse, Persans : royaume, 22, 27-31, 34, 40, 153; sources, 24 sq., 89, 162 sq., 256 sqq., 260; culture et art, 36, 57 sqq., 191 sq.; route commerciale, 55; karaïtes, 88; juifs, 168 sq., 212, 273.
REB PETACHIA, 95 sq., 162, 183.
PHILIPPE IV LE BEL, 200, 205 sq.
PHILIPPIQUE (Bardanès) (empereur), 38 sq.
PHOTIUS (patriarche), 98, 130, 132.
Pologne, Polonais, 16 sq., 74, 89, 137, 179-197, 199, 201, 204, 206 sqq., 217-225, 228, 230 sqq., 240 sq., 268, 282.
POLIAK, A. N., 17, 74, 167, 179, 186, 191, 194, 220, 222 sq., 228, 268, 277, 284.
PORPHYROGÉNÈTE, *voir* CONSTANTIN VII.
Pravda, 114 sq.
PRISCUS, 25 sq., 39 sq.
PROCHOWNIK, A., 181, 195.

REINACH, Th. 236.

RENAN, E., 239.
Rhus, 40, 46, 48, 51, 55, 91, 104 sqq., 108-119, 123 sq., 129 sq., 132 sq., 136, 139-146, 151, 156 sq., 159-162, 178, 262.
RIBAKOV, 275.
RIPLEV, W., 230, 241 sq., 249.
ROMANOS IV DIOGÈNE (empereur), 155.
ROMAIN (empereur), 71, 73, 78.
ROTH, C., 200, 223 sq.
RURIK (prince), 110, 116, 129, 131, 135.
Russie, Russes, 14, 116-119, 128, 177-181, 221, 239, 282; sources, 15 sq., 258, 263 sq.; Russes et Khazars; 16, 89, 113 sqq., 144, 146, 153 sq., 160 sq., 166 sq., 173; premiers établissements, 46, 110; Russes et Byzantins, 129-138, 149-152, 159 sq.; religion; 131 sqq., 136 sq., 147-152, 219; Première chronique russe, 107 sq., 116 sqq., 133-137, 139 sq., 144-152, 154-156, 159-162, 166 sq., 263 sq.

SAADIAH GAON, 96, 288.
Samandar, Samandares, 26, 33, 54, 60, 156.
Sarkel, 57 sq., 84, 104 sq., 116, 119 sq., 146, 152, 156, 179, 185.
Sassanide, empire, 30, 57 sq.
SAVA, G., 180.
SCHECHTER, S., 77.
SCHRAM, A., 214.
Seldjoukide, dynastie, 164 sq.
Sépharades, 208, 222, 227, 231, 236 sq., 241, 267.
SHAPIRO, H., 233, 247.
Shtetl, 189 sqq., 218, 220, 224.
SINOR, D., 101.
Sionisme, 75, 85, 94.

SMITH, H., 215.
SALOMON BAR SIMON, 202, 205.
SOLOMON BEN DUJI, 167 sq.
SVYATOSLAV (prince de Kiev), 110, 137, 139, 145 sqq., 156 sq.
Syrie, 31, 34, 168, 234.

Tchouvachie, Tchouvaches, 24, 123.
THÉODOSE II (empereur), 25.
THÉOPHANE, 29.
THÉOPHILE (empereur), 104.
TIBÉRIAS III (empereur), 37 sq.
Tiflis, 28 sq., 58.
Tours, 14, 33.
TOYNBEE, A., 56, 105 sq., 118 sq., 123, 131, 136, 146, 152 sq., 236 sq., 262, 264.
Transcaucasie 34, 80.
Turcs occidentaux, empire des, 27 sq., 30.
Turquie, turques, turks, 30 sq., 155, 164, 266 sq., 280; ethnie, 14, 22, 156, 160, 164, 186, 251, 271; langue, 23 sq., 123, 221; tribus : 27-30, 40 sq., 45, 64, 66, 87, 108, 118, 124-128, 153 sq., 182, 193; sources; 47, 258 sq.

Ukraine, Ukrainiens, 16, 20, 32, 178 sq., 181, 185, 213, 219, 221, 224 sq., 240.

VALENTINIEN III (empereur), 102.
VASSILIEV, A. A., 128, 131.
VERNADSKY, G., 131, 150, 166, 263 sq.
VETULANI, A., 185 sq.
Vikings, 14, 46, 104-110, 116, 131, 140, 155 sq.
VIRCHOV, R., 232.
VLADIMIR, saint (grand prince de Kiev),

137, 147-152, 156, 159, 161, 166, 219.
Volga (fleuve), 13, 18, 20, 24, 27, 29, 32 sq., 35, 48 sq., 53, 55, 61, 84, 86, 96, 98, 104, 107 sqq., 111 sq., 124, 139-142, 145 sq., 157 sq., 163, 174, 177.

Worms, 201-204, 238.

Yakut, 260 sq.

Yaqubi, 25.
Yiddish, 183, 189, 215-218, 221 sq., 268 sq., 283.

Zacharie le Rhéteur, 25.
Zajaczkowski, 183.
Zeki Validi Togan, A., 40, 47, 53, 63, 66, 113, 260 sq., 266.
Ziebel, 28 sq.
Zone d'établissement (des Juifs dans la Russie impériale), 181.

Table des matières

PREMIÈRE PARTIE

GRANDEUR ET DÉCADENCE DES KHAZARS

CHAPITRE PREMIER.	— *L'essor*	13
—	II. — *La conversion*	69
—	III. — *Le déclin*	101
—	IV. — *La chute*	139

DEUXIÈME PARTIE

L'HÉRITAGE

CHAPITRE	V. — *Exode*	173
—	VI. — *D'où venaient-ils?*	197
—	VII. — *Flux et reflux*	211
—	VIII. — *Race et mythe*	227

ANNEXES   I. — *Note sur l'orthographe* 255
    —   II. — *Note sur les sources* 258
    —   III. — *La « Correspondance khazare »* .. 270
    —   IV. — *Quelques conséquences : Israël et la Diaspora* 280

BIBLIOGRAPHIE 285

INDEX 291

www.ingramcontent.com/pod-product-compliance
Lightning Source LLC
Chambersburg PA
CBHW031559110426
42742CB00036B/254